D1694876

ESV

Unternehmensführung und Logistik

Herausgegeben von Prof. Dr. Dr. h.c. H.-Chr. Pfohl

Band 21

Güterverkehr –

Eine Integrationsaufgabe für die Logistik

Entwicklungen – Auswirkungen – Lösungsmöglichkeiten

Herausgegeben von
Prof. Dr. Dr. h. c. H.-Chr. Pfohl

Technische Universität Darmstadt
Institut für Betriebswirtschaftslehre
Fachgebiet Unternehmensführung und Logistik

mit Beiträgen von

P. Dalquen
M. Dürr
R. Elbert / M. Gomm
M. Gomm / E. Hofmann
J. Grotrian / L. Ickert
K. Heitland / M. Deller
H.-Chr. Pfohl
L. Schulz

18. Fachtagung

Institut für Logistik

6. Mai 2003, Darmstadt

ERICH SCHMIDT VERLAG

Bibliografische Information der Deutschen Bibliothek

Die Deutsche Bibliothek verzeichnet diese Publikation in der Deutschen Nationalbibliografie;
detaillierte bibliografische Daten sind im Internet über http://dnb.ddb.de abrufbar.

ISBN 3 503 07458 9

© Erich Schmidt Verlag GmbH & Co., Berlin 2003
www.ESV.info

Druck: Reyhani, Darmstadt

V

Vorwort

Weltweit nehmen infolge der Globalisierung von Beschaffung, Produktion und Distribution über nationale Grenzen hinweg Güteraustausch und wirtschaftliche Verflechtung zu. Ursachen dieser Entwicklung sind die Ausnutzung von Standortvorteilen, die Konzentration auf die unternehmensbezogenen Kernkompetenzen sowie transnationale Marketingstrategien. Die damit einhergehende Zunahme der überbetrieblichen Arbeitsteilung hat zur Bildung komplexer Unternehmensnetzwerke mit einer wachsenden Anzahl von Transportrelationen geführt. Logistische Dienstleistungen nehmen an diesen Schnittstellen in der Logistikkette eine entscheidende Funktion wahr: sie sorgen für die materielle Verfügbarkeit auf jeder Wertschöpfungsstufe einer Supply Chain. Der Bedeutungszuwachs logistischer Dienstleistungen spiegelt sich sowohl auf volkswirtschaftlicher wie auch betriebswirtschaftlicher Ebene wider.

Die steigende Verkehrsleistung stellt hohe Anforderungen an die makrologistische Infrastruktur. Insbesondere der Straßenverkehr stößt bereits an die Grenzen seiner Leistungsfähigkeit. Um infrastrukturelle Engpässe für den Aufbau logistischer Systeme zu vermeiden, ist die Politik gefordert, Lösungsansätze zu entwickeln und der logistikabhängigen Wirtschaft im nationalen und internationalen Wettbewerb marktfähige Strukturen zur Verfügung zu stellen.

Infolge der weitgehenden Deregulierung der Verkehrsmärkte in der EU und speziell in Deutschland, das bis Anfang der 90er Jahre durch eine besonders hohe Regulierungsdichte geprägt war, vollzieht sich ein starker Differenzierungsprozess bei den Leistungsanbietern. Die Entwicklungen vergangener Jahre haben vor allem im Rahmen des integrierten Managements der gesamten Supply Chain die „klassischen" Verkehrsmärkte, die wesentlich durch Frachtführertätigkeiten gekennzeichnet sind, in den Hintergrund treten lassen. Angeboten werden neue logistische Leistungsbündel von Dienstleistern, die Outsourcing-Prozesse der Verlader durch den Aufbau neuer Geschäftsfelder mit entsprechendem Insourcing produktionsnaher Dienstleistungen ermöglichen bzw. sogar initiieren.

Der einführende Beitrag von Pfohl analysiert diese Entwicklungstendenzen auf dem Markt logistischer Dienstleistungen, da diese den Ausgangspunkt für die Inanspruchnahme der verkehrlichen Infrastruktur bilden.

Im zweiten Beitrag wendet sich Schulz den verkehrlichen Rahmenbedingungen für die Erstellung der logistischen Dienstleistungen zu. Er geht auf die verkehrspolitische Strategie der Bundesregierung ein und stellt die Maßnahmen zu deren Umsetzung vor. Den Schwerpunkt legt er hierbei auf die zum 31. August 2003 eingeführte LKW-Maut sowie die Förderung des Kombinierten Verkehrs durch finanzielle Beihilfen.

Den Blick nach Europa richten Grotrian und Ickert in ihrem Beitrag. Sie erstellen eine Analyse sowie Prognose über die Entwicklung des Güterverkehrs für 17 westeuropäische Staaten und für 5 mittel- und osteuropäische Beitrittskandidaten.

Elbert und Gomm beschäftigen sich mit der Frage nach den Auswirkungen relevanter Trends im Güterverkehr nach finanziellen, technologischen, ökologischen und sozialen Gesichtspunkten, um unternehmensspezifische Vor- und Nachteile der beiden Verkehrsträger Straße und Kombinierter Verkehr für die verladenden Unternehmen abzuleiten.

Einen möglichen Ansatz, um neben Kosteneinsparpotenzialen auch eine Entlastung der Verkehrsinfrastruktur durch effizientere Nutzung zu erreichen, stellt die Bildung von Netzwerken dar. Gomm und Hofmann beschreiben die aus Netzeffekten resultierenden Potenziale anhand der Bildung von Transportnetzwerken.

In Ergänzung zu den Ergebnissen der Studie zeigt Dalquen am Beispiel der Danzas Euronet GmbH, wie Netzeffekte im Rahmen des Netzmanagements ausgeschöpft und welche Aufgaben dazu beim Aufbau und Betrieb des Netzes ausgeführt werden und von welchen Instrumenten dabei Gebrauch gemacht wird.

Dem Problem der Integration von Bahntransporten in Güterverkehrssysteme wenden sich Heitland und Deller zu. Sie beleuchten aus DV-technischer Perspektive die Herausforderungen, denen sich potenzielle Bahnkunden bei der Abwicklung von Bahntransporten gegenüber sehen, und präsentieren mit S4T[TM] eine entsprechende Problemlösung.

Im letzten Beitrag betrachtet Dürr den Schienenmarkt in Mittel- und Osteuropa vor dem Hintergrund der Liberalisierung, um ausgehend von der derzeitigen Situation auf Chancen und Risiken für die osteuropäischen Bahnen zu schließen.

Darmstadt, im Juli 2003   Hans-Christian Pfohl

Inhaltsverzeichnis

Hans-Christian Pfohl

Entwicklungstendenzen auf dem Markt logistischer Dienstleistungen

Prof. Dr. Dr. h.c. Hans-Christian Pfohl

Fachgebiet Unternehmensführung und Logistik, Technische Universität Darmstadt

2

Inhaltsverzeichnis

1 Einleitung

Die wirtschaftliche Entwicklung der vergangenen Jahre mit zunehmender Globalisierung von Beschaffung, Produktion und Absatz sowie zunehmender Arbeitsteilung hat zur Bildung komplexer Unternehmensnetzwerke und Güterstromsysteme geführt. Es entstanden globale Logistiksysteme[1], deren Komplexität, Unsicherheit und Dynamik durch die in den letzten Jahren in vielen Produktbereichen fortschreitende Produktvariation und -differenzierung verstärkt wurde.

Die Beherrschung dieser im Rahmen weltweiter Supply Chains[2] zunehmend diffusen und volatilen Güterströme hat gemeinsam mit der in vielen Unternehmen vorherrschenden Konzentration auf Kernkompetenzen und damit einhergehender Reduzierung der Fertigungstiefen zu einem erheblichen *volkswirtschaftlichen und betriebswirtschaftlichen Bedeutungszuwachs* logistischer Dienstleistungen geführt.[3]

Globale Arbeitsteilung, internationale intra- und interorganisationale Vernetzung sowie die Wettbewerbsintensität der Wirtschaft wären ohne logistische Prozesse als Bestandteile logistischer Dienstleistungen nicht möglich.[4] Insbesondere im Rahmen des Supply Chain Managements nehmen logistische Dienstleistungen eine entscheidende Rolle an den Schnittstellen der Logistikkette ein: der Kunde im Unternehmensnetzwerk muss die richtigen Güter in der richtigen Menge am richtigen Ort zur richtigen Zeit und in der gewünschten Qualität erhalten.[5] Logistische Dienstleistungen manifestieren sich somit in der Herstellung bedarfsgerechter materieller Verfügbarkeiten auf jeder Wertschöpfungsstufe einer Supply Chain.[6]

---

[1] Logistiksysteme sind Systeme zur raum-zeitlichen, art- und mengenmäßigen Veränderung von Güterbeständen und -strömen, die aus Elementen (Güterquellen und -senken) und Beziehungen zwischen ihnen (Relationen) bestehen. Sie dienen der Güterverteilung und verknüpfen die Prozesse der Güterbereitstellung und der Güterverwendung durch die Kopplung von Bewegungs- und Lagerprozessen. Vgl. hierzu Pfohl (2000), S. 3-7 und Ihde (1997b), S. 645.

[2] Zur Erläuterung des Begriffes Supply Chain Management vgl. Cooper/Lambert/Pagh (1997), S. 1-2 und Wiehndal (2002), S. 12-14.

[3] Vgl. Pfohl (2001), S. 189-201.

[4] Vgl. Bretzke (1999), S. 220-221. Logistische Prozesse dienen der art- und mengenmäßigen, räumlichen und zeitlichen Veränderung von Gütern in logistischen Systemen. Man unterscheidet hierbei Transport-, Umschlags- und Lagerprozesse (Kernprozesse des Güterflusses), Verpackungs- und Signierungsprozesse (Unterstützungsprozesse im Güterfluss) sowie Auftragsübermittlungs- und Auftragsbearbeitungsprozesse (Informationsfluss). Vgl. dazu Pfohl (2000), S. 8-9 und Ihde (1997a), S. 636.

[5] Vgl. Pfohl (2000), S. 11-14 und Klapper (1993), S. 85-90.

[6] Vgl. Bretzke (1997), S. 165-166.

Diese wachsende betriebswirtschaftliche Bedeutung von Logistikdienstleistungen muss auch vor dem Hintergrund der in einigen Branchen steigenden Produktsubstituierbarkeit betrachtet werden. Viele Unternehmen versuchen in diesem Fall, sich durch qualitativ hochwertige logistische Dienstleistungen, wie bspw. „value added services" in Form hoher Lieferzuverlässigkeit oder Lieferflexibilität, vom Wettbewerb zu differenzieren.[7]

Der vorliegende Beitrag soll einen Überblick über die vorhandenen empirischen Untersuchungen zu den Entwicklungen und Trends auf dem Markt logistischer Dienstleistungen geben. Nicht eine Beurteilung und Bewertung der empirischen Studien hinsichtlich statistischer Aussagekraft, Objektivität, Validität, Reliabilität und Vollständigkeit ist das Ziel dieses Beitrags, sondern die Diskussion gegenwärtiger und zukünftiger Trends im Markt logistischer Dienstleistungen.

In Kapitel 2 werden zunächst der Begriff der logistischen Dienstleistung und Typen logistischer Dienstleister dargestellt. Danach erfolgt in Kapitel 3 die Vorstellung des Güterverkehrs als bedeutende Rahmenbedingung zur Erstellung logistischer Dienstleistungen. Hierbei wird insbesondere auf die Einflüsse wirtschaftlicher, politischer und technologischer Umweltveränderungen auf den Güterverkehr eingegangen, um im Anschluss daran Entwicklungen auf dem Güterverkehrsmarkt zu diskutieren. Das Kapitel 4 stellt schließlich aktuelle Studien über Trends auf dem Markt logistischer Dienstleistungen vor, deren Ergebnisse in Kapitel 5 zusammengefasst und durch einen Ausblick auf zu erwartende Entwicklungen ergänzt werden.

2   Dienstleister in der Logistik

2.1   Begriff der logistischen Dienstleistung

In der wirtschaftswissenschaftlichen Literatur existiert eine Vielzahl verschiedener Definitionsansätze für den Begriff der Dienstleistung im allgemeinen.[8] Im folgenden sollen unter Dienstleistungen immaterielle Produkte verstanden werden, die von materiellen oder personellen Leistungsträgern an einem externen Faktor, welcher sich nicht im uneingeschränkten Verfügungsbereich des Leistungsgebers befindet, erbracht werden.[9] Als *konstitutive Merkmale* von Dienstleistungen können somit die Immaterialität und die Integration eines externen Faktors bezeichnet werden. Immaterialität von Dienstleistungen bedingt zum einen, dass das Leis-

---

[7]   Vgl. Bretzke (2000), S. 316-318.

[8]   Der Begriff der Dienstleistung wird in der Literatur vielfältig abgegrenzt. Einige Ansätze definieren den Dienstleistungsbegriff über die Aufzählung bestimmter zugehöriger Leistungen. Andere Definitionen grenzen im Gegensatz dazu den Begriff der Dienstleistung anhand einer Negativdefinition zu Sachgütern ab. Weitere Definitionen gehen von konstitutiven Merkmalen aus. Vgl. Engelke (1997), S. 20-28 und Zöllner (1990), S. 5-6.

[9]   Vgl. Corsten (1997), S. 21-30.

tungsangebot zum Kaufzeitpunkt nicht physisch greifbar ist und für Kunden entweder keine oder nur eine erschwerte Qualitätsprüfung möglich ist. Zum anderen sind Dienstleistungen nicht lagerfähig, wodurch die Planung des Leistungserstellungsprozesses seitens der Dienstleistungsanbieter erschwert wird. Über den externen Faktor kann der Anbieter der logistischen Dienstleistung nicht uneingeschränkt autonom verfügen. Hierbei handelt es sich häufig um materielle Güter, wie bspw. Transportgüter, an denen logistische Prozesse vollzogen und die Dienstleistung ausgeführt wird.[10]

Der Begriff der logistischen Dienstleistung wird in Wissenschaft und Praxis uneinheitlich verwendet. Oftmals werden logistische Dienstleistungen zu *eng* definiert und nur auf Leistungen bezogen, die über die gewöhnlichen Transport- und Lagerleistungen hinausgehen und einen sogenannten „added value" erzeugen.[11] Diese, den Begriff der logistischen Dienstleistung enger als den Logistikbegriff eingrenzende Definition wird im folgenden durch ein *weiter* gefasstes Verständnis ersetzt, wonach unter dem Begriff der logistischen Dienstleistung alle Serviceleistungen subsumiert werden, „...die auf die bedarfsgerechte Herstellung von Verfügbarkeit als Kernaufgabe der Logistik gerichtet sind."[12] Die Definition schließt somit auch einfache Transport- und Lagerleistungen mit ein.

Logistische Dienstleistungen weisen im Gegensatz zu anderen Dienstleistungen einige *Besonderheiten* auf. Bspw. entstehen zusätzlich zu einer nachgefragten Transportleistung auch Bereitstellungs- und Rücklaufverkehre als organisatorische Kuppelprodukte,[13] deren Vermarktung in Form von Teilladungsakquisitionen jedoch durch die Unpaarigkeit der Verkehrsströme begrenzt wird.[14] Des Weiteren ergeben sich bspw. bei Transportdienstleistungen in Abhängigkeit des gewählten Verkehrsträgers unterschiedliche Produktionsverfahren und damit auch verschiedene Kostenstrukturen. Bei Eisenbahn und Binnenschiff sind z.B. höhere Fixkostenanteile zu berücksichtigen als beim Straßengüterverkehr. Eine weitere Besonderheit logistischer Dienstleistungen liegt darin begründet, dass ihre Nachfrage stets in Verbindung mit der Nachfrage nach einem weiteren Produkt auftritt und somit nicht als primäre, sondern als abgeleitete Nachfrage bezeichnet werden kann.[15]

---

[10] Vgl. Klose (1999), S. 5-19 und Pfohl (2000), S. 282-285.

[11] Vgl. Bretzke (2000), S. 315 f.

[12] Bretzke (1999), S. 220.

[13] Vgl. Pfohl (2000), S. 290-291. Die Bereitstellungs- und Rücklaufverkehre zur nachgefragten Transportleistung können als organsiatorische Kuppelprodukte bezeichnet werden, da sie im Verbund mit der nachgefragten Transportleistung und nicht aus technischen Gründen entstehen.

[14] Zur detaillierten Erläuterung des Begriffes der Unpaarigkeit von Verkehrsströmen vgl. Ihde (2001), S. 79-80 und Merath (1997), S. 779.

[15] Vgl. Pfohl (2000), S. 281 und S. 290 ff.

Neben diesen Besonderheiten sind logistische Dienstleistungen auch durch eine stark ausgeprägte Heterogenität ihrer *Angebotsstruktur* gekennzeichnet. Die traditionellen Logistikfunktionen des Transportierens, Umschlagens und Lagerns können als Kernleistungen bezeichnet werden, die durch sogenannte Zusatzleistungen – Informations-, Service-, Finanz- und Koordinationsleistungen – ergänzt werden.[16] Abbildung 1 verdeutlicht in Form eines Überblicks dieses vielfältige Angebot an logistischen Dienstleistungen, welches sich des Weiteren auch hinsichtlich der Kundenorientierung differenzieren lässt.

Kernleistungen		Zusatzleistungen			
Transportleistungen (intern, extern)	Lagerleistungen	Informations-leistungen	Serviceleistungen	Finanzdienst-leistungen	Koordinationsleistungen und Schnittstellenbereich
Transportorganisation Transportdurchführung Frachtraumdisposition Tourenplanung Materialbereitstellung Materialentsorgung	Wareneingangs-kontrolle Warenannahme Warenauszeich-nung Lagerhaltung Lagerplanung Lagerführung Lagerverwaltung Lagerbestands-optimierung Kommissionie-rung Verpackung Material-bereitstellung	Datengenerierung (z.B. Beschaf-fungsmarktfor-schung) Datenverwaltung/ Statistik Datenauswertungen (z.B. Lieferanten-bewertung) Bereitstellung von Hard- und Software	Messung des Liefer-service Beratungsleistungen Qualitätsprüfungen Auftragsbearbeitung Bearbeitung von Retouren und Rekla-mationen Rücknahme von Altwaren Bereitstellung von Leihpersonal Bestellabwicklung Schulungen Ausfertigung von Lieferscheinen und Rechnungen Formularwesen im Export- bzw. Import-geschäft	Zahlungsab-wicklung Inkasso Factoring Delkredere Versicherungs-und Garantie-leistungen	Gestaltung der Lieferanten-beziehung Koordination innerbetriebli-cher Bereiche Koordination mit Abneh-mern Konfektionierung, Customi-zing, Vormontage, Endmon-tage Verkaufsförderung Merchandising Sales Services/ Kundendienst Verpackungsoptimierung Recycling Bereitstellung von Ver-triebsinformationen Erstellen von Verkaufs-prognosen

Abb. 1: Angebot an logistischen Dienstleistungen (Quelle: in Anlehnung an Fischer (1996), S. 229)

Die Differenzierung nach dem Grad der Kundenorientierung unterscheidet einerseits logistische Dienstleistungen, die für den anonymen Markt produziert werden und andererseits solche, die an den individuellen Bedürfnissen einzelner Kunden orientiert sind. Beide Leistungsarten können als Einzelleistungen oder integriert als Dienstleistungsbündel vermarktet werden.[17] Anbieter dieser differenzierten Leistungen sind die logistischen Dienstleister,[18] die hin-

---

[16] Vgl. Fischer (1996), S. 228.

[17] Vgl. Rumpf (1997), S. 78; Ihde (2001), S. 230 und Ihde/Wolf (2002), S. D 2-32. Es lassen sich hierbei marktorientierte (standardisierte) Einzel- und Verbunddienstleistungen sowie verladerindividuelle Systemkomponenten, Teilsystem- und Systemdienstleistungen unter-

sichtlich ihrer Eigenschaften und Merkmale in unterschiedliche Typen klassifiziert werden können.

2.2 Arten logistischer Dienstleister

Logistische Dienstleister können, wie in Abbildung 2 grafisch dargestellt, in Abhängigkeit ihres angebotenen Leistungsumfanges, ihres Know-hows und der Kundenorientierung in Einzel-, Verbund- und Systemdienstleister unterteilt werden.

Merkmale	Einzeldienstleister	Verbunddienstleister	Systemdienstleister
Leistungsumfang	Einzelleistungen	Verbundleistungen	Systemleistungen
	Transport, Umschlag, Lagern, Spezialleistungen	Speditions- und Frachtketten	Betrieb von Lager-, Bereitstellungs- und Distributionssystem
Ressourcen	Transportmittel Logistikbetriebe	Transportnetzwerke Umschlagterminals	Logistiknetzwerke Logistikzentren
Know-how	Technisches Spezialwissen	Technik, Datenverarbeitung, Informations- und Kommunikationstechnologie, Organisation	Logistik, Datenverarbeitung, Informations- und Kommunikationstechnologie, Planung, Projektmanagement
Ausrichtung	Fachspezifisch	Leistungsspezifisch	Kundenspezifisch
	Güter Regionen, Relationen regional und national	Frachtarten Netzwerke national und global	Branchen und Kunden Standorte, Funktionen lokal, national, global
Kundenkreis	klein, temporär wechselnd	groß, anonym veränderlich	wenige Großkunden gleich bleibend
Bindung	Kurz	Mittel	Lang
Vertragslaufzeit	Unterschiedlich	Bis 1 Jahr	3 bis 10 Jahre

Abb. 2:   Typen logistischer Dienstleister (Quelle: in Anlehnung an Gudehus (1999), S. 834)

Einzeldienstleister bieten Transport-, Umschlags- und Lagerleistungen oftmals nur auf festen Relationen und in abgegrenzten Gebieten an. Sie unterscheiden sich hinsichtlich des Grades ihrer Spezialisierung, wodurch unterschiedlich ausgeprägte Geschäftsbeziehungen zwischen Dienstleister und Auftraggeber entstehen. Weniger spezialisierte Einzeldienstleister konzipie-

---

scheiden, wobei letztere davon abhängig sind, ob die Dispositionshoheit beim Dienstleister oder beim Verlader liegt. Für die Positionierung des Dienstleisters im Wettbewerb ist es wichtig, dass durch die Übernahme logistischer und nichtlogistischer Zusatzleistungen eine Individualisierung der marktgängigen Leistungen erfolgt. Die kundenindividuellen Leistungsbündel sollten möglichst aus standardisierten Einzelleistungen aufgebaut werden, um Größen- und Verbundeffekte realisieren zu können.

[18]   Seit Ende der 80er Jahre des 20. Jahrhunderts weiten Speditionsbetriebe ihr Tätigkeitsspektrum von Organisation und Vermittlung im Transportwesen zur Darstellung von Logistikdienstleistungen aus, indem sie zunehmend komplexe logistische Dienstleistungen, wie bspw. Logistikberatung, Qualitätskontrollen, Verpackung oder auch Kommissionierung übernehmen. Vgl. Aberle (2000), S. 24, S. 494-499. Zur detaillierten Erläuterung des Speditionsbegriffes vgl. Aberle (2000), S. 22 f. und Zänker (1997), S. 970-971.

8

ren ihr Angebot für einen größeren, anonymen Markt, was zu Geschäftsbeziehungen unterschiedlicher Dauer führt. Häufig herrscht auch eine Spezialisierung auf bestimmte Transportgüter vor. In diesem Fall entstehen aufgrund der Wechselwirkung zwischen technischem Spezialwissen, eingeschränkter Nachfrage und begrenztem Angebot eher langfristige, stabile Geschäftsbeziehungen.[19]

Im Gegensatz zu Einzeldienstleistern produzieren *Verbunddienstleister* ihr Leistungsangebot, welches das Ergebnis einer Integration mehrerer logistischer Einzelleistungen darstellt, für einen großen und zumeist anonymen Markt.[20] Die Dauer der Geschäftsbeziehungen ist häufig kurz; es ist jedoch möglich, dass sich Kunden innerhalb bestimmter Rahmenbedingungen mit genau festgelegten Leistungspreisen an den Verbunddienstleister binden.[21]

Systemdienstleister grenzen sich von Einzel- und Verbunddienstleistern zum einen durch das Angebot integrierter, effektiver und effizienter Logistiksysteme und zum anderen durch die vollständige Verantwortung hinsichtlich Kosten, Leistungen und Qualität eines kundenspezifischen Aufgabenbereichs ab.[22] Sie übernehmen längerfristig und auf wenige Großkunden beschränkt entweder die Planung, Steuerung und Durchführung aller logistischen Prozesse oder begrenzen ihr Angebot auf räumliche oder sachliche Subsysteme, wie bspw. auf Beschaffung, Produktion oder Distribution.[23]

Eine weitere Differenzierungsmöglichkeit hinsichtlich verschiedener Typen logistischer Dienstleister basiert auf dem Umfang der Eigenleistungen. Es wird zwischen Dienstleistern mit eher operativen oder administrativen Leistungsschwerpunkten sowie Full-Service-Anbietern mit hoher Eigenleistungsbreite unterschieden.[24]

Einzel- und Spezialdienstleister mit *operativem Schwerpunkt* bieten überwiegend Transport-, Umschlags- und Lagerleistungen sowie Kommissionierungs- und Verpackungsleistungen an. Vereinzelt werden auch Produktionsleistungen und Zusatzdienstleistungen (z.B. Vor- und Endmontagen, produktionssynchrone Materialzuführungen, Qualitätskontrollen, Retourenmanagement oder der Betrieb von Informationssystemen für die Kunden) erbracht.

8

[19] Vgl. Mehldau/Schnorz (1999), S. 844.

[20] Ein solches System kann als offenes Dienstleistungssystem bezeichnet werden. Vgl. dazu Rumpf (1997), S. 81 f.

[21] Vgl. Gudehus (1999), S. 836.

[22] Dieses kundenspezifische Dienstleistungssystem kann als ein geschlossenes Dienstleistungssystem bezeichnet werden. Vgl. hierzu Rumpf (1997), S. 81 f. und Gudehus (1995), S. 28-29.

[23] Vgl. Mehldau/Schnorz (1999), S. 844; Gudehus (1995), S. 28-29; Ihde (2001), S. 228-239.

[24] Vgl. Baumgarten/Beyer (2003), S. 62-65.

Solche Produktions- und Zusatzleistungen zählen jedoch eher zum Leistungsspektrum von *Full-Service-Anbietern*, die aufgrund ihrer infrastrukturellen und planerischen Ressourcen in der Lage sind, kundenspezifische logistische Gesamtlösungen zu planen, zu implementieren und zu betreiben.

Anbieter mit *administrativem Schwerpunkt* haben einen anderen Spezialisierungsbereich als die operativen Spezialisten. Ihre Leistungsschwerpunkte liegen vornehmlich in der Logistik-Beratung sowie in der Planung, Implementierung und Integration von Informationssystemen. Sie sind also keine Logistikdienstleister im klassischen Sinne, sondern können der in Wissenschaft und Praxis viel diskutierten Branche der sogenannten Fourth-Party-Logistics-Provider (4-PL)[25] zugerechnet werden.[26]

Die Erstellung der unterschiedlichen logistischen Dienstleistungen ist mit Güterverkehr verbunden. Sie ist somit insbesondere von dessen wirtschaftlichen, politischen und technologischen Rahmenbedingungen abhängig, auf welche im folgenden Kapitel näher eingegangen wird.

3   Güterverkehr als Rahmenbedingung zur Erstellung logistischer Dienstleistungen

3.1   Makrologistische Rahmenbedingungen

Die in den letzten Jahren anwachsende globale Arbeitsteiligkeit der Wirtschaft, die zunehmende Konzentration vieler Unternehmen auf ihre Kernkompetenzen[27] und die damit verbundene Bildung komplexer Unternehmens- bzw. Zuliefernetzwerke sowie sich daraus konstituierende internationale Güter- und Warenstromsysteme haben zu einer erhöhten Bedeutung des Güterverkehrs geführt. Die für den Güterverkehr relevanten makrologistischen Rahmenbedingungen[28] haben deshalb großen Einfluss auf den Ablauf logistischer Prozesse.[29]

---

[25] Vgl. dazu Kapitel 4.3 der vorliegenden Arbeit.

[26] Vgl. Baumgarten/Beyer (2003), S. 62-63.

[27] Zum Begriff des Outsourcing in Verbindung mit Kernkompetenzen vgl. Männel (1997), S. 777-778 und Kapitel 4.2 des vorliegenden Beitrags.

[28] Unter Makro-Logistik versteht man ein Logistiksystem gesamtwirtschaftlicher Art, dessen Funktion in der Wahrnehmung der sich durch Arbeitsteilung, Dislozierung und Zeitstruktur der Wirtschaft ergebenden Raumüberwindungs-, Ordnungs- und Zeitüberbrückungsleistungen besteht. Die mikro- und metalogistische Wettbewerbsfähigkeit hängt von der Makro-Logistik ganz wesentlich ab. Vgl. Pfohl (2000), S. 14-16 und S. 339-341.

[29] Die Sektoren Güterverkehr und Logistik besitzen eine volkswirtschaftliche Schlüssel- und Multiplikatorfunktion, da deren art- und mengenmäßige, räumliche und zeitliche Manipulation von Gütern das Wirtschaftswachstum erheblich beeinflusst und zur Wohlstandsbildung beiträgt. Strukturelle und innovatorische Defizite in den Rahmenbedingungen des Güterverkehrs wirken sich aus diesem Grund gesamtwirtschaftlich negativ auf die Bruttowertschöpfung aus. Vgl. Ihde (2001), S. 13 und Binnenbruck (2003), S. 143.

Eine bedeutende *wirtschaftliche Rahmenbedingung* für die Gestaltung des Güterverkehrs ist die Veränderung der Struktur des Güterverkehrsaufkommens[30], der sogenannte Güterstruktureffekt. Die mit der wirtschaftlichen Entwicklung einhergehende sukzessive Sättigung des Bedarfs an Massengütern führt zu starken Anteilsverschiebungen der einzelnen Güterarten am Transportaufkommen. In den entwickelten Volkswirtschaften Europas verlieren Massengüter zunehmend zu Gunsten von Stückgütern Anteile am Gesamtaufkommen. Diese neuen Transportanforderungen verändern den sogenannten „modal split", d.h. sie begünstigen und beeinträchtigen die Beschäftigungsmöglichkeiten der jeweiligen Verkehrsträger.[31] Die sich seit einigen Jahren abzeichnende Tendenz zu höherwertigen, eilbedürftigen[32] Gütern und messenden Gütern mit hohem Volumen-Gewichts-Verhältnis begünstigt bspw. den Straßengüterverkehr[33] aufgrund dessen spezifischer Verkehrswertigkeiten[34], wie z.B. hoher Netzbildungsfähigkeiten und Schnelligkeit.[35] Abbildung 3 zeigt die Entwicklung der Güterverkehrsströme in Westeuropa im „modal split" der letzten Jahre und in der Prognose bis 2015 am Beispiel der prozentualen Anteile der Verkehrsleistungen[36] von Straßengüterverkehr, Schienenverkehr und Binnenschifffahrt an der gesamten Verkehrsleistung aller Verkehrsträger. Insgesamt ist auch nach einer Studie der Prognos AG keine Entkopplung von Wirtschafts- und Verkehrsleistungen in Sicht.[37]

---

[30] Das Güterverkehrsaufkommen bzw. das Transportaufkommen misst die im Güterverkehr transportierten Mengeneinheiten in Tonnen. Vgl. Aberle (2000), S. 25 und Rommerskirchen (1997a), S. 1140-1141.

[31] Vgl. Pfohl (2000), S. 343.

[32] Die Nachfrage zeitdefinierter Leistungen und damit einhergehender Güterverkehre ist eng mit modernen Logistikkonzeptionen wie bspw. Just-in-time oder Quick-Response und der damit verbundenen zunehmenden Bedeutung eines qualitativ hochwertigen Lieferservice verbunden. Zur eingehenden Erläuterung dieser Konzepte vgl. Wildemann (1997), S. 411-412 und Stieglitz (1997), S. 868-871.

[33] Insbesondere die logistischen Eigenschaften des Straßengüterverkehrs, wie z.B. Flexibilität, Zuverlässigkeit oder logistische Integrationsfähigkeit sind vor dem Hintergrund des globalisierten Wettbewerbs für die qualitative Gestaltung logistischer Netze und Ketten in den viele Wertschöpfungsstufen umfassenden Supply Chains von hoher Bedeutung und erklären die bevorzugte Ausrichtung des Supply Chain Managements am Straßengüterverkehr. Vgl. Aberle (2002), S. 121 und Cordes (2003b), S. 18-21.

[34] Zur detaillierten Darstellung der Verkehrswertigkeiten und -affinitäten vgl. Voigt (1973), S. 73 und Klatt (1997), S. 1139-1140.

[35] Vgl. Ihde (2001), S. 58-65. Nach einer Studie der Technischen Universität Darmstadt wird in den kommenden 5 Jahren der Anteil kleinerer und damit straßenaffiner Sendungen am Gesamtaufkommen von 35,5 auf 41,5 Prozent steigen, wobei auch eine Erhöhung des Transportaufkommens auf der Straße von 2,4 Prozent erwartet wird. Vgl. Pfohl/Elbert/Gomm (2003), S. 22-23.

[36] Zur detaillierten Erläuterung des Begriffes der Verkehrsleistung, welche sich durch Multiplikation der Verkehrsaufkommenswerte mit den jeweils zurückgelegten Entfernungen ergibt (Tonnenkilometer: tkm) vgl. Rommerskirchen (1997b), S. 1189-1190.

[37] Vgl. Seifert (2003), S. 3. Siehe auch den Beitrag von Grotrian/Ickert in diesem Band.

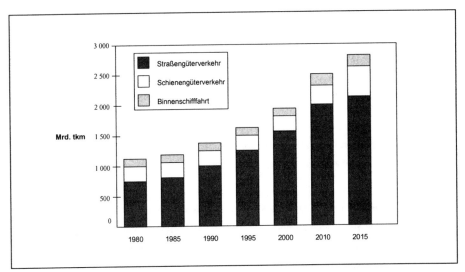

Abb. 3: Entwicklung der Güterverkehrsströme in Westeuropa nach Verkehrsträgern bis zum
Jahr 2015 (Quelle: in Anlehnung an Seifert (2003), S. 3)

Der Einsatz der Verkehrsmittel wird in seiner Ausprägung und seinem Innovationsverhalten
des Weiteren auch wesentlich durch die *ordnungspolitischen* (z.B. Abgabenpolitik) und *ver-*
kehrsinfrastrukturpolitischen Rahmenbedingungen geprägt.[38] Im Rahmen der politischen Ein-
flussgrößen ist insbesondere vor dem Hintergrund der Osterweiterung der Europäischen Union[39] im Jahre 2004 die Liberalisierung und Harmonisierung des europäischen Güterverkehrsmarktes von zunehmender Bedeutung.[40] Aufgrund des Lohn- und Sozialkostengefälles zwischen den Beitrittsländern und Hochlohnländern besteht ein erheblicher Harmonisierungsbe-
darf hinsichtlich sozialer, arbeitsrechtlicher, fiskalischer und technischer Standards (zu denken
ist dabei insbesondere an verkehrsspezifische Steuern, Abgaben und Subventionen, wie z.B.

---

[38] Vgl. Aberle (2002), S. 110. Bspw. stehen verkehrsinfrastrukturpolitische Entscheidungen
hinsichtlich der Verkehrsinfrastrukturabgaben – z.B. in Form von Road Pricing Systemen –
in einer engen Beziehung zu den Logistikkosten, da sie in Form von Produktionskosten die
Transportdienstleister treffen und in Abhängigkeit der Preiselastizitäten in die Transportpreise eingehen.

[39] Zu den wirtschaftlichen Auswirkungen der EU-Osterweiterung vgl. Schrick-Hildebrand
(2003), S. 9-13.

[40] Unter Liberalisierung wird die Deregulierung der Verkehrsmärkte verstanden, die durch
Aufhebung von Wettbewerbsbeschränkungen, Marktzugangsöffnungen, Wegfall von Preis-
regulierungen und Tarifen insbesondere für den bedeutenden grenzüberschreitenden Verkehr neue Rahmenbedingungen schaffen soll. Ausgehend vom normativ-theoretischen Ansatz der Regulierung und den nach Art. 75 EWG-Vertrag genannten Besonderheiten des
Verkehrs (z.B. Ausrichtung der Kapazität an den Saisonspitzen) war und ist der Verkehrs-
sektor durch staatliche Eingriffshandlungen gekennzeichnet. Vgl. Ihde (2001), S. 99-109.

Mineralöl- oder Kfz-Steuer, Straßenbenutzungsgebühren und auch an Arbeitszeit- und Arbeitsschutzregelungen, Berufzugangsregelungen und einheitliche Umweltschutzvorschriften), um Wettbewerbsverzerrungen zwischen osteuropäischen und westeuropäischen Güterverkehrsanbietern zu verhindern.[41]

Des Weiteren wird der grenzüberschreitende europäische Güterverkehr in den nächsten Jahren aber auch erheblich von der Minderung der europaweiten Unterschiede im Bereich der Verkehrsinfrastruktur determiniert. Insbesondere die Leistungsfähigkeit der osteuropäischen Verkehrsnetze muss ausgebaut werden, um den prognostizierten Verkehrsströmen gewachsen zu sein.[42]

Vor dem Hintergrund der von der EU-Kommission geforderten und aufgrund zunehmender Überlastungen der EU-weiten Straßeninfrastruktur notwendigen Verlagerungen zahlreicher Verkehre von der Straße auf die Schiene[43] ist es für die zukünftige Wettbewerbsfähigkeit der Bahn im grenzüberschreitenden Güterverkehr[44] von großer Bedeutung, noch bestehende Schnittstellen zwischen Netzsystemen bzw. Teilnetzen in Nahtstellen und in ein einheitliches europäisches Eisenbahnsystem mit möglichst großer Interoperabilität umzuwandeln.[45] Hierbei ist vor allem die Systemgrenze zwischen mitteleuropäischer Normalspur und osteuropäisch-asiatischer Breitspur zu nennen.[46] Eine Erweiterung der geplanten Transeuropäischen Netze (TEN) auf die Infrastrukturen Osteuropas, wie sie bereits in der Entscheidung 1692/96 EWG

---

[41] Transportunternehmen in Deutschland und Österreich sind von den Lohnkostenvorteilen ihrer osteuropäischen Wettbewerber bereits heute betroffen. Diese unterbieten nach einer Studie der Deutsche Bank Research die Transportpreise westeuropäischer Unternehmen um etwa 30%. Westeuropäische Transportunternehmen können darauf allerdings mit Gründungen von Tochtergesellschaften in den Beitrittsländern oder durch Differenzierungen hinsichtlich ihrer Qualität in Form des Angebots hochwertiger und logistisch anspruchsvoller Leistungen (Mehrwertdienste) reagieren. Vgl. hierzu Deutsche Bank Research (2002), S. 21-22.

[42] Die EU weist bei Autobahnen eine etwa dreimal größere Netzdichte auf als die mittel- und osteuropäischen Beitrittsländer (bezogen auf die Fläche der jeweiligen Regionen). Letztere besitzen jedoch ein etwas dichteres Schienenverkehrsnetz. Vgl. Deutsche Bank Research (2002), S. 24-25.

[43] Wobei jedoch die bereits erwähnten strukturellen Veränderungen vieler Transportgüter und deren zunehmende Straßenaffinität beachtet werden müssen (Güterstruktureffekt). Vgl. dazu Seebauer (2003a), S. 62-63. Vgl. zur speziellen Interessenlage der EU-Verkehrspolitik Aberle (2002), S. 110-111.

[44] Die Eisenbahn besitzt Vorteile gegenüber konkurrierenden Verkehrsträgern im relativ kostengünstigen Transport großer Mengen über weite Entfernungen. Das gilt tendenziell für den grenzüberschreitenden Verkehr.

[45] Dies eröffnet die Möglichkeit zur Realisierung von Netzeffekten. Vgl. Ihde (2001), S. 34.

[46] Vgl. Ebeling/Kirsch (2000), S. 304-307. Zu weiteren betrieblichen, technischen und organisatorischen Hemmnissen vgl. Heimerl/Weiger (1995), S. 267-274 und Heimerl (1998), S. 594-598.

getroffen und durch das Konzept der sog. Paneuropäischen Netze (PAN) definiert wurde,[47] ist somit von grundlegender Bedeutung für zukünftige Marktanteilssteigerungen der Bahn im Güterverkehr.[48]

Für den Ausbau und die Instandhaltung der Verkehrsinfrastrukturen werden seit einiger Zeit Nutzer- und Privatfinanzierungskonzepte diskutiert, welche insbesondere in Form von Straßenbenutzungsgebühren (in Deutschland wird voraussichtlich zum 31.08.2003 eine streckenbezogene, elektronisch erhobene Maut für LKW ab 12 Tonnen Gesamtgewicht eingeführt)[49] die Leistungserstellung des Güterverkehrs und der Logistikdienstleister beeinflussen. Denn diese neu anfallenden Kosten vermindern entweder den Gewinn oder müssen an die Kunden in Form der Transportpreise weitergeben werden.[50] Um eine stärkere fiskalische Belastung des Straßenverkehrs zu vermeiden, ist deshalb in der Zukunft eine Kompensation der Güterverkehrsunternehmen durch Senkung von Kfz- oder Mineralölsteuer zwingend. Des Weiteren ist eine Zweckbindung der Nutzungsentgelte notwendig, um die Qualität der Verkehrsinfrastruktur und die gesellschaftliche Akzeptanz der Maut tatsächlich zu gewährleisten.[51]

Hinsichtlich *technologischer Rahmenbedingungen* werden nach Meinung von Experten die bisherigen Transporttechnologien (Rad-Schiene, Straßenverkehr) auch weiterhin das Rückgrat der Transportbranche bilden; Interoperabilität, also die Durchsetzung technischer Standards innerhalb eines Verkehrsträgers und Intermodalität[52] der Verkehrsträger werden die Herausforderungen der Zukunft sein.[53] Alternative Transporttechnologien, wie bspw. Fracht-Luftschiff, Fracht-Magnetschwebebahn und unterirdische Frachtnetze werden nach Expertenmeinungen nur in Nischenbereichen und relativ spät an Bedeutung gewinnen. Als unerläss-

---

[47] Die PAN sollen das mittel- mit dem osteuropäischen Eisenbahnnetz verbinden.

[48] Die Verwirklichung transeuropäischer Netze wird jedoch durch die nationalen Verkehrsplanungen der EU-Mitgliedstaaten erschwert, deren Planungszeiträume bis weit über das Jahr 2010 hinausreichen, welches der eigentliche Realisierungszeitpunkt der TEN sein sollte. Zu weiteren Problemen bei der Planung transeuropäischer Netze vgl. Fonger (1994), S. 621-629.

[49] Zur detaillierten Erläuterung der technischen Ausgestaltung der Mauterhebung vgl. o.V. (2003), S. 21-22.

[50] Vgl. Siegert (2003), S. 25.

[51] Vgl. Deutsche Bank Research (2002), S. 29-31.

[52] Intermodalität bezeichnet das Schnittstellenmanagement zwischen verschiedenen Verkehrsträgern. Zur weiteren Erläuterung des Begriffes des intermodalen Verkehrs und hierbei insbesondere des Kombinierten Verkehrs vgl. Seidelmann (1997), S. 431-434.

[53] Vgl. Wagener et al. (2002), S. 28-31.

lich für den Markterfolg von Logistik- und Güterverkehrsunternehmen wird hingegen bis zum Jahre 2009 die Nutzung der Telematik gesehen.[54]

Diese vorgestellten Rahmenbedingungen sind die Grundlage für die Leistungserstellung der Transportdienstleister und wirken sich auf die Entwicklungen im Güterverkehrsmarkt aus, welche im folgenden dargestellt werden.

3.2 Trends auf dem Güterverkehrsmarkt

Die zukünftige Entwicklung des Güterverkehrsmarktes als Teilbereich des Logistikmarktes wird einerseits durch die erläuterten makrologistischen Rahmenbedingungen und andererseits insbesondere durch die Anforderungen der Kunden gekennzeichnet sein. Bspw. werden die zunächst von den Kurier-, Express- und Paketdienstleistern (KEP-Dienstleister) realisierten Standardprodukte und damit verbundenen Systemeigenschaften (z.B. vereinfachte Dokumentation, zuverlässig getaktete Laufzeiten und durchgängige Sendungsverfolgung) verstärkt in andere Bereiche des Güterverkehrsmarktes Eingang finden. Neben den Kundenanforderungen werden jedoch Engpässe in der Verkehrsinfrastruktur die Realisierung von Entwicklungspotenzialen seitens der Verkehrsträger beeinflussen.[55]

Im *Straßengüterverkehr* wird neben der Betrachtung der wichtigen Schnittstelle Rampe und der in diesem Zusammenhang nötigen Reduzierungen der Abfertigungszeiten vor allem die Nutzung von Informationen über realisierbare Geschwindigkeiten und Erreichbarkeiten von großer Bedeutung sein. Hierbei wird die Beteiligung der Verkehrsunternehmen bei der Verwirklichung von Logistikkonzepten, wie z.B. Cross-Docking[56] oder der engeren Kopplung der physischen mit der Informations-Logistik, eine entscheidende Rolle spielen. Denn die verladende Wirtschaft kann hierdurch in ihren Bemühungen hinsichtlich einer wettbewerbsfähigen Weiterentwicklung ihrer Logistik unterstützt werden.[57]

Auch in der *Luftfracht* spielt die Lieferzeit eine große Rolle. Hier wird vor allem eine weitere Reduzierung der „Door-to-Door"-Laufzeiten mit höherer Produktivität von Bedeutung sein.

---

[54] Vgl. Wagener et al. (2002), S. 9 sowie S. 41-42 und Behrendt (1997), S. 1058-1061. Der Begriff „Telematik" steht für die verknüpfende Nutzung von Telekommunikations- und Informationstechnologien zur kostensenkenden und zeiteinsparenden Überwachung und Steuerung von Transportprozessen.

[55] Vgl. Clausen (2002), S. 54-55.

[56] Zum Konzept des Cross-Docking vgl. Kotzab (1997), S. 159 und Schulte (1999), S. 405-409.

[57] Vgl. Clausen (2002), S. 55.

Die bereits vorhandene starke Differenzierung und gleichzeitige Standardisierung der Produkte wird sich fortsetzen.[58]

Der *Schienengüterverkehr* muss, wie bereits erläutert, insbesondere vor dem Hintergrund der bevorstehenden EU-Osterweiterung bestehende Hemmnisse[59] im internationalen Verkehr abbauen und innovative Techniken (z.B. Fahren auf elektronische Sicht) umsetzen, um die Logistikfähigkeit der Schiene zu verbessern und Marktanteile zu gewinnen.[60] Diese innovativen Techniken waren auch Bestandteil einer empirischen Analyse mit qualitativer Expertenbefragung, welche im Auftrag des Bundesministeriums für Bildung und Forschung (BMBF) durchgeführt wurde.[61] Hierbei wurden einige, in Abbildung 4 dargestellte, weiterführende Innovationslinien entwickelt, welche die Basis der Interviewbefragung bildeten.

Investitionsträchtige Innovationslinien liegen nach Expertenmeinung insbesondere in der Entwicklung von Informations-, Kommunikations- und Sicherheitstechnologien zur Sicherung des Güterverkehrs und zur Gestaltung optimierter Transport- und Transaktionsketten. Der Industriesektor entwickelt zunehmend selbst Forschungsinitiativen und strebt zur Synchronisation und Berechenbarkeit von Güterproduktion und -verteilung vor allem komplette, standardisierungsfähige Transport-Logistiksysteme (Netzwerke) an. Die industrielle Nachfrage besitzt zusätzlich eine Leitfunktion für die Nutzung von Logistikpotenzialen, wobei in zunehmendem Maße eine Vertaktung außerbetrieblicher Transportabläufe im In- und Ausland mit den innerbetrieblichen Produktions- und Lieferrhythmen gefordert wird. Hierzu müssen

---

[58] Vgl. Vahrenkamp (2003), S. 71-75.

[59] Aufgrund von Lokführer- oder Triebfahrzeugwechseln sowie mangelnder internationaler Betriebsstandards und -qualität entstehen im grenzüberschreitenden Schienengüterverkehr momentan erhebliche Zeit- und Zuverlässigkeitsverluste. Neben diesen Mängeln hinsichtlich technischer Standards bestehen nach wie vor Harmonisierungsdefizite im Hinblick auf den freien Netzzugang von Schienengüterverkehrsunternehmen. Vgl. hierzu ausführlich Malmström/Wegscheider/Dorner (2003), S. 462-463.

[60] Vgl. Clausen (2002), S. 55. Das Weißbuch vom September 2001 der EU-Kommission zur europäischen Verkehrspolitik bis zum Jahre 2010 nennt Strategien zur Beeinflussung des „modal split" zu Gunsten des Schienengüterverkehrs und einer Erhöhung des Marktanteils der Schiene bis 2010 auf 15%. Bspw. soll durch abgabenpolitische Belastungen des Straßengüterverkehrs das Nachfrageverhalten zu Gunsten des Schienenverkehrs verändert sowie durch erhöhte Investitionen und Netzöffnungen für dritte Eisenbahnbetreiber (intramodaler Wettbewerb) die Leistungsfähigkeit der Schiene erhöht werden. Vgl. hierzu Rothengatter (2003), S. 307-321 und Aberle (2002), S. 116-118.

[61] BMBF-FE-Projekt 19 M 0027 „Innovationshemmnisse und -risiken in Güterverkehr und Logistik"; Leitung: Prof. P. Klaus, Universität Erlangen-Nürnberg; wissenschaftliche Partner: AVK Fraunhofer Anwendungszentrum für Verkehrslogistik und Kommunikationstechnik, Nürnberg; FAW Forschungsinsitut für anwendungsorientierte Wissensverarbeitung, Ulm und PUTV Projektforschung Unternehmensberatung Transport und Verkehr, Gappenach-Maifeld.

die Verkehrsunternehmen zukünftig technisch und organisatorisch in diese „Just-in-time"-Vertaktung in Form intermodaler und internationaler Zusammenarbeit integriert werden.[62]

Innovatorengruppen	Innovationsbereich	Felder der Innovationserwartung
Binnenschifffahrt, Schiene und Straße, verladende Wirtschaft	Neue Beförderungssysteme, Transportmittel, Neuorganisation von Fahrten- und Wegesystemen, intermodaler Verkehr Transport, Umschlag, Lagern, Spezialleistungen	Neue Binnenschiffe (auch für die Küstenschifffahrt) für Kühlketten, kombinierte Ladungen Neue Fahrzeugkonzepte für den LKW-Verkehr, den intermodalen Verkehr, den Schienengüterverkehr (Kurz-Zug-Systeme), Transportgut-Spezialisierung der Ladegefäße Verkehrsleitsysteme für den LKW-Verkehr in Ballungsräumen
Straße, Spedition, verladende Wirtschaft	Neue Produkte, neue Marktsegmente, neue Dienste	Automatische Sendungsverfolgung für Logistik-Kunden, Nachtzustellung, Marktsegmentierung durch Produktspezialisierung im Versand, Warenüberwachung mit Teledatensystemen
Straße, Schiene, Spedition, Logistik, verladende Wirtschaft	Neue Techniken und Verfahren in TUL-Prozessen (Organisation von Transport-, Liefer- Lager- und Umschlagsdiensten) Güter Regionen, Relationen regional und national	Ausdehnung des Flottenmanagements mit Satellitenkommunikation (Fahrzeugverfolgung), der automatisierungsfähigen Dispositionssysteme sowie der Unterwegs-Überwachung der Fahrzeuge, der Transportgüter und der Sicherheitskomponenten (Teledaten-Systeme, WEB-EDI, Online-Systeme und -Netzwerke)
Spedition, verladende Wirtschaft	Neue Anwendungen von Technologien	Internationale Vereinheitlichung der Codierung und Organisation von Liefer- und Sendungsdaten sowie Transport- und Abrechnungsdaten im elektronischen Datenverkehr für Gütertransporte und Logistik Automatisierungsfähige Disposition von Sendungen und Transportmitteln, automatisierte Sendungs-, Lieferdatenverfolgung sowie Abrechnungsprozeduren in der Transaktionskette Weiterentwicklung der City Logistik

Abb. 4: Innovationslinien in Güterverkehr und Logistik (Quelle: in Anlehnung an Binnenbruck (2003), S. 143)

Allerdings sehen sich diese Innovationstendenzen nach Meinung der Experten mit einigen Widerständen konfrontiert. Zum einen existieren externe Innovationswiderstände, wie z.B. vorhandene gesetzliche und administrative Vorschriften zum Schutz der Eisenbahn im intermodalen Verkehr, steuerliche Gewinnabschöpfung sowie sachliche und persönliche Vorbehalte der Kunden. Zum anderen gibt es interne Innovationshemmnisse, wie bspw. zu geringe Budgets für Kreativ- und Entwicklungsarbeit, Mangel an Technologie- und Marktanalysen, ungenügende Mitarbeiterqualifikation, Akzeptanzverweigerung der Kunden oder auch unprofessionelles Innovationsmanagement.[63]

---

[62] Vgl. Binnenbruck (2003), S. 144.
[63] Vgl. Binnenbruck (2003), S. 144-145.

Innovationen in Güterverkehr und Logistik erreichen auch vor dem Hintergrund verkehrlicher Wirkungen des *Electronic-Commerce* (E-Commerce)[64] eine wachsende Bedeutung. Der Straßengüterverkehr ist insbesondere von der Nutzung elektronischer Kommunikationsnetze betroffen. Nach einer Studie aus dem Jahre 2001, in welcher die Abwicklung von 445 Internet-Aufträgen in 6 europäischen Ländern über 162 Web-Sites analysiert wurde, konnten jedoch die hohen Erwartungen an eine rasche Expansion der E-Commerce-Geschäfte nicht erfüllt werden. Etwa 39% der Aufträge wurden nicht vollständig ausgeführt und nur 57% der Inlandsauslieferungen sowie 40% der grenzüberschreitenden Auslieferungen wurden innerhalb einer Woche durchgeführt. Als Haupthemmnis wurde das Fehlen geeigneter Systeme des physischen Handlings von Materialien und Gütern, des Transports und der Bereitstellung bzw. Entsorgung der per Internet gehandelten und gesteuerten Güterflüsse erkannt. Der Güterverkehr und die Logistik stehen deshalb in Zukunft vor der Herausforderung einer nachfragegerechten Überwindung der sog. „letzten Meile" bis zum Endkunden.[65]

Die Entwicklung auf dem Güterverkehrsmarkt wird speziell in Deutschland ab August 2003 durch das Inkrafttreten einer *Maut* für LKW mit einem zulässigen Gesamtgewicht von mindestens 12 t beeinflusst werden. Die den Transportdienstleistern dadurch entstehenden zusätzlichen Kosten werden diese versuchen, an die Kunden weiterzugeben, wobei besonders Unternehmen mit hohen Transportanteilen an den Logistikkosten und niedrigpreisigen Gütern betroffen sein werden.[66] Um ihre Transportkosten zu reduzieren, können Verlader und Güterverkehrsunternehmen unterschiedliche Maßnahmen einleiten, welche im folgenden kurz dargestellt werden:[67]

- Eine Nachverhandlung aktueller Konditionen ist nur dann erfolgreich, wenn sie auf kostengünstiger abzuwickelnden Sendungs- und Absatzstrukturen aufbauen, da die speditionellen Partner vor Mauteinführung und nach Ökosteuer kaum zu einer Reduzierung der Frachtsätze bereit sind.

- Einsparungen auf Seiten der Transportnebenkosten lassen sich mit geringem Aufwand und sehr kurzfristig erreichen (z.B. sendungsbezogen durch den Spediteur abgedeckte und berechnete Speditionsversicherung, Tauschgebühren für Ladehilfsmittel, wie bspw. Europaletten und Gitterboxen).

---

[64] Zur Beziehung zwischen E-Commerce und Logistik vgl. Alt/Schmid (2000), S. 75-99.
[65] Vgl. Klaus/Erber/Voigt (2001), S. 53-63.
[66] Vgl. hierzu Siegert (2003), S. 25.
[67] Vgl. Siegert (2003), S. 25-27.

- Reduzierung von Eil- und Sonderfrachten und der damit einhergehenden überhöhten Frachtkosten durch die systematische Verbesserung der Prozesse der Auftragsabwicklung, der Produktion und der Lagerversandabwicklung.

- Durch die Gewinnung von Erkenntnissen über die Intensität der Waren- und Güterströme (z.B. in welchen Gewichtsbereichen liegen die Sendungsschwerpunkte) mit Hilfe speziell geeigneter Software-Tools lassen sich die Sendungsstrukturen optimieren und erhebliche Kostensenkungspotenziale realisieren.

- Eine neue Ausschreibung der Transportleistungen am Markt ist zwar kosten- und zeitaufwändig, in Zeiten konjunkturellen Abschwungs jedoch wirksam, da auf Seiten der Logistikdienstleister Überkapazitäten entstehen, für deren Auslastung neue Kunden gesucht werden.

- Durch Bündelung des Sendungsaufkommens mehrerer Verlader mit einer hohen Empfängerdeckung über einen gemeinsamen Dienstleister kann es für die beteiligten Kooperationspartner zu erheblichen Kostendegressionen kommen.

- Eine Optimierung der Lagernetzstrukturen und damit des gesamten Distributionssystems (kostenorientierte Analyse der Kunden-, Auftrags-, Absatz- und Sendungsstrukturen sowie der Produktions- und Lieferantenstrukturen, des Lieferservice, der Auftragserfüllung und Lagerabwicklung) ist zwar mit hohem zeitlichen und finanziellen Aufwand verbunden. Doch erbringt eine solche Reduzierung von oftmals historisch gewachsenen Redundanzen auch eine hohe Rendite.

Die neben der LKW-Maut und den möglichen Reaktionen der verladenden Wirtschaft auf die damit einhergehenden Transportkostenerhöhungen dargestellten Entwicklungen spiegeln sich in der in einigen Studien identifizierten aktuellen und zukünftigen Marktsituation in der Logistikbranche wider, auf die im folgenden Kapitel eingegangen wird.

4 Trends auf dem Logistikmarkt – eine Analyse aktueller Marktstudien

4.1 Marktsituation in der Logistikbranche

Die Wettbewerbssituation auf dem Markt für logistische Dienstleistungen lässt sich in Anlehnung an *Porter* durch die in Abbildung 5 dargestellten und im folgenden kurz erläuterten Determinanten charakterisieren.[68]

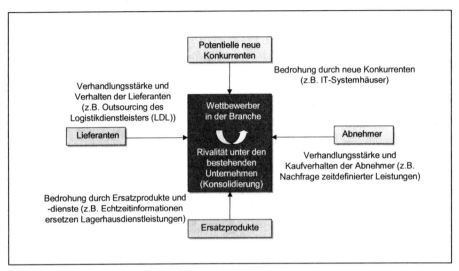

Abb. 5: Wettbewerbssituation im Markt logistischer Dienstleistungen (Quelle: in Anlehnung an Porter (1992), S. 26)

Die Wettbewerbssituation in der Logistikbranche wird, wie bereits weiter oben erläutert, zum einen durch die *Abnehmer* und deren Nachfragen determiniert, wobei insbesondere die zunehmende Nachfrage nach zeitdefinierten Leistungen sowie von Komplettdienstleistungen von Bedeutung ist,[69] zum anderen durch die Verhandlungsstärke und das Verhalten der *Lieferanten*. Hierbei ist vor allem auf das Outsourcing einzelner Leistungen von Logistikdienstleistern[70] und dabei insbesondere auf das Dienstleister-Modell des sogenannten Fourth Party Logistics Provider (4-PL) hinzuweisen. Diese Dienstleister müssen häufig mangels ei-

---

[68] Porter (1992), S. 26.

[69] Vgl. IKB-Branchenbericht (2002), S. 6.

[70] Es muss jedoch angemerkt werden, dass einige Logistikdienstleister kein Outsourcing ihrer Leistungen betreiben, sondern durch die Bildung von Joint Ventures bspw. zum Aufbau weltumspannender Logistiknetzwerke gelangen. Vgl. dazu Klotz (2003), S. 5.

gener physischer Logistikinfrastruktur Kooperationen eingehen und sehen sich deshalb oftmals mit der Verhandlungsstärke sowie möglicherweise auftretendem opportunistischem Verhalten ihrer Lieferanten konfrontiert.[71]

Des Weiteren besteht in der Existenz *potenzieller neuer Konkurrenten* eine bedeutende Wettbewerbsdeterminante. Bspw. existieren in Form von IT-Systemhäusern mit Kernkompetenzen in der Entwicklung und Implementierung von Supply Chain Management-Tools für spezifische logistische Problemlösungen potenzielle Wettbewerber etablierter Dienstleister.[72] Hinsichtlich der Konkurrenz bestehender Dienstleister durch *Ersatzprodukte* ist vor allem auf die Nutzung von Echtzeitinformationen zur Reduzierung von Sicherheitsbeständen zu verweisen. Allerdings wird das physische Handling von Güter- und Warenströmen, wie bereits im Zusammenhang mit der Entwicklung des E-Commerce erläutert, nicht vollständig durch Echtzeitinformationen ersetzt werden können.[73]

Der *Wettbewerb innerhalb der Branche* ist mittlerweile durch erhebliche Konsolidierungstendenzen gekennzeichnet,[74] wobei es momentan, wie in Abbildung 6 grafisch dargestellt, zu einer Vielzahl an Insolvenzen im Bereich Straßenverkehr, Spedition und Logistik kommt.[75]

---

[71] Vgl. dazu Matiaske/Mellewigt (2002), S. 641-658 und Delfmann/Nikolova (2002), S. 423-535 sowie Kapitel 4.2 und 4.3 der vorliegenden Arbeit.

[72] Vgl. hierzu Berglund/van Laarhoven/Sharman/Wandel (1999), S. 62-63. Hierbei muss jedoch beachtet werden, dass diese potenziellen Markteinsteiger noch das für den Unternehmenserfolg essentielle physische Logistiknetzwerk durch Kooperationsbildung generieren müssen. Aufgrund langjähriger Marktbeziehungen mit etablierten Dienstleistern kann dies wiederum eine relativ hohe Markteintrittsbarriere für neue Wettbewerber darstellen.

[73] Vgl. Femerling (2003), S. 205-221 und Klaus/Erber/Voigt (2001), S. 54.

[74] Vgl. Böhmer/Rees (2002), S. 126. Die Unternehmensberatung Arthur Andersen zählte bspw. im Zeitraum zwischen September 2000 und August 2001 in der europäischen Logistikbranche 436 Firmenübernahmen, wobei allein in Deutschland 104 Übernahmen zu verzeichnen waren. Zum zeitlichen Entwicklungsverlauf früherer Konsolidierungsprozesse und -phasen vgl. Hertzog et al. (2003), S. 14-16.

[75] Diese negative Entwicklung muss nach einer Untersuchung des IFO-Instituts neben dem Aufkommen der LKW-Maut auch auf die momentan rückläufigen Konsumausgaben privater Haushalte und die allgemein schlechte Konjunktur in der für die Logistik wichtigen Baubranche zurückgeführt werden. Vgl. Cordes (2003a), S. 14-16.

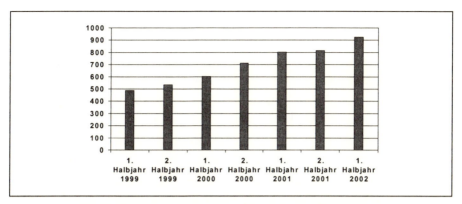

Abb. 6: Anzahl an Insolvenzen im Bereich Straßenverkehr, Spedition und Logistik (Quelle: in Anlehnung an Cordes (2003a), S. 16)

Allerdings ist der Markt für logistische Dienstleistungen zur Zeit noch sehr fragmentiert. Eine europaweite Studie zur Kontraktlogistik[76] aus dem Jahre 2003 identifizierte z.B. eine Zersplitterung des europäischen Logistikmarktes, in welchem die fünf umsatzstärksten Unternehmen (Exel, TNT Logistics, Wincanton/P&O TransEuropean, Danzas und Hays) einen gemeinsamen Marktanteil von etwa 23% erreichen.[77] Abbildung 7 verdeutlicht diese Fragmentierung.

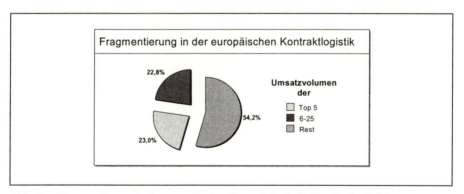

Abb. 7: Fragmentierung in der europäischen Kontraktlogistik (Quelle: in Anlehnung an Klotz (2003), S. 5)

---

[76] Zum Begriff der Kontraktlogistik vgl. Stein (1998), S. 230-234. Kontraktlogistik bezeichnet die sich in zunehmendem Maße entwickelnden langfristigen Geschäftsbeziehungen bzw. Wertschöpfungspartnerschaften zwischen Industrie, Handel und logistischen Dienstleistern. Logistikdienstleister sind somit Kontraktpartner für Systemdienstleistungen und verantwortlich für die Organisation kompletter Versorgungsketten.

[77] Vgl. Klotz (2003), S. 5.

22

Obwohl sich immer noch viele Unternehmen mit relativ geringem Umsatzvolumen auf dem Markt befinden, agieren die großen Akteure immer internationaler. Diese Entwicklung gründet auf der zunehmend globalen Arbeitsteiligkeit der Wirtschaft. Nur Logistikdienstleister, die über weltumspannende Netze verfügen und diese bspw. in Form von Unternehmensakquisitionen oder aber auch durch Joint Ventures ausbilden und erweitern,[78] können angemessen auf die weltweite Dislozierung ihrer Kunden reagieren.[79]

Die Bildung von Kooperationen zum Aufbau von Beförderungsnetzwerken eröffnet nach einer Studie der Unternehmensberatung Hertzog&Partner jedoch auch insbesondere mittelständischen Spediteuren die Möglichkeit, durch Realisierung von Bündelungseffekten im Sammelverkehr den bestehenden großen Logistikkonzernen hinsichtlich Umsatz und Beförderungsvolumen entgegenzutreten.[80]

Im Rahmen einer Studie der Technischen Universität Dresden in Zusammenarbeit mit der Unternehmensberatung Wagener&Herbst wurden diese Konsolidierungstendenzen erfragt und bestätigt.[81] Auf die These, dass der Transport- und Logistikmarkt nach einer Phase der Konzentration in Zukunft *oligopolistische Strukturen*[82], also eine Marktform mit wenigen Teilnehmern auf der Angebotsseite, ausbilden werde, fiel die in Abbildung 8 dargestellte Zustimmung der befragten Experten eindeutig aus.

---

[78] Dank eines Joint Ventures mit Kühne&Nagel verfügt der britische Logistikdienstleister Wincanton über weltweite logistische Aktivitäten. Vgl. Klotz (2003), S. 5.

[79] Nach der Studie von Transport Intelligence sagt die Größe eines Logistikdienstleisters oder eines Netzwerks logistischer Dienstleister jedoch noch nichts über deren Rentabilität aus. Die Umsatzrenditen innerhalb dieser Stufen schwanken zwischen zwei und sechs Prozent, da die Erfolge der jeweiligen Glieder dieser Netzwerke von den Konjunkturen ihrer Heimatmärkte determiniert werden. Vgl. Klotz (2003), S. 5.

[80] In Deutschland existieren zur Zeit fünf mittelständische Beförderungsnetzwerke. Die 15 Gesellschafter des Marktführers System Alliance erwirtschaften bspw. einen Umsatz in Höhe von 5 Milliarden Euro und transportieren etwa 8,7 Millionen Sendungen pro Jahr, was einer Beförderungsmenge von 2 Millionen Tonnen entspricht. Vgl. dazu Böhmer/Rees (2003), S. 97-98.

[81] Vgl. Wagener et al. (2002), S. 56 ff.

[82] Zur ausführlichen Darstellung des Begriffes „Oligopol" vgl. Varian (1995), S. 433-454.

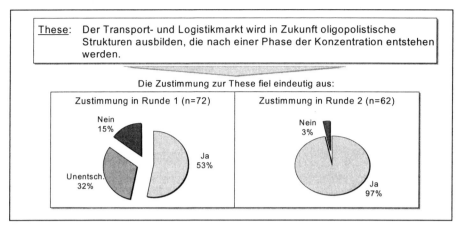

Abb. 8:   Oligopolistische Struktur des Logistikmarktes (Quelle: Wagener et al. (2002), S. 58)

Die *Gründe dieses Marktstrukturtrends* liegen einerseits in der Erzielung von Kosten-, Bünde-lungs- und Netzeffekten, die sich aus der dabei möglichen Bündelung von Transportströmen ergeben (economies of scale, economies of density and size sowie economies of scope)[83] so-wie andererseits in der Anpassung und damit verbundenen Ausweitung des Leistungsangebots an die Nachfrage der Kunden (globale Leistungsangebote, Tendenz zum One-Stop-Shopping, zunehmende Nachfrage nach grenzüberschreitenden, integrierten Logistiklösungen).[84] Weitere Gründe für die zunehmende Marktkonzentration und damit einhergehenden „Mer-gers&Acquisitions" (M&A) finden sich nach einer Studie einer Unternehmensberatung so-wohl auf der Käuferseite in Form des Zukaufs hochwertiger Dienstleistungen und der Mög-lichkeit des Eintritts in wachsende Märkte als auch auf Seiten der Verkäufer. Diese erhoffen

---

[83]   Vgl. Henning et al. (2003), S. 399-415.

[84]   Es können also drei Hauptgründe für die erwarteten und auch bereits schon eingetretenen Konsolidierungstendenzen identifiziert werden. Zum einen kann hier die Nachfrage der Verlader nach sogenannten Lead Logistics Providern (LLP) angeführt werden, welche die Steuerung und Integration der gesamten Supply Chain ihrer Kunden übernehmen und des-halb z.B. Erfahrungen und Kenntnisse im Bereich multimodaler Verkehre sowie hohe Kompetenzen im Bereich Informations- und Kommunikationstechnologie nachweisen müssen. Vgl. dazu Paskert (2001), S. 71-72. Ein weiterer Grund für Konsolidierung kann in der Entwicklung neuer Technologien in Form von Transportmanagement-Systemen, Warehousing-Management-Systemen, Supply Chain Event Management und internationa-len Systemen der Handels-Logistik gesehen werden. Viele Verlader vertrauen hierbei auf die technologischen Kompetenzen der Dienstleister, welche diese Technologien für mehre-re Kunden nutzen und somit Größen- und Lerneffekte erzielen können. Ein dritter Grund für die identifizierten Konsolidierungstendenzen ist die bereits erwähnte und notwendige internationale Ausweitung der physischen Logistiknetze der Dienstleister vor dem Hinter-grund der globalen Arbeitsteilung der Wirtschaft. Vgl. Gordon (2003), S. 50-57.

24

sich durch M&A vor allem eine stärkere Konzentration auf ihre Kernkompetenzen und damit verbundene Kosteneinsparungen durch Größen- und Lerneffekte.[85]

Neben diesen Konzentrationstendenzen und damit einhergehenden Outsourcingaktivitäten im Markt der Logistikdienstleister lässt sich die zunehmende Fremdvergabe der Logistik durch die verladende Wirtschaft als Haupttreiber der Entwicklung auf dem Markt logistischer Dienstleistungen bezeichnen.

4.2 Zunehmende Fremdvergabe der Logistik

Die Notwendigkeit globaler Marktpräsenz und die Konzentration auf Kernkompetenzen stellen die Unternehmen der verladenden Wirtschaft zunehmend vor neue Herausforderungen. Die Logistikdienstleister gewinnen dadurch in dem Maße an Bedeutung, in dem sich Industrie und Handel auf ihre Kerngeschäfte fokussieren und Aufgabenbereiche, welche nicht zu den Kerntätigkeiten gehören und wozu in steigendem Ausmaß die unternehmensübergreifende Optimierung und Kostenreduzierung von Güter- und Warenströmen mit Hilfe transparenter Informationsflüsse zu rechnen sind, fremdvergeben bzw. outsourcen.[86]

Unter dem *Begriff des Outsourcing* soll im folgenden nicht nur die Auslagerung von Unternehmensfunktionen an externe Organisationen, d.h. an rechtlich und wirtschaftlich selbständige Unternehmen, sondern auch die Ausgliederung verstanden werden, worunter eine Funktions- und Vermögensübertragung auf ein kapitalmäßig verbundenes Unternehmen, z.B. eine Tochtergesellschaft oder Beteiligung subsumiert wird.[87]

Für die Auslagerung und Ausgliederung von Logistikdienstleistungen wird in der wirtschaftswissenschaftlichen Literatur und in einer Vielzahl empirischer Studien eine ganze Reihe von *Vorteilen* genannt.[88] In einer 2002 durchgeführten Befragung von 250 Unternehmen aus Industrie und Handel wurden die Hauptgründe für Logistikoutsourcing in Deutschland ermittelt, welche mit ihrer Gewichtung in Abbildung 9 wiedergegeben sind.

---

[85] Vgl. Ernst&Young (2003), S. 9. Ernst&Young untersuchte im Zeitraum zwischen September 2001 und August 2002 354 europäische und internationale Mergers&Acquisitions mit Beteiligung europäischer Unternehmen des Transport- und Logistikmarktes aus 69 Ländern.

[86] Vgl. Gerbode/Hunziker (2002), S. 79-80. Die „Make-or-Buy-Entscheidung", d.h. die Frage nach Eigenerstellung und Fremdbezug muss aus den strategischen Unternehmenszielen abgeleitet werden. Hierzu sind die Kernkompetenzen des Unternehmens, also diejenigen Wertschöpfungsprozesse zu ermitteln, die das Unternehmen unbedingt selbst erstellen muss, um den Kundenanforderungen gerecht zu werden. Vgl. dazu Baumgarten/Wiegand (1999), S. 793.

[87] Vgl. Matiaske/Mellewigt (2002), S. 644.

[88] Vgl. Matiaske/Mellewigt (2002), S. 646-649 Mehldau/Schnorz (1999), S. 846; Bretzke (1998), S. 393-402 und Fischer (1996), S. 232-236.

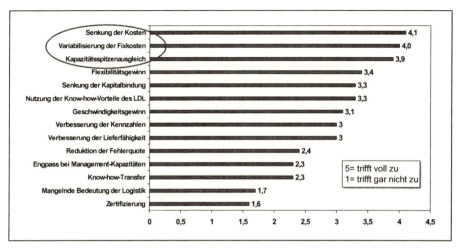

Abb. 9:   Gründe für Logistikoutsourcing (Quelle: Weber/Engelbrecht (2002), S. 39)

Obwohl in den letzten Jahren Outsourcing offensichtlich nicht mehr nur vornehmlich aus Kostengründen, sondern zunehmend auch aus unternehmensstrategischen Gründen heraus praktiziert wurde,[89] dominieren gemäß der aktuellen Studie dennoch Kostensenkungserwägungen. Die Befragten nannten Kostensenkung, Variabilisierung fixer Kosten sowie den durch Outsourcing möglichen Spitzenausgleich von Kapazitätsschwankungen als Hauptgründe. Qualitätsbezogene Motive wie bspw. Geschwindigkeitsgewinn, Verbesserungen hinsichtlich der Lieferfähigkeit oder Reduktionen der Fehlerquote folgten erst mit größerem Abstand.[90] Ergebnis der Studie war, dass Outsourcing zwar die Logistikkosten senkt, die Logistikleistung jedoch nicht signifikant verbessert. Eine ausschließliche Ausrichtung des Outsourcing auf die Logistikkosten vernachlässigt aber erhebliche Potenziale in der Logistikqualität in Form von Zeit, Fehlerquote oder Flexibilität. Aus diesem Grunde sollten bereits frühzeitig vor der Outsourcing-Entscheidung Leistungsziele für die Fremdvergabe der Logistik definiert werden.[91]

Mit Outsourcing sind jedoch nicht nur Vorteile, sondern auch *Nachteile* verbunden. Bspw. können aufgrund mangelhafter Kostenerfassung und -verrechnung eigene Herstellkosten überschätzt werden, so dass im Vergleich zum Dienstleister keine Kostenersparnis erreicht werden

---

[89]   Vgl. Fischer (1996), S. 233. Outsourcing wird dadurch zu einem strategischen Element, dass die für die Wettbewerbsfähigkeit relevanten Fähigkeiten im Bereich der Logistik durch die Vergabe an einen kompetenten Dienstleister verbessert werden können.

[90]   Vgl. Weber/Engelbrecht (2002), S. 38.

[91]   Vgl. Seebauer (2003b), S. 63.

kann und höhere Gesamtkosten als bei einer Eigenerstellung auftreten können.[92] Des Weiteren besteht die Gefahr opportunistischen Verhaltens seitens des Outsourcingnehmers, das Risiko der Demotivation und Verunsicherung des Personals[93] sowie des Know-how-Verlustes.[94] Werden Kernkompetenzen nicht als solche erkannt und nach außen vergeben, entstehen Risiken in der Unternehmensentwicklung im auslagernden Unternehmen.[95] Auch hinsichtlich der Qualität der outgesourcten Leistungen bestehen Risikopotenziale. Da der Dienstleister mit Hilfe von Standardisierung seiner Leistungen Kostenvorteile erzielen möchte, kann es zu einer Vernachlässigung der vom Unternehmen gestellten Leistungsanforderungen und somit zu Qualitätseinbußen kommen.[96] Bei komplexen Leistungen und monopolähnlichen Stellungen der Dienstleister kann ein Outsourcing auch zu einer starken Abhängigkeit führen.[97]

Trotz dieser Risiken ist der *Trend zum Outsourcing* immer komplexer werdender logistischer Dienstleistungen ungebrochen. Beschränkte sich das Tätigkeitsspektrum logistischer Dienstleister in den 70er Jahren des vergangenen Jahrhunderts weitgehend auf Transport-, Lager- und Umschlagsleistungen, wurde die Logistik in den darauffolgenden Jahrzehnten als eine Querschnittsfunktion zur kundenorientierten Optimierung funktions- und mittlerweile vor allem auch unternehmensübergreifender Prozessabläufe gesehen. Zukünftig wird nach einem Branchenbericht aus dem Jahr 2002 insbesondere ein Wachstum der Kontraktlogistik und von In-House-Dienstleistungen erwartet.[98] Bei letzterem werden Komplettdienstleistungen direkt am Standort der Produktion im Betrieb des Erzeugers übernommen und erfordern die produktionsnahe Ansiedlung des Logistikdienstleisters, z.B. in Industrieparks.[99] Abbildung 10 verdeutlicht diese Wachstumstendenzen.

---

[92] Vgl. Zahn/Barth/Hertweck (1998), S. 17.

[93] Vgl. Bruch (1998), S. 37.

[94] In Folge von Outsourcing kann durch ausscheidendes Fachpersonal oder eine zur Leistungserstellung nötige Übermittlung von Wissen an den externen Dienstleister ein unkontrollierter Wissensabfluss eintreten. Vgl. hierzu Matiaske/Mellewigt (2002), S. 651.

[95] Vgl. Schneider (1994), S. 16.

[96] Vgl. dazu Nagengast (1997), S. 122.

[97] Vgl. Zahn/Barth/Hertweck (1998), S. 16 und Bruch (1998), S. 35.

[98] Vgl. Schätzung der Deutschen Industriebank (IKB) (2002), S. 6-7.

[99] Vgl. Gareis (2002), S. 9ff.

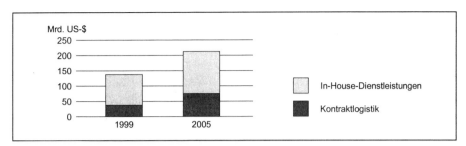

Abb. 10: Entwicklung von Kontraktlogistik und In-House-Dienstleistungen (Quelle: in Anlehnung an Deutsche Industriebank (IKB) (2002), S. 7)

Auch eine aktuelle Untersuchung einer Unternehmensberatung aus dem Jahr 2003[100] ergab
eine positive Wachstumsprognose des Outsourcing-Marktes, und zwar in Höhe von jährlich
9%.[101] Die Studie beinhaltete des Weiteren eine Abschätzung des *Erfolgs von Outsourcing-
Projekten*, welcher in Abbildung 11 grafisch verdeutlicht wird.

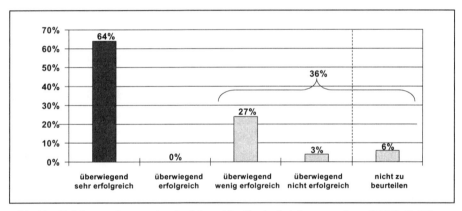

Abb. 11: Erfolg von Outsourcing-Projekten (Quelle: in Anlehnung an Lutz (2003), S. 11)

Mehr als 60% der Befragten bezeichneten diese Projekte als erfolgreich, wohingegen mehr als
ein Drittel aller Befragten den Erfolg des Outsourcing als nicht zufriedenstellend beurteilten

---

[100] Im Rahmen dieser von der Unternehmensberatung Accenture durchgeführten Studie wurden 200 Führungskräfte deutscher, österreichischer und schweizerischer Unternehmen telefonisch über deren Aktivitäten im Bereich Outsourcing befragt. Vgl. Lutz (2003), S. 11.

[101] Hierbei muss jedoch kritisch angemerkt werden, dass die verladende Wirtschaft oftmals
kein Outsourcing im bereits weiter oben erläuterten Sinne betreibt, sondern auch in Form
von Joint Ventures logistische Dienstleister an ihrer Wertschöpfung beteiligt. Vgl. dazu
Langley/Allen/Tyndall (2001), S. 12-13.

28

oder sich außer Stande sahen, eine Beurteilung abzugeben.[102] Diese relativ hohe Misserfolgs-rate lässt darauf schließen, dass die bereits erwähnten Risiken des Outsourcing dessen poten-zielle Vorteile oftmals noch überlagern. Hierin besteht noch erhebliches Entwicklungspoten-zial von Outsourcing-Projekten. Demotivation und Verunsicherung des Personals etwa kön-nen durch frühzeitige Aufklärungsarbeit reduziert werden. Innerhalb der Partnerschaft entste-hender Opportunismus bspw. kann durch geeignete Anreizsysteme, z.B. mit Hilfe einer auf Prämien und Konventionalstrafen basierenden und möglichst zu einer Win-Win-Situation der beteiligten Partner führenden Vertragsgestaltung, ausgeräumt werden.[103]

Ein weiterer Grund für die hohe Zahl an wenig erfolgreichen Outsourcing-Projekten kann auch in den oftmals von den Logistikdienstleistern nicht ausreichend erfüllten Kundenanfor-derungen gesehen werden. Diese sind in den letzten Jahren immer vielfältiger geworden und erfordern vom Dienstleister eine zunehmende Ausweitung seines Leistungsangebots.[104] Insbe-sondere die Verknüpfung physischer Leistungen mit den im Zusammenhang mit dem Konzept des Supply Chain Managements steigenden Ansprüchen an eine echtzeitliche Steuerung von Abläufen stellt hohe Ansprüche an die logistischen Dienstleister, denen diese häufig nicht ausreichend gewachsen sind.[105]

Eine für die Steigerung der Wettbewerbsfähigkeit häufig geeignete Maßnahme ist deshalb im Wandel des Leistungsangebots vieler Logistikdienstleister hin zu Systemdienstleistern zu se-hen. Diese verfolgen das Ziel der Erbringung von möglichst zuverlässigen, flexiblen, qualita-tiv hochwertigen sowie kostengenauen[106] physischen und informatorischen Leistungen im Rahmen des Supply Chain Managements.

---

[102] Vgl. Lutz (2003), S. 11.

[103] Vgl. Zimmer (2001), S. 89-130.

[104] Vgl. Metzner/Bamberg (2002), S. 18-19.

[105] Vgl. Mehldau/Schnorz (1999), S. 846-847.

[106] Zu den in Folge des zunehmenden Outsourcing kompletter Logistikaktivitäten veränderten Anforderungen an das Controlling von Logistikdienstleistern vgl. Steffens (2002), S. 39-41. Dienstleister übernehmen zusätzlich zur reinen Abwicklung von Transporten auch ver-stärkt Kontroll- und Koordinationsfunktionen. Im Falle eines Outsourcing-Projektes müs-sen z.B. die Kosten des gesamten Logistiksystems und nicht mehr nur logistischer Einzel-leistungen gemessen werden. Um diese gesamten Logistikkosten kontrollieren und vor al-lem reduzieren zu können, muss der Dienstleister in der Lage sein, z.B. die Auswirkungen unterschiedlicher Transportoptionen auf Kosten und Servicegrad zu beurteilen. Die Bewer-tung der Logistikkosten unter verschiedenen Szenarien, also die Durchführung von Kos-tenvergleichen und Bewertung finanzieller Auswirkungen einzelner Alternativen, erfolgt mit Hilfe komplexer Simulations- und Optimierungssoftware, wie bspw. i2-technologies oder Manugistics.

4.3 Vom 3-PL zum X-PL – Logistikdienstleister als Systemdienstleister in Supply Chains

Im Rahmen des Trends zur zunehmenden Konzentration auf Kernkompetenzen seitens der verladenden Wirtschaft und den damit einhergehenden steigenden Anforderungen an die Leistungsangebote und Kompetenzen der Logistikdienstleister wird seit einiger Zeit das Geschäftsmodell des sogenannten *„Fourth Party Logistics Provider (4-PL)"* diskutiert.

Bei einem 4-PL handelt es sich um einen Logistikdienstleister, der als Outsourcingpartner der verladenden Wirtschaft die Integration kompletter Logistikketten, -netze und -systeme im Rahmen des Supply Chain Managements übernimmt und auch als Systemdienstleister bezeichnet werden kann.[107] Der 4-PL ist somit ein Supply Chain Manager, „...der die Ressourcen, Kapazitäten und Technologien seiner eigenen Organisation[108] mit denen anderer beteiligter Dienstleister zusammenführt und managt, um dem Kunden eine vollständige Supply-Chain-Lösung anbieten zu können."[109]

Kritisch gesehen kann jedoch unter dem Begriff des 4-PL die bis zum Jahre 1998 in § 407 des Handelsgesetzbuches der Bundesrepublik Deutschland gültig gewesene Legaldefinition des Spediteurs subsumiert werden. Die Bezeichnung „Spediteur" ist durch den „4-PL", die „Güterversendung" durch die „Logistikdienstleistungen" und der „Frachtführer" durch den „Logistikdienstleister" ersetzt worden. Ist der 4-PL also lediglich ein klassischer Spediteur, der mit Hilfe moderner Informationstechnologie sein Aufgabenspektrum der erweiterten Kundennachfrage angepasst hat? Die Existenz des 4-PL wird in der Wissenschaft jedoch dadurch gerechtfertigt, dass er als weiterer Akteur in der Logistikkette (als „Vierter") neben Verladern und Kontraktlogistik-Anbietern die Steuerung der Prozesse in der gesamten Supply Chain übernimmt, ohne selbst in die operativen Tätigkeiten involviert zu sein.[110]

---

[107] Vgl. Eisenkopf (2002), S. 409 und Gudehus (1995), S. 28-29.

[108] Diese eigenen Ressourcen beschränken sich jedoch nach häufig vertretener Meinung auf eine ausgeprägte eigene Infrastruktur hinsichtlich Informations- und Kommunikationssystemen zur Steuerung von Logistikprozessen und beinhalten keine physischen Logistikressourcen (z.B. Fahrzeugflotten, Lager oder Kommissionieranlagen) sowie keine eigenen Transport- und Lagernetze. Vgl. hierzu Kranke (2001), S. 32-33 und Eisenkopf (2002), S. 410.

[109] Baumgarten/Zadek (2002), S. 16. Vgl. auch Zinn (2002), S. 36. 4-PL-Anbieter sollen Transport-, Lager-, Bestands- und Ertragsmanagement übernehmen, Software und Personal bereitstellen sowie Dokumentenverwaltung und IT-Integration durchführen. Zusätzlich hat der 4-PL die Auftragsverfolgung über alle Partner der Supply Chain hinweg zu gewährleisten, das Gesamtnetzwerk strategisch zu planen und möglicherweise anfallende Finanzdienstleistungen zu koordinieren.

[110] Vgl. Grüner (2003), S. 19. Ob sich durch den 4-PL Einsparpotenziale ergeben, ist abhängig davon, ob die Steuerung der Supply Chain zur Kernkompetenz eines Unternehmens der verladenden Wirtschaft zählt oder lediglich eine Nebenleistung ist, welche Dritte (Vierte)

Im Gegensatz zum 4-PL wird unter einem *„Third Party Logistics Provider (3-PL)"* ein Logistikdienstleister verstanden, der mit Hilfe eines eigenen Netzwerks und eigenen Umschlagskapazitäten, d.h. eigenen Logistik-„Assets", Systemdienstleistungen, wie bspw. das Management der gesamten Distributions- und Beschaffungs-Logistik für ein Industrie- und Handelsunternehmen, erbringt. Der 3-PL ist somit im Unterschied zum 4-PL nur für einen Ausschnitt der gesamten Supply Chain verantwortlich.[111] Abbildung 12 veranschaulicht die Entwicklung der einzelnen Geschäftsmodelle vom „First Party Logistics Provider (1-PL)" bis hin zu in der Zukunft denkbaren „Fifth- bzw. Sixth Party Logistics Providern".

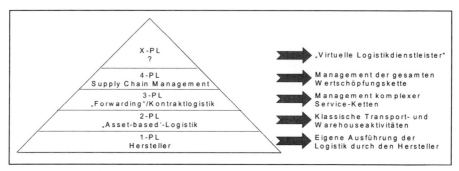

Abb. 12: Aufbau der Logistikkonzepte vom 1-PL bis zum X-PL (Quelle: in Anlehnung an Deutsche Bank Research (2002), S. 44)

Einen Überblick über die am häufigsten an *3-PL outgesourcten Aktivitäten aus Kundensicht* liefert für den US-amerikanischen Logistikmarkt eine 2001 durchgeführte Befragung von Kunden, in deren Rahmen auch der quantitative Erfolg, welcher sich durch eine Kooperation mit 3-PL ergeben kann, ermittelt wurde.[112] Unter den am häufigsten und in Abbildung 13 dargestellten, an 3-PLs outgesourcten Aktivitäten befanden sich Warehousing (73,3%), außerbetrieblicher Transport (68,4%), Frachtbriefausstellung (61,4%), innerbetrieblicher Transport

---

viel effizienter erledigen können. Ein Blick in die Praxis zeigt, dass der 4-PL häufig nicht die eigenständige Steuerung der Supply Chain übernimmt, sondern mit dem Controlling der Supply Chain eine wesentliche Unterstützungsfunktion wahrnimmt. Die Steuerung der Prozesse ist und bleibt oftmals Kernkompetenz der Unternehmen in Produktion und Handel.

[111] Vgl. Neher (2001), S. 52 und Baumgarten (2001), S. 36.

[112] Im Verlauf dieser von der Unternehmensberatung Cap Gemini/Ernst&Young durchgeführten Studie wurden 725 Unternehmen aus der Automobil-, der chemischen, der Computer-, der Elektronik-, der Konsumgüter-, der Telekommunikations- und der Medizingeräteindustrie sowie des Handels nach Art, Umfang und Auswirkungen der Nutzung von 3-PLs befragt. 93 der befragten Unternehmen gingen in die Auswertung der Studie ein, was einer Rücklaufquote in Höhe von 13% entsprach. Vgl. Langley/Allen/Tyndall (2001), S. 1 und Scheffels (2003), S. 8-16.

(56,1%), Frachtkonsolidierungen (40,4%) und Cross-Docking (38,6%). Informationstechnologische Aktivitäten wurden nur von 17,5% aller befragten Unternehmen an 3-PLs outgesourct, was darauf zurückzuführen ist, dass diese Aktivitäten nicht zum Tätigkeits- und Kompetenzschwerpunkt der 3-PLs zu rechnen sind und deshalb das Modell des 4-PL zunehmend in die Diskussion von Wissenschaft und Praxis rückt.[113]

	Outsource 2001	Outsource 2000
Warehousing	73,7%	63,3%
Outbound Transportation	68,4%	60,7%
Freight Bill Auditing Payment	61,4%	59,8%
Inbound Transportation	56,1%	44,6%
Freight Consolidation/Distribution	40,4%	32,1%
Cross-Docking	38,6%	25,0%
Product-Marking/Labeling/Packaging	33,3%	19,6%
Selected Manufacturing Activities	29,8%	39,3%
Product Returns and Repair	22,8%	17,9%
Inventory Management	21,0%	10,7%
Traffic Management/Fleet Operations	19,3%	21,4%
Information Technology	17,5%	8,9%
Product Assembly/Installation	17,5%	8,9%
Order Fulfillment	15,8%	10,7%
Order Entry/Order Processing	5,3%	2,7%
Customer Service	3,5%	4,5%

Abb. 13: Am häufigsten an 3-PLs outgesourcte Aktivitäten in der US-amerikanischen Wirtschaft (Quelle: in Anlehnung an Cap Gemini/Ernst&Young (2001), S. 5)

Hinsichtlich des quantifizierbaren Erfolges der Einbindung von 3-PLs in die Unternehmensaktivitäten ergab sich zunächst eine über alle befragten Unternehmen gemittelte Reduzierung der Logistikkosten in Höhe von 8,2%, eine Verringerung der Logistik-„Assets" von 15,6%, eine Reduzierung der „average order cycle length" von 10,7 auf 8,4 Tage und eine allgemeine Bestandssenkung um 5,3%. Zukünftige Studien sollten jedoch auf diesen Erkenntnissen auf-bauen und der bedeutenden Frage nachgehen, inwiefern diese gemessenen logistischen Erfolgskennzahlen dazu beitragen, die finanziellen Ergebnisse der Unternehmen, welche 3-PL-Dienste in Anspruch nehmen, zu verbessern.[114]

Im Gegensatz zur kundenorientierten Sicht der vorangegangenen Studie untersuchte ein internationales Forscherteam der Universitäten Linköping und Eindhoven mögliche *Wertschöp-*

---

[113] Vgl. Langley/Allen/Tyndall (2001), S. 5.
[114] Vgl. Langley/Allen/Tyndall (2001), S. 15.

fungsmodelle von 3-PLs.[115] Diese können, wie in Abbildung 14 vorgestellt, hinsichtlich ihrer Komplexität differenziert werden. Zunächst können Dienstleister in Form operativer Wertschöpfungsaktivitäten, wie bspw. Lagerhausaktivitäten, tätig werden.

	Increasing Complexity ⟶			
Description	Operational Efficiency	Integration of customer operations	Vertical or horizontal integration	Supply Chain Management & Integration
Driver	Factor Costs	Scale	Asset reduction scale Factor costs	Development of customer business processes
Skills	Operations (IT)	Operations (IT)	Operations IT (Conceptual)	Operations IT Conceptual
Example	Run warehouse efficiency	Share warehouse among several shippers	Outsourcing to lower tier providers	Cross-Docking or other new concepts

Abb. 14: Wertschöpfungsmodelle von 3-PL-Providern (Quelle: Berglund/van Laarhoven/ Sharman/Wandel (1999), S. 66)

Werttreiber sind hierbei die Faktorkosten, welche aufgrund von Lerneffekten und hoher operativer Fähigkeiten niedrig sind. In einer nächsten Stufe können Logistikdienstleister durch das Angebot kundenintegrierender Tätigkeiten Wert schöpfen, wie z.B. durch die Erzielung von „economies of scale" und Bündelungseffekten aufgrund der Vorhaltung von Beständen mehrerer Kunden in einem gemeinsamen Lager, und sich des Weiteren mit Hilfe vertikaler und horizontaler Integration (z.B. Outsourcing einzelner Geschäftsfunktionen an „lower-tier-provider") und damit verbundener Netzwerkbildung auf dem Logistikmarkt positionieren. Das komplexeste Modell der Wertschöpfung besteht in der kundenorientierten Integration und Koordination einzelner Bereiche verschiedener Supply Chains (z.B. Cross-Docking-Konzepte), wozu in hohem Maße sowohl operative als auch informationstechnologische Fähigkeiten erforderlich sind.[116]

---

[115] Vgl. Berglund/van Laarhoven/Sharman/Wandel (1999), S. 59-60. Im Verlauf dieser 1999 durchgeführten Studie wurden 21 als besonders bedeutend und innovativ erachtete 3-PL-Provider aus Europa, USA und Australien in Form von Mailings und Telefoninterviews hinsichtlich ihrer Unternehmensstrategie befragt, woraus sich verschiedene Wertschöpfungsmodelle ergaben.

[116] Vgl. Berglund/van Laarhoven/Sharman/Wandel (1999), S. 66-67.

Ein weiteres Wertschöpfungsmodell logistischer Dienstleister wurde von der HypoVereinsbank Equity Research erstellt. Das in Abbildung 15 dargestellte Modell kombiniert die Wertschöpfungstiefe der Logistikdienstleister mit ihren Netzwerkkapazitäten und zeigt deren aktuelle Positionierung im Logistikmarkt.[117]

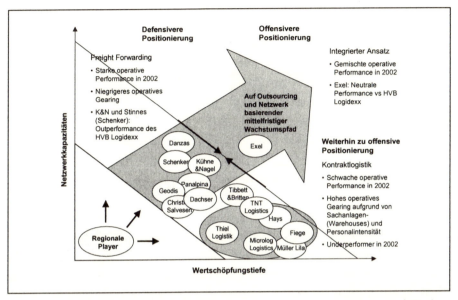

Abb. 15: Positionierungsmodell logistischer Dienstleister (Quelle: HypoVereinsbank Equity
Research (2003), S. 32)

Die Übernahme der Integration verschiedener Supply-Chain-Bereiche kann als *Vorstufe des
Leistungsangebots von 4-PLs* betrachtet werden, welches sich im Angebot komplexer Prob-
lemlösungen für gesamte Wertschöpfungsketten bzw. unternehmensübergreifende Supply
Chains konkretisiert.[118]

Im Rahmen der bereits weiter oben erwähnten Expertenbefragung der Unternehmensberatung
Wagener&Herbst in Zusammenarbeit mit der Technischen Universität Dresden wurde ermittelt, dass in Zukunft insbesondere die zur integrativen Koordination kompletter Supply Chains
notwendigen Erfolgsfaktoren, nämlich Systemkompetenz und Vernetzung, die entscheidenden

---

[117] Vgl. HypoVereinsbank Equity Research (2003), S. 32.

[118] Als weitere Merkmale des Leistungsspektrums von 4-PL-Anbietern bezeichnen Delf-
mann/Nikolova die Komplexität des Angebots, die Notwendigkeit hochqualifizierter Mitarbeiter, Logistik-, Beratungs- und IT-Expertise sowie die Notwendigkeit genauer Kenntnisse der Kundenprobleme und damit einhergehend einen hohen Individualisierungsgrad
der Leistungen und Vertrauensaufbau. Vgl. Delfmann/Nikolova (2002), S. 427-428.

Kriterien auf dem Weg zur Systemführerschaft im Markt logistischer Dienstleistungen sind. Gleichzeitig wurde hinterfragt, ob künftig die sogenannten „virtuellen Spediteure", d.h. bspw. 4- oder 5-PL ohne eigene physische Logistikressourcen, oder eher Logistikdienstleister mit eigenem Fuhrpark oder Lagernetzen (3-PLs) bessere Marktchancen haben werden. Hierbei fielen die Antworten knapp zu Gunsten des „virtuellen Spediteurs" aus, wie Abbildung 16 verdeutlicht.

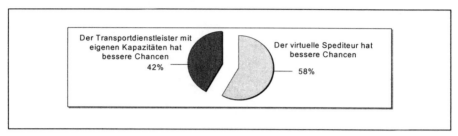

Der Transportdienstleister mit eigenen Kapazitäten hat bessere Chancen
42%

Der virtuelle Spediteur hat bessere Chancen
58%

Abb. 16: Beurteilung der Chancen des „virtuellen Spediteurs" (Quelle: Wagener et al. (2002), S. 72)

Hinsichtlich dieser Frage bestehen jedoch in Wissenschaft und Praxis weiterhin *unterschiedliche Meinungen*. Einerseits herrscht, wie in der Studie „Trends und Strategien in der Logistik – Supply Chains im Wandel" der Technischen Universität Berlin in Zusammenarbeit mit der Bundesvereinigung Logistik (BVL)[119] identifiziert wurde, weitestgehend Einigkeit darüber, dass in Zukunft das Konzept des Systemintegrators eine erfolgsentscheidende Stellung auf dem Markt logistischer Dienstleistungen einnehmen wird. Hierbei optimiert der Dienstleister Transportprozesse nicht nur durch die Einbeziehung von Transporteuren oder Kontraktlogistik-Dienstleistern, sondern steuert zusätzlich Lagerbestände und optimiert durch den direkten Eingriff in die Produktionsplanung der Verlader deren Losgrößen. Zur Realisierung dieses Konzepts wird vom Dienstleister insbesondere eine hohe Kompetenz im Bereich der Informations- und Kommunikationstechnologien sowie detailliertes Branchenwissen in Verbindung mit einer aufgrund der nötigen Transparenz von Steuerungsdaten ausreichenden Vertrauensbasis der beteiligten Partner gefordert sein.[120]

---

[119] Im Rahmen der Studie „Supply Chains im Wandel – Trends und Strategien in der Logistik" wurden 130 Entscheidungsträger aus unterschiedlichen Logistik-Dienstleistungsbereichen hinsichtlich der Fähigkeiten und Möglichkeiten befragt, heute und in der Zukunft Einfluss auf Gestaltung und Führung von Supply Chains nehmen zu können. Dabei wurden teilweise Ergebnisse einer Befragung von 157 Industrie- und Handelsunternehmen mit einbezogen, um die verschiedenen Sichtweisen von Anbietern und Nachfragern logistischer Dienstleistungen darzustellen. Vgl. Baumgarten/Beyer (2003), S. 62.

[120] Vgl. Baumgarten/Beyer (2003), S. 63. Allerdings muss hierbei das Ziel der Erreichung eines netzwerkübergreifenden Gesamtoptimums, von welchem alle Beteiligten des Wert-

Andererseits besteht durchaus auch Konsens darüber, dass die Realität des 4-PL-Geschäfts mit der theoretischen Darstellung divergiert. Zum einen können sich 4-PL-Anbieter als sogenannte „dot.coms" bzw. Neulinge im Markt des vertrauensbasierten Speditionsgeschäfts bislang nicht durchsetzen, da ihnen die von vielen Kunden geforderte, langjährige Branchenerfahrung fehlt und zum anderen haben 4-PL-Anbieter große Schwierigkeiten, einen dauerhaften Zugang zu fremden Netzen zu gewährleisten. Gegenwärtige Tendenzen auf dem Markt für Transportdienstleistungen bestätigen diese pessimistischen Einschätzungen: auf der einen Seite bauen 4-PL-Anbieter durch Unternehmenszukäufe eigene Transport- und Lagerkapazitäten auf. Im Gegensatz dazu kommen immer weniger Kooperationen zwischen 4-PL-Anbietern und Servicedienstleistern zustande.[121]

Die Zukunftsvision des 4- und 5-PL-Anbieters hängt somit insbesondere von der Akzeptanz seitens der verladenden Wirtschaft ab. Nach Meinung vieler Experten tendiert diese – im Gegensatz zum knapp positiven Ergebnis der Studie von Wagener&Herbst/TU Dresden – in der Mehrzahl eher zu einer Fremdvergabe der Logistik in die Hände von Dienstleistern mit eigenen physischen Logistikressourcen, weil in diesem Falle nicht nur die rein administrative Abwicklung der Prozesse, sondern auch deren operative Durchführung garantiert werden kann.[122]

5 Zusammenfassung und Ausblick

Dem *Markt für logistische Dienstleistungen* wird auch in den kommenden Jahren ein wesentliches Wachstum prognostiziert, welches jedoch insbesondere von den jeweils bedienten Leistungsbereichen abhängt. Hierbei werden vor allem im Feld komplexer Leistungen in Form der Steuerung von Supply Chains hohe Wachstumsraten gesehen.[123] Die wesentlichen Herausforderungen des Logistikdienstleisters der Zukunft werden deshalb zum einen in der Beherrschung der Verhandlungen und Vertragsgestaltungen mit Transporteuren und zum anderen in deren physischer und informatorischer Integration bestehen, wozu nicht nur die Planung, Implementierung und Steuerung informationstechnologischer Systeme, sondern auch die verbreitete Anwendung eines wertschöpfungskettenübergreifenden Supply Chain Controllings von wachsender Bedeutung sein wird.

---

schöpfungsprozesses profitieren, aus theoretischer und praktischer Sicht vor dem Hintergrund technischer und ökonomischer Grenzen (z.B. Zusammenführung der Stücklisten mehrerer Lieferantenstufen zu einer Gesamtstückliste bei einem komplexen Produkt eines Endherstellers oder die konfliktäre Beziehung einer vollständig integrierten Wertschöpfungskette mit Multiple-Sourcing-Konzepten im Einkauf) momentan oftmals in Frage gestellt werden. Vgl. dazu Baumgarten/Beyer (2003), S. 63-64.

[121] Vgl. Zinn (2002), S. 36.

[122] Vgl. Gericke (2003), S. 37.

[123] Vgl. Baumgarten/Beyer (2003), S. 62.

Diese Entwicklungen auf dem Markt der Logistikdienstleister werden essentiell durch den *Güterverkehr* und dessen wirtschaftliche, politische und technologische Rahmenbedingungen beeinflusst. Insbesondere die logistischen Eigenschaften des Straßengüterverkehrs, wie bspw. Flexibilität, Zuverlässigkeit und logistische Integrationsfähigkeit sind vor dem Hintergrund des globalisierten Wettbewerbs für die qualitative Gestaltung logistischer Netze und Ketten im Rahmen des Managements wertschöpfungskettenübergeifender Supply Chains von hoher Bedeutung. Um dem Ziel der Europäischen Verkehrspolitik – der zunehmenden Verlagerung des Verkehrs von der Straße auf die Schiene – gerecht zu werden, muss der europäische Güterverkehrsmarkt insbesondere vor dem Hintergrund der kommenden EU-Osterweiterung weiter liberalisiert und harmonisiert werden. Eine weitestgehend einheitliche europäische Verkehrsinfrastruktur soll grenzüberschreitenden Schienengüterverkehr erleichtern und die noch bestehenden Schnittstellen im europäischen Schienennetz in Nahtstellen umwandeln. Auch ein europaweites „Road-Pricing" ist für diese Zwecke notwendig. Darüber hinaus werden Innovationen im Bereich der Informations-, Kommunikations- und Sicherheitstechnologie zur Sicherung des Güterverkehrs und zur Gestaltung optimierter Transport- und Transaktionsketten beitragen. Auch die technische und organisatorische „Just-in-time"-Vertaktung der Verkehrsunternehmen mit den innerbetrieblichen Produktions- und Lieferrhythmen der Industrie wird insbesondere vor dem Hintergrund der verkehrlichen Auswirkungen des E-Commerce in Form intermodaler und internationaler Zusammenarbeit die Entwicklung auf dem Güterverkehrsmarkt determinieren.

Der *Wettbewerb* im Markt logistischer Dienstleistungen ist in zunehmendem Ausmaß durch Konsolidierungstendenzen gekennzeichnet, welche im Anschluss an eine momentane Phase der Marktfragmentierung erwartet werden. Aufgrund der steigenden Notwendigkeit hinsichtlich der Erzielung von Kosten-, Bündelungs- und Netzeffekten sowie der Anpassung an die Nachfrage der Kunden nach globalen Leistungsangeboten, One-Stop-Shopping und grenzüberschreitenden, integrierten Logistiklösungen werden sich nach Meinung von Experten auf Basis von Unternehmenszukäufen oder Joint Ventures oligopolistische Marktstrukturen bilden.

Neben diesen Konzentrationstendenzen lässt sich das zunehmende *Outsourcing der Logistik* durch die verladende Wirtschaft als Haupttreiber der Entwicklung auf dem Markt der Logistikdienstleister identifizieren. Hierbei sollte zukünftig nicht nur die Reduzierung von Logistikkosten fokussiert werden, wozu ein leistungsfähiges Logistikcontrolling zwingende Voraussetzung ist, sondern frühzeitig vor der Outsourcing-Entscheidung Leistungsziele für die Fremdvergabe der Logistik definiert werden, damit die nach aktuellen Studien noch in erheblichem Ausmaß vorhandenen Entwicklungspotenziale im Bereich der Logistikqualität (Zeit, Fehlerquote oder Flexibilität) nicht vernachlässigt werden.

Inwiefern logistische Aufgabenbereiche in der Zukunft an Third- oder Fourth Party Logistics Provider outgesourct werden, ist in Anlehnung an aktuelle Marktstudien noch umstritten. Unstrittig ist jedoch, dass der Logistikdienstleister der Zukunft hohe Kompetenzen im Bereich Informations- und Kommunikationstechnologie sowie möglichst schnellen und flexiblen Zugang zu physischen Transport- und Lagernetzen vorweisen muss, um den Kundenanforderungen hinsichtlich eines globalen Supply Chain Managements gerecht zu werden.

38

Literaturverzeichnis

Aberle, G. (2000)
Transportwirtschaft: einzelwirtschaftliche und gesamtwirtschaftliche Grundlagen. 3.,
überarb. und erweiterte Auflage. München, Wien 2000.

Aberle, G. (2002)
Das „White Paper" der Europäischen Kommission zur Verkehrspolitik bis 2010: Risiken und Chancen für das Supply Chain Management. In: Pfohl, H.-Chr. (Hrsg.): Risiko-
und Chancenmanagement in der Supply Chain. Berlin 2002, S. 107-125.

Alt, R./Schmid, B. (2000)
Logistik und Electronic Commerce – Perspektiven durch zwei sich wechselseitig ergän-
zende Konzepte. In: Zeitschrift für Betriebswirtschaft 70(2000)1, S. 75-99.

Baumgarten, H. (2001)
4PL in der Praxis – Auf halbem Weg. In: Logistik Heute 23(2001)11, S. 36-38.

Baumgarten, H./Beyer, I. (2003)
Zukünftig realisierbare Potenziale für Logistik-Dienstleister. In: Logistik für Unternehmen 17(2003)4/5, S. 62-65.

Baumgarten, H./Wiegand, A. (1999)
Entwicklungstendenzen und Erfolgsstrategien der Logistik. In: Baumgarten, H./
Weber, J. (Hrsg.): Handbuch Logistik. Stuttgart 1999, S. 783-800.

Baumgarten, H./Zadek, H. (2002)
Netzwerksteuerung durch Fourth-Party-Logistics-Provider (4PL). In: Hossner, R.
(Hrsg.): Logistik-Jahrbuch 2002. Düsseldorf 2002, S. 14-20.

Behrendt, J. (1997)
Telematik. In: Bloech, J./Ihde, G.B. (Hrsg.): Vahlens Großes Logistiklexikon. München
1997, S. 1058-1061.

Berglund, M./van Laarhoven, P./Sharman, G./Wandel, S. (1999)
Third-Party Logistics: Is There a Future? In: The International Journal of Logistics
Management 10(1999)1, S. 59-70.

Binnenbruck, H. H. (2003)
Ist die deutsche Wirtschaft fit für Transport- und Logistikinnovationen? In: Internationales Verkehrswesen 55(2003)4, S. 143-149.

Böhmer, R./Rees, J. (2002)
Alles Oligopol. In: Wirtschaftswoche 57(2002)38, S. 123-126.

Böhmer, R./Rees, J. (2003)
Paroli bieten. In: Wirtschaftswoche 58(2003)21, S. 96.

Bretzke, W.-R. (1997)
Logistische Dienstleistung. In: Bloech, J./Ihde, G.B. (Hrsg.): Vahlens Großes Logistiklexikon. München 1997, S. 165-166.

Bretzke, W.-R. (1998)
"Make or Buy" von Logistikdienstleistungen: Erfolgskriterien für eine Fremdvergabe

logistischer Dienstleistungen. In: Isermann, H. (Hrsg.): Logistik: Gestaltung von Logistiksystemen. 2., überarb. und erweiterte Auflage. Landsberg/Lech 1998, S. 393-402.

Bretzke, W.-R. (1999)
Überblick über den Markt an Logistik-Dienstleistern. In: Weber, J./Baumgarten, H. (Hrsg.): Handbuch Logistik. Stuttgart 1999, S. 219-225.

Bretzke, W.-R. (2000)
Logistikdienstleistungen. In: Klaus, P./Krieger, W. (Hrsg.): Gabler-Lexikon Logistik. 2., vollständig überarb. und erweiterte Auflage. Wiesbaden 2000, S. 314-320.

Bruch, H. (1998)
Outsourcing: Konzepte und Strategien, Chancen und Risiken. Wiesbaden 1998.

Clausen, U. (2002)
Wo stehen die Verkehrsträger heute? In: Logistik Heute 24(2002)9, S. 54-55.

Cooper, M./Lambert, D./Pagh, J. (1997)
Supply Chain Management. More than a new name for logistics. In: International Journal of Logistics Management 8(1997)1, S. 1-14.

Cordes, M. (2003a)
Auf der Suche nach dem Licht. In: VerkehrsRundschau 57(2003)5, S. 14-16.

Cordes, M. (2003b)
Es gibt keine schöne Lösung. In: VerkehrsRundschau 57(2003)5, S. 18-21.

Corsten, H. (1997)
Dienstleistungsmanagement. 3., völlig neu bearb. und wesentlich erweiterte Auflage. München, Wien 1997.

Delfmann, W./Nikolova, N. (2002)
Strategische Entwicklung der Logistik – Dienstleistungsunternehmen auf dem Weg zum X-PL. In: Bundesvereinigung Logistik (Hrsg.): Wissenschaftssymposium Logistik der BVL 2002. Dokumentation. Bremen 2002, S. 421-435.

Deutsche Bank Research (2002)
Verkehr in Europa – Privatisierung und Wettbewerb unverzichtbar. Sonderbericht. Frankfurt am Main 2002.

Ebeling, K./Kirsch, K.D. (2000)
Konzept eines gesamteuropäischen Eisenbahnnetzes. In: Internationales Verkehrswesen 52(2000)7-8, S. 304-307.

Eisenkopf, A. (2002)
Fourth Party Logistics (4PL) – Fata Morgana oder Logistikkonzept von Morgen? In: Bundesvereinigung Logistik (Hrsg.): Wissenschaftssymposium Logistik der BVL 2002. Dokumentation. Bremen 2002, S. 407-419.

Engelke, M. (1997)
Qualität logistischer Dienstleistungen – Operationalisierung von Qualitätsmerkmalen, Qualitätsmanagement, Umweltgerechtigkeit. Berlin 1997.

Ernst&Young (2003)
European Deal Survey 2002 Logistics – Mergers & Acquisitions in the Logistics Industry 2002. Berlin 2003.

40

Femerling, Chr. (2003)
B to B- und B to C-Logistik als Erfolgsfaktor der New Economy. In: Merkel, H./ Bjelicic, B. (Hrsg.): Logistik und Verkehrswirtschaft im Wandel. München 2003, S. 205-221.

Fischer, E. (1996)
Outsourcing von Logistik – Reduzierung der Leistungstiefe zum Aufbau von Kernkompetenzen. In: Schuh, G./Weber, H./Kajüter, P. (Hrsg.): Logistikmanagement. Stuttgart 1996, S. 227-239.

Fonger, M. (1994)
Transeuropäische Netze – Auf dem Weg zu einer gesamteuropäischen Infrastrukturplanung? In: Internationales Verkehrswesen 46(1994)11, S. 621-629.

Gareis, K. (2002)
Das Konzept Industriepark aus dynamischer Sicht: Theoretische Fundierung – empirische Ergebnisse – Gestaltungsempfehlungen. Wiesbaden 2002.

Gerbode, A./Hunziker, A. (2000)
Danzas: Europäische Distributionsnetzwerke. In: Corsten, D./Gabriel, C. (Hrsg.): Supply Chain Management erfolgreich umsetzen. Berlin, Heidelberg 2000, S. 77-96.

Gericke, J. (2003)
Etappen bis zum 5PL. In: Logistik Heute 25(2003)4, S. 36-37.

Gordon, B. H. (2003)
The Changing Face of 3rd Party Logistics. In: Supply Chain Management Review 7(2003)2, S. 50-64.

Grüner, J. (2003)
Wirbel ohne Wirkung – Externe Prozesssteuerung durch einen 4-PL ist kein Patentrezept. In: Deutsche Verkehrszeitung 57(2003)52/53, S. 19.

Gudehus, T. (1995)
Auswahl Systemdienstleister. Serie, Teil 1: Die Lücke zwischen Sein und Schein. In: Logistik Heute 17(1995)1-2, S. 28-29.

Gudehus, T. (1999)
Logistik: Grundlagen, Strategien, Anwendungen. Berlin, Heidelberg 1999.

Heimerl, G. (1998)
Strukturelle Hemmnisse im grenzüberschreitenden Schienenverkehr. In: Internationales Verkehrswesen 50(1998)12, S. 594-598.

Heimerl, G./Weiger, U. (1995)
Europas Eisenbahngrenzen – Chancen und Risiken in einem künftig grenzenlosen Verkehrsmarkt. In: Eisenbahntechnische Rundschau 44(1995)4, S. 267-274.

Henning, R. et al. (2003)
Economies in der Verkehrswirtschaft. In: Merkel, H./Bjelicic, B. (Hrsg.): Logistik und Verkehrswirtschaft im Wandel. München 2003, S. 399-417.

Hertzog, E. et al. (2003)
Strategische Handlungsoptionen für den Mittelstand im deutschen Logistikmarkt. Hamburg 2003.

HypoVereinsbank Equity Research (2003):
Deutsche Post: Unternehmensanalyse Transportation & Logistics. München 2003.

Ihde, G.B. (1997a)
Logistikprozess. In: Bloech, J./Ihde, G.B. (Hrsg.): Vahlens Großes Logistiklexikon.
München 1997, S. 636.

Ihde, G.B. (1997b)
Logistiksysteme. In: Bloech, J./Ihde, G.B. (Hrsg.): Vahlens Großes Logistiklexikon.
München 1997, S. 645.

Ihde, G.B. (2001)
Transport, Verkehr, Logistik. 3., völlig überarb. und erweiterte Auflage. München 2001.

Ihde, G.B./Wolf, D. (2002)
Struktur und Entwicklungstendenzen der Speditionsmärkte. In: Arnold, D./Isermann,
H./Kuhn, A./Tempelmeier, H. (Hrsg.): Handbuch Logistik. Berlin et al. 2000,
S. D2/30-D2/40.

IKB-Branchenbericht (2002)
Gute Zukunftschancen für Logistikdienstleister: Strukturwandel im Speditionsgewerbe.
Düsseldorf 2002.

Klapper, N. (1993)
Präventive Qualitätssicherung von Logistikdienstleistungen in der Produktion.
Berlin 1993

Klatt, S. (1997)
Verkehrsaffinitäten. In: Bloech, J./Ihde, G.B. (Hrsg.): Vahlens Großes Logistiklexikon.
München 1997, S. 1139-1140.

Klaus, P./Erber, G./Voigt, U. (2001)
Verkehrliche Wirkungen des E-Commerce? Stand des Wissens und Forschungsbedarf.
In: Logistikmanagement 3(2001)2/3, S. 53-63.

Klose, M. (1999)
Dienstleistungsproduktion – Ein theoretischer Rahmen. In: Corsten, H./Schneider, H.
(Hrsg.): Wettbewerbsfaktor Dienstleistung. München 1999, S. 5-19.

Klotz, H. (2003)
Logistik in Europa: Vom Oligopol weit entfernt. In: Deutsche Verkehrszeitung
57(2003)31, S. 5.

Kotzab, H. (1997)
Neue Konzepte der Distributionslogistik von Handelsunternehmen. Wiesbaden 1997.

Kranke, A. (2001)
Machtübernahme der 4PLs? In: Logistik Heute 23(2001)1-2, S. 32-33.

Langley, C.J./Allen, G.R./Tyndall, G.R. (2001)
Third-Party Logistics Study: Results and Findings of the 2001 Sixth Annual Study.
Detroit 2001.

Lutz, H. (2003)
Outsourcing-Markt in Deutschland wächst. In: Deutsche Verkehrszeitung
57(2003)19, S. 11.

Malmström, B./Wegscheider, W./Dorner, B. (2003)
Strategische Optionen für Unternehmen des Schienengüterverkehrs. In: Merkel, H./ Bjelicic, B. (Hrsg.): Logistik und Verkehrswirtschaft im Wandel. München 2003, S. 461-474.

Männel, W. (1997)
Outsourcing. In: Bloech, J./Ihde, G.B. (Hrsg.): Vahlens Großes Logistiklexikon. München 1997, S. 777-778.

Matiaske, W./Mellewigt, T. (2002)
Motive, Erfolge und Risiken des Outsourcings – Befunde und Defizite der empirischen Outsourcing-Forschung. In: Zeitschrift für Betriebswirtschaft 72(2002)6, S. 641-659.

Mehldau, M./Schnorz, M. (1999)
Trends und Strategien im Markt der Logistikdienstleister. In: Weber, J./Baumgarten, H. (Hrsg.): Handbuch Logistik. Stuttgart 1999, S. 842-858.

Merath, F. (1997)
Paarigkeit. In: Bloech, J./Ihde, G.B. (Hrsg.): Vahlens Großes Logistiklexikon. München 1997, S. 779.

Metzner, V./Bamberg, R. (2002)
Auch Netzwerke brauchen Koordination. In: Automobil Zulieferer Branchenreport 2002, S. 18-19.

Nagengast, J. (1997)
Outsourcing von Dienstleistungen industrieller Unternehmen – eine theoretische und empirische Analyse. Hamburg 1997.

Neher, A. (2001)
Fourth Party Logistics Provider (4PL): Vision oder Mythos. In: Logistik Heute 23(2001)9, S. 52-53.

o.V. (2003)
Die Lkw-Maut kommt. In: Nachrichten der Gesellschaft für rationale Verkehrspolitik e.V. (GRV-Nachrichten) 17(2003)58/59, S. 21-22.

Paskert, D. (2001)
Der integrierte Logistikdienstleister als Partner in der globalen Wertschöpfungskette. In: Pfohl, H.-Chr. (Hrsg.): Jahrhundert der Logistik. Berlin 2001, S. 61-83.

Pfohl, H.-Chr. (2000)
Logistiksysteme: Betriebswirtschaftliche Grundlagen. 6., neu bearb. und aktualisierte Auflage. Berlin, Heidelberg u.a. 2000.

Pfohl, H.-Chr. (2001)
Wertsteigerung durch Innovation in der Logistik. In: Pfohl, H.-Chr. (Hrsg.): Jahrhundert der Logistik. Berlin 2001, S. 187-235.

Pfohl, H.-Chr./Elbert, R./Gomm, M. (2003)
Zukunftsforschung Güterverkehr. In: Logistik Heute 25(2003)4, S. 22-23.

Porter, M.E. (1992)
Wettbewerbsstrategie – Methoden zur Analyse von Branchen und Konkurrenten. 7. Auflage. Frankfurt am Main 1992.

Rommerskirchen, S. (1997a)
Verkehrsaufkommen. In: Bloech, J./Ihde, G.B. (Hrsg.): Vahlens Großes Logistiklexikon. München 1997, S. 1140-1141.

Rommerskirchen, S. (1997b)
Verkehrsleistung. In: Bloech, J./Ihde, G.B. (Hrsg.): Vahlens Großes Logistiklexikon. München 1997, S. 1189-1190.

Rothengatter, W. (2003)
Entwicklungsperspektiven für den europäischen Güterverkehr. In: Merkel, H./Bjelicic, B. (Hrsg.): Logistik und Verkehrswirtschaft im Wandel. München 2003, S. 307-321.

Rumpf, C. (1997)
Qualitätsmanagement speditioneller Dienstleistungen. Hamburg 1997.

Scheffels, G. (2003)
Vom Spediteur zum Dienstleister – Marktspiegel Logistikdienstleister. In: Distribution 34(2003)3, S. 8-16.

Schneider, H. (1994)
Outsourcing als neue Zauberformel. In: Beschaffung Aktuell 41(1994)3, S. 16-31.

Schrick-Hildebrand, P. (2003)
EU-Osterweiterung: Nutzen übertrifft die Kosten. In: IKB-Information (Unternehmer-Themen), o.Jg.(2003), S. 9-18.

Schulte, C. (1999)
Logistik: Wege zur Optimierung des Material- und Informationsflusses. 3., überarb. und erweiterte Auflage. München 1999.

Seebauer, P. (2003a)
"Quo vadis" Güterverkehr. In: Logistik Heute 25(2003)1-2, S. 62-63.

Seebauer, P. (2003b)
Logistikentwicklungen – „Nach-denken" lohnt sich. In: Logistik Heute 25(2003)4, S. 62-63.

Seidelmann, C. (1997)
Kombinierter Verkehr. In: Bloech, J./Ihde, G.B. (Hrsg.): Vahlens Großes Logistiklexikon. München 1997, S. 431-434.

Seifert, W. (2003)
Mär vom unterproportionalen Verkehrswachstum. In: Deutsche Verkehrszeitung 57(2003)52/53, S. 3.

Siegert, H. Chr. (2003)
Der Maut entgegen – Wie man Transportkosten trotzdem im Griff behält. In: Distribution 34(2003)3, S. 25-27.

Steffens, C. (2002)
Veränderte Anforderungen an das Controlling in der Spedition. In: Kostenrechnungspraxis 46(2002)Sonderheft 2, S. 39-41.

Stein, A. (1998)
Kontraktlogistik. In: Klaus, P./Krieger, W. (Hrsg.): Gabler-Lexikon Logistik: Management logistischer Netzwerke und Flüsse. Wiesbaden 1998, S. 230-234.

44

Stieglitz, A. (1997)
Quick-Response-System. In: Bloech, J./Ihde, G.B. (Hrsg.): Vahlens Großes Logistikle-xikon. München 1997, S. 868-871.

Vahrenkamp, R. (2003)
Der Gütertransport im internationalen Luftverkehr. In: Internationales Verkehrswesen 55(2003)3, S. 71-75.

Varian, H. R. (1995)
Grundzüge der Mikroökonomik. 3., überarb. und erweiterte Auflage. München, Wien 1995.

Voigt, F. (1973)
Verkehr. 1. Band, 1. Hälfte: Die Theorie der Verkehrswirtschaft. Berlin 1973.

Wagener, N./Wagener, R./Jahn, D./Lasch, R./Lemke, A. (2002)
Endbericht zur Delphi-Studie „Der Transportmarkt im Wandel". Potsdam, Dresden 2002.

Weber, J./Engelbrecht, C. (2002)
Outsourcing – In fremden Händen. In: Logistik Heute 24(2002)9, S. 38-39.

Wiehndal, H.-P. (2002)
Der Begriff des Supply Chain Management. In: Wiehndal, H.-P. (Hrsg.): Erfolgsfaktor Logistikqualität. 2. Auflage. Berlin u.a. 2002, S. 12-20.

Wildemann, H. (1997)
Just-in-time-Konzept. In: Bloech, J./Ihde, G.B. (Hrsg.): Vahlens Großes Logistiklexi-kon. München 1997, S. 411-412.

Zahn, E./Barth, T./Hertweck, A. (1998)
Leitfaden zum Outsourcing von unternehmensnahen Dienstleistungen. Arbeitspapier IHK Region Stuttgart. Stuttgart 1998.

Zänker, K. (1997)
Spedition. In: Bloech, J./Ihde, G.B. (Hrsg.): Vahlens Großes Logistiklexikon. München 1997, S. 970-971.

Zimmer, K. (2001)
Koordination im Supply Chain Management. Wiesbaden 2001.

Zinn, H. (2002)
Fourth Party Logistics – Mehr als nur ein Modebegriff? In: Logistik Heute 24(2002)9, S. 36.

Zöllner. W.A. (1990)
Strategische Absatzmarktplanung – Kunden und Wettbewerbsanalyse für Logistikunter-nehmen. Berlin u.a. 1990

Leo Schulz

Stellenwert des Güterverkehrs als Standortfaktor

Leo Schulz

Regierungsdirektor im Bundesministerium für Verkehr, Bau- und Wohnungswesen, Berlin

Inhaltsverzeichnis

1 Einleitung

Versteht man unter einem Standortfaktor – auf eine Kurzformel gebracht – im Wesentlichen ein die betriebswirtschaftlichen Kosten bei der Herstellung von Produkten oder der Erbringung von Dienstleistungen beeinflussendes Element, so kommt dem Güterverkehr insoweit nur eine untergeordnete Bedeutung zu. Der Anteil der unmittelbaren Transportkosten an den gesamtwirtschaftlichen Kosten fällt nämlich gering aus. Veranschaulichen lässt sich dies an den prognostizierten Wirkungen der ab 31. August 2003 erhobenen Lkw-Maut. Selbst wenn die Kosten der Maut in voller Höhe an die verladende Wirtschaft weitergegeben würden, lägen mautbedingte Preissteigerungen durchweg nur unter 0,15 %. Dies stellt indes nur eine Seite der Betrachtung dar.

Nach einer Definition des Ökonomen Alfred Weber aus dem Jahre 1909 handelt es sich beim Standortfaktor um „einen seiner Art nach scharf abgegrenzten Vorteil, der für eine wirtschaftliche Tätigkeit dann eintritt, wenn sie sich an einem bestimmten Ort oder auch generell an Plätzen bestimmter Art vollzieht". So gesehen ist das quantitative und qualitative Angebot an Güterverkehrsleistungen neben dem Ausbildungsstand der Arbeitnehmer, der Qualität der Arbeit, Steuern und Abgaben etc. ein wesentlicher Standortfaktor. Die Unternehmer sind nicht nur auf flexible Arbeitnehmer, sondern auch auf zuverlässige, d.h. nicht zuletzt pünktliche Transporte angewiesen.

Entscheidend hierfür ist der Zustand der Verkehrsinfrastruktur, der damit vitalste Interessen einer Volkswirtschaft berührt. Ihre Leistungsfähigkeit ist für die Stärke und Dynamik des Wirtschaftsstandortes Deutschland von essenzieller Bedeutung und zentrale Voraussetzung für Wachstum und Beschäftigung. Investitionen in die Infrastruktur sichern die Wettbewerbsfähigkeit der Regionen. Und hier sieht sich Deutschland mit großen verkehrspolitischen Herausforderungen konfrontiert.

2 Herausforderungen für die Verkehrspolitik

Nach den Verkehrswegeprognosen für den neuen Bundesverkehrswegeplan wird bis zum Jahre 2015

- der Personenverkehr um 20 % zunehmen, der Güterverkehr sogar um rund 64 %

- die Verkehrsleistung im Güterverkehr somit von rund 365 Mrd. Tonnenkilometer auf voraussichtlich 600 Mrd. Tonnenkilometer steigen.

Was steht hinter diesen nackten Zahlen? Da ist zum einen die fortschreitende internationale Arbeitsteilung, ein Prozess, der gemeinhin als Globalisierung bezeichnet wird. Hinzu kommt eine wachsende Spezialisierung der Wirtschaft. Zum anderen bleibt auch die Entwicklung von der Industrie- zur Dienstleistungsgesellschaft gepaart mit technischem Fortschritt nicht ohne mobilitätssteigernde Auswirkungen. Des Weiteren fungieren das Wachstum des Freizeitverkehrs und die Individualisierung der Lebensstile als Motor des Verkehrswachstums.

Kurzum: der zentrale Befund des Verkehrssektors und der Verkehrspolitik ist ein durch die wirtschaftliche Entwicklung und vielfältige gesellschaftliche Veränderungen ausgelöstes ungebrochenes Wachstum im Güter- und Personenverkehr mit hohen Steigerungsraten insbesondere im Straßen- und Luftverkehr.

Die dem zugrunde liegenden Entwicklungstrends sind langfristiger Natur und werden in Zukunft grundsätzlich fortbestehen, auch wenn ihre Intensität zumindest teilweise durch politische Rahmenbedingungen beeinflussbar ist. Tatsache ist indes, dass die Verkehrsinfrastruktur in Deutschland schon jetzt – wenn auch zeitlich und räumlich noch begrenzt – zunehmend überlastet ist. Die Folgen sind Staus, Zeitverluste, Kostensteigerungen, Verkehrsunfälle und zunehmende Umweltbelastungen. Diese treffen nicht nur den einzelnen Verkehrsteilnehmer, sondern strahlen auf die gesamte Wirtschaft aus, indem es zu Produktivitätsverlusten, verminderter Wettbewerbsfähigkeit und Beschäftigungseinbußen kommt.

3   Integrierte Verkehrspolitik als Lösungsansatz

Zur Lösung der damit im Zusammenhang stehenden Probleme hat sich die Bundesregierung für eine integrierte Verkehrspolitik entschieden (vgl. Abb. 1).

Integrierte Verkehrspolitik

Bundesministerium für Verkehr, Bau- und Wohnungswesen

Bedeutung des Verkehrssektors:
- **Wettbewerbsfähigkeit der Unternehmen**
  - Wertschöpfung
  - Arbeitsplätze
- **Sicherung von Mobilität bei weiter deutlich wachsendem Verkehr**
  - Begrenztheit der Verkehrsinfrastruktur und der finanziellen Mittel
  - Vermeidung und Reduzierung von Belastungen für die Umwelt
- **Aufgabe: Erarbeitung von verkehrsträgerübergreifenden Konzepten national und auf EU-Ebene**

Abb. 1:   Integrierte Verkehrspolitik

Der integrative Charakter bezieht sich vor allem darauf, Ursachen und Folgen des anhaltenden Verkehrswachstums stärker in das Blickfeld der Entscheidungsträger zu rücken.

Die aktuellen Verkehrsprobleme lassen sich nicht allein durch Kapazitätserweiterung, d.h. Verkehrswegebau lösen. Dagegen sprechen zum einen die begrenzten finanziellen Ressourcen des Staates und zum anderen umweltpolitische Gesichtspunkte, die in einem dichtbesiedelten Land wie der Bundesrepublik eine weitere Versiegelung der Landschaft nicht zulassen. In manchen Großagglomerationen fehlt zudem schlicht der Platz für neue Straßen und Schienenwege.

Ein wesentliches Element der integrierten Verkehrspolitik ist die ohne Dirigismus erfolgende verkehrspolitische Koordinierung von Schiene, Wasserstraße und Straße. Hier strebt die Bundesregierung eine Verlagerung des Verkehrs auf die umweltfreundlicheren Verkehrsträger Schiene und Wasserstraße an. Damit trägt sie dem Umstand Rechnung, dass das prognostizierte Verkehrswachstum nicht allein von der Straße bewältigt werden kann, selbst wenn die Straßeninfrastruktur ausgebaut wird, was die Einrichtung von Telematiksystemen einschließt. Das gilt vor allem für den Güterverkehr. Daher hat sich die Bundesregierung das ehrgeizige Ziel gesetzt, bis zum Jahre 2015 die Güterverkehrsleistung auf der Schiene von 73 Mrd. Tonnenkilometer im Jahre 1997 auf 148 Mrd. Tonnenkilometer zu steigern (vgl. Abb. 2).

Prognose und Politische Ziele Bundesministerium für Verkehr, Bau- und Wohnungswesen

- **Wachstum im Güterverkehr bis 2015 um 64 %**

- **Verlagerung von Güterverkehren auf Schiene und Wasserstraße**

- **Verdoppelung des Güterverkehrs auf der Schiene**
  - **1997 - 73 Mrd. tkm**
  - **2015 - 148 Mrd. tkm**

Abb. 2:   Prognose und politische Ziele

Der Verkehrsteil der Koalitionsvereinbarung für die 15. Wahlperiode steht unter der Überschrift „Mobilität für das 21. Jahrhundert". Das Leitbild heißt „nachhaltige Mobilität" in einem umweltfreundlich gestalteten integrierten Gesamtsystem.

4 Instrumentarium

Wesentliche Voraussetzung ist die Schaffung einer leistungsfähigen, effizienten und integrierten Verkehrsinfrastruktur, die sich auch durch Vernetzung der Schnittstellen zwischen den Verkehrsträgern auszeichnet. Dazu dienen eine Reihe von Maßnahmen der Bundesregierung, die im folgenden vorgestellt werden.

4.1 Zukunftsprogramm Mobilität

Bereits jetzt hat die Bundesregierung das „Zukunftsprogramm Mobilität", das Bestandteil der Bundesverkehrswegeplanung ist, mit einem Gesamtvolumen von 90 Mrd. € beschlossen. Damit soll die Steigerung der Investitionen in die Verkehrsinfrastruktur bei allen Bundesverkehrswegen verstetigt werden. Das Programm wird 2003 auf Grundlage des neuen Bundesverkehrswegeplans erarbeitet. Es beinhaltet die gezielte Engpassbeseitigung sowie die notwendige Sanierung des bestehenden Straßen- und Schienennetzes, den beschleunigten Ausbau von Ortsumgehungen, die Stärkung des maritimen Standortes Deutschland durch den Ausbau der Seehafenhinterlandanbindungen, den integrierten Ausbau der Verkehrsinfrastruktur in den neuen Bundesländern sowie die finanzielle Unterstützung für den Bau der Anwendungsstrecken für die Magnetschwebebahntechnologie. Die Investitionen werden noch vor Ende des Jahrzehnts umgesetzt.

4.2 LKW-Maut

Wie beschlossen wird die Lkw-Maut 2003 eingeführt (vgl. Abb. 3). In der Koalitionsvereinbarung vom Oktober 1998 war bereits festgeschrieben, dass zur gerechten Anlastung der Wegekosten die zeitabhängige Lkw-Vignette möglichst frühzeitig durch eine fahrleistungsabhängige elektronische Gebührenerhebung zu ersetzen ist. Dies soll auch zur Verlagerung von Güterverkehrsanteilen auf Schiene und Wasserstraße beitragen.

Dass gerade der Güterverkehr von der streckenbezogenen Autobahnbenutzungsgebühr betroffen ist, hat seinen Grund in der wesentlich höheren Straßenbelastung durch den Lkw. Ein schwerer Lkw von 40 Tonnen belastet die Straßen bis zu 60.000 mal mehr als ein PKW. Das soll seinen Niederschlag finden und ist einer der Gründe für die Einführung einer streckenbezogenen Lkw-Gebühr ab dem Jahre 2003.

Abb. 3:   Künftiges mautfähiges Straßennetz

Die streckenbezogene Gebühr hat bestimmte Vorteile:

- die verursachergerechte Anlastung der Kosten der Autobahninfrastruktur,

- die langfristige Ermöglichung einer flexiblen Tarifstaffelung in Hinblick auf verkehrs- und umweltpolitische Ziele und

- die Schaffung von Anreizen zur noch wirtschaftlicheren Ausnutzung der Transportkapazitäten im Güterkraftverkehr.

Technische Systeme zur Mauterfassung

Mauthäuschen wie in anderen Ländern wird es nicht geben. Die streckenbezogene Gebühr wird im Rahmen eines dualen Gebührenerhebungssystems erhoben (vgl. Abb. 4). Das bedeutet, es gibt eine vollautomatische Komponente und eine manuelle Komponente. Bei der automatischen Komponente erfolgt die Berechnung und Erhebung der Mautgebühren ohne unmittelbare Mitwirkung des Mautpflichtigen. Dazu erfolgt ein Datenaustausch zwischen einem Gerät im Lkw, der sog. On-Board-Unit (OBU), und Einrichtungen außerhalb des Fahrzeugs. Grundtechniken sind hier Satellitennavigation oder Nahbereichskommunikation.

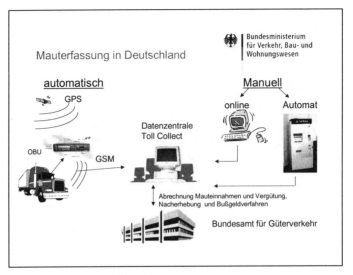

Abb. 4:   Mauterfassung in Deutschland

Bei der manuellen Komponente erwirbt der Nutzer die Nutzungsberechtigung an einer Zahl-
stelle oder über andere Kommunikationswege. Die Bezahlung erfolgt mit herkömmlichen
Zahlungsmitteln (z.B. jeweilige Landeswährung, gängige Kreditkarten, Online-Buchung). Der
Hauptvorteil der manuellen Komponente ist, dass auch ausländischen Nutzern der zwingend
erforderliche diskriminierungsfreie Zugang zu den deutschen Autobahnen gewährt wird, weil
kein Zwang besteht, die gebührenpflichtigen Lkw mit OBU auszustatten.

Rechtsgrundlage zur Maut

Der Rechtsrahmen für die Erhebung der Maut steht vor der Vollendung (vgl. Abb. 5). Das
*Gesetz zur Einführung von streckenbezogenen Gebühren für die Benutzung von Bundesauto-
bahnen mit schweren Nutzfahrzeugen* ist am 12. April 2002 in Kraft getreten. Es sieht u.a. vor,
dass Fahrzeuge und Fahrzeugkombinationen der Gebührenpflicht unterliegen, wenn sie ausschließlich für den Güterkraftverkehr bestimmt sind und das zulässige Gesamtgewicht – ein-
schließlich Anhänger – mindestens 12 t beträgt. Die Gebühr gilt für in- und ausländische
Fahrzeuge, die das deutsche Autobahnnetz nutzen. Ferner ist eine Differenzierung der Mautsätze nicht nur nach Achs- und Schadstoffklassen, sondern auch nach Ort und Zeit der Benutzung der Bundesautobahnen möglich, wobei hiervon noch kein Gebrauch gemacht wird. Das
Autobahnmautgesetz für schwere Nutzfahrzeuge (ABMG) enthält Verordnungsermächtigun-
gen über die Mautsätze, für eine Mautermäßigung, über Mitwirkungs- und Nachweispflichten
des Mautschuldners sowie über die Mauterstattung und über den Beginn der Mauterhebung.

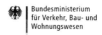

MAUT - **Wesentliche Inhalte**
des Gesetzes

Bundesministerium
für Verkehr, Bau- und
Wohnungswesen

- In Kraft getreten am 12. April 2002

- Lkw mit min. 12 t zGG
- Kilometergenaue Erhebung
- Gebührenpflicht auf Autobahnen
- Erweiterungsmöglichkeit auf Abschnitte von Bundesstraßen aus Sicherheitsgründen
- Differenzierung nach: Achsen, Schadstoffemissionsklassen, Ort und Zeit der Fahrleistung (wird erst zu späterem Zeitpunkt erfolgen)
- Festlegung der Höhe durch Rechtsverordnung
- Entlastung des Güterverkehrsgewerbes zur Harmonisierung
- Zweckbindung der Einnahmen

Abb. 5:   Wesentliche Inhalte des Maut-Gesetzes

Aufgrund dessen hat das Bundesministerium für Verkehr, Bau- und Wohnungswesen eine Lkw-Maut-Verordnung erarbeitet und die Bundesregierung die Mauthöheverordnung beschlossen. Beide Verordnungen bedürfen der Zustimmung des Bundesrates, die noch aussteht. Die Bundesregierung beabsichtigt, das Mautaufkommen entsprechend der gesetzlichen Vorgabe des § 11 AMBG zum überwiegenden Teil zweckgebunden für die Verbesserung der Verkehrsinfrastruktur zu verwenden. Hierfür besteht bereits ein „Anti-Stau-Programm" (2003-2007) mit einem Volumen von insgesamt rd. 3,78 Mrd. € zur Beseitigung von Kapazitätsengpässen im Straßen-, Schienen- und Wasserstraßennetz. Zudem will die Bundesregierung mit dem Instrument der Betreibermodelle durch die Beteiligung privater Investoren den 6-spurigen Ausbau von Autobahnen beschleunigen. [1]

4.3   Kombinierter Verkehr

Ein weiteres wichtiges Thema bei der Bewältigung des Güterverkehrs ist der Kombinierte Verkehr (KV). Dabei handelt es sich um den Transport von Gütern in ein und derselben Lade-

---

[1] Zwischenzeitlich hat der Bundesrat am 23. Mai 2003 beiden Verordnungen zugestimmt. Zudem wird § 11 ABMG wie folgt geändert: „*Das Mautaufkommen steht dem Bund zu. Ausgaben für Betrieb, Überwachung und Kontrolle des Mautsystems werden aus dem Mautaufkommen geleistet. Das verbleibende Mautaufkommen wird zusätzlich dem Verkehrshaushalt zugeführt und in vollem Umfang zweckgebunden für die Verbesserung der Verkehrsinfrastruktur, überwiegend für den Bundesfernstraßenbau verwendet. Im Bundeshaushalt werden die entsprechenden Einnahmen und Ausgaben getrennt voneinander dargestellt und bewirtschaftet.*"

56

einheit (Wechselbehälter, Container, Sattelanhänger) oder demselben Straßenfahrzeug mit zwei oder mehr Verkehrsträgern. Dabei erfolgt zwar ein Wechsel der Ladeeinheiten, aber kein Umschlag der transportierten Güter selbst, d.h. kein „gebrochener Verkehr". Wichtig hierbei ist, dass der überwiegende Teil der zurückgelegten Strecke mit der Eisenbahn, dem Binnenschiff oder dem Seeschiff bewältigt wird und der Vor- und Nachlauf auf der Straße so kurz wie möglich ist. Man unterscheidet zwischen begleitetem und unbegleitetem Kombinierten Verkehr. Beim begleiteten Kombinierten Verkehr werden die Lastzüge und Sattelzüge beim Eisenbahntransport auf besonders niedrigen Waggons, sog. Niederflurwagen, befördert. Währenddessen begleiten die Fahrer ihre Fahrzeuge in einem mitgeführten Liegewagen (sog. Rollende Landstraße). Dagegen werden beim unbegleiteten Kombinierten Verkehr nur die Ladeeinheiten, d.h. die Container, Wechselbehälter oder Sattelanhänger, ohne Motorfahrzeuge auf dem größeren Teil der Gesamtstrecke (Hauptlauf) auf Schiene und Wasserstraße transportiert. Nur der Vor- und Nachlauf zum und vom Terminal erfolgt per Lkw. Der Kombinierte Verkehr verbindet somit die Vorteile von Schiene und Wasserstraße, nämlich den kostengünstigen Transport großer Gütermengen auf langen Strecken, mit der örtlichen und zeitlichen Flexibilität des Lkw.

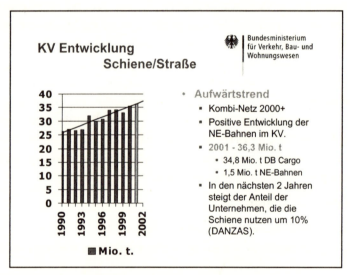

Abb. 6:   Entwicklung des Kombinierten Verkehrs: Schiene/Straße

Nach einer rückläufigen Entwicklung des KV Schiene/Straße in der Vergangenheit (1999 insgesamt rd. 33 Mio. t) entwickelt sich der Kombinierte Verkehr mit rd. 35 Mio. t im Jahr 2000 und ca. 37 Mio. t in 2001 wieder positiv (vgl. Abb. 6).

Es ist eine Steigerung in der KV-Aufkommensentwicklung auf 45 bis 50 Mio. t im Jahre 2010 zu erwarten, was einer Einsparung von rd. 3 Mio. Lkw-Fahrten über lange Strecken entspricht. Positiv ist die Entwicklung auch im Bereich der Binnenschifffahrt (vgl. Abb. 7).

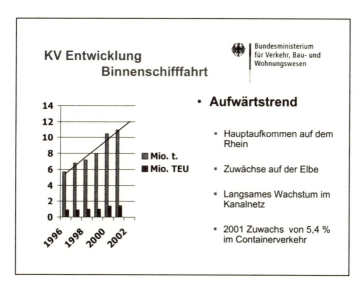

Abb. 7:   Entwicklung des Kombinierten Verkehrs: Binnenschifffahrt

Beim KV Binnenschifffahrt/Straße hat sich das Aufkommen in vier Jahren auf 10,5 Mio. Tonnen im Jahr 2000 nahezu verdoppelt. Im Jahr 2001 betrug der Zuwachs des Containerverkehrs in der Binnenschifffahrt 5,4 %. Es ist zu erwarten, dass sich der Kombinierte Verkehr mit Binnenschiffen bis zum Jahre 2005 auf 14,65 Mio. Tonnen erhöhen wird.

Das Bundesministerium für Verkehr, Bau- und Wohnungswesen sieht im Kombinierten Verkehr ein ideales Mittel zur Vernetzung der Verkehrsträger, die auf diese Weise ihre jeweiligen Stärken ausspielen können. Das Ministerium hat dies auch in seinem am 10. August 2001 dem Deutschen Bundestag vorgelegten Bericht zum Kombinierten Verkehr betont, in dem die derzeitige Situation des Kombinierten Verkehrs analysiert und ein Konzept zu seiner Stärkung und Steigerung vorgestellt wird. Eines der wesentlichen Elemente ist hierbei die infrastrukturelle Förderung.

5   Finanzielle Förderung des Kombinierten Verkehrs

5.1   Förderrichtlinie Kombinierter Verkehr

So werden aufgrund der seit 1998 geltenden Förderrichtlinie Kombinierter Verkehr private Investoren beim Bau und bei der Erweiterung von Terminals des Kombinierten Verkehrs finanziell unterstützt (vgl. Abb. 8).

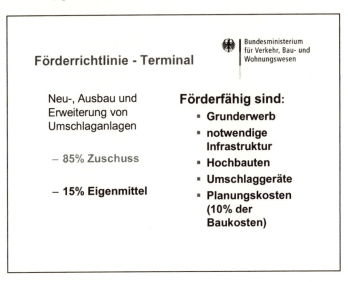

Abb. 8:   Förderrichtlinie für den Bau von Terminals

Indem er die Kapitalkosten der Investitionen übernimmt, entlastet der Bund die Transportkette von den hohen Umschlagskosten. Dies dient der Wettbewerbsfähigkeit des Kombinierten Verkehrs gegenüber dem durchgehenden Straßentransport. Bislang wurden im Bereich des Kombinierten Verkehrs Schiene/Straße und Wasserstraße/Straße für 42 KV-Umschlaganlagen Förderbescheide mit einem Volumen in Höhe von rd. 272 Mio. € erteilt. Die Bedeutung dieser Förderung wird auch dadurch deutlich, dass die Mittel von 30 Mio. DM im Jahr 1998 auf 150 Mio. DM (76,53 Mio. €) für das Haushaltsjahr 2002 aufgestockt wurden und auch für das Haushaltsjahr 2003 auf diesem hohen Niveau gehalten werden konnten.

Sobald alle diese Anlagen in Betrieb sind, werden sie im Bereich Schiene/Straße zu einer Verlagerung von 9 Mio. Tonnen pro Jahr und im Bereich Binnenschifffahrt/Straße von rund 3,5 Mio. Tonnen pro Jahr führen (vgl. Abb. 9).

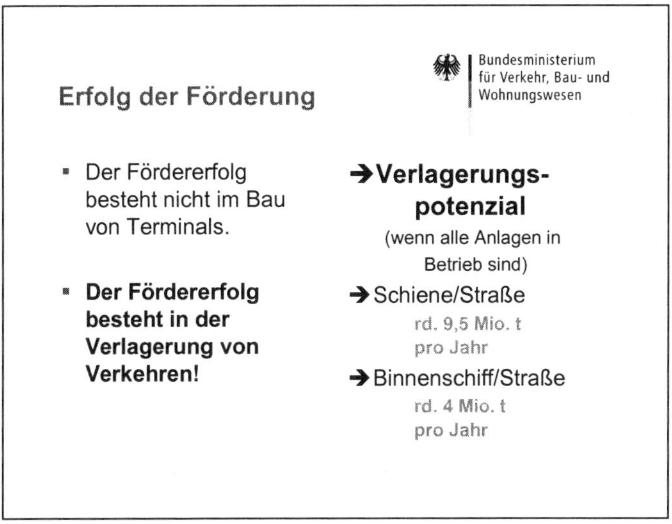

Abb. 9:   Förderungserfolg der Verkehrsverlagerung

Die Förderrichtlinie Kombinierter Verkehr ist u.a. in Hinblick auf die Schaffung neuer Förder-
tatbestände, der Förderhöhe und des Bewilligungsverfahrens überarbeitet worden; die neue
Förderrichtlinie ist seit dem 1. November 2002 in Kraft. Auf jeden Fall bleibt die Förderrichtlinie ein zentrales Element der KV-Förderung.

5.2   Nationales PACT-Programm

Das Bundesministerium für Verkehr, Bau- und Wohnungswesen will nunmehr dem Maßnah-
menkatalog ein weiteres Element hinzufügen. Mit einer neuen Richtlinie zur Förderung neuer
Verkehre im Kombinierten Verkehr auf Schiene und Wasserstraße, gemeinhin auch als Nationales PACT bezeichnet, sollen Startbeihilfen und Investitionszuschüsse zur Etablierung neuer
Verkehre ermöglicht werden (vgl. Abb. 10).

Mit einem jährlichen Fördervolumen von 15 Mio. € für Schiene und Wasserstraße kann laut
einer Studie das jährliche KV-Aufkommen Schiene/Straße um rd. 950.000 t gesteigert werden, was rd. 377,2 Mio. Tonnenkilometer oder 47.150 eingesparten Lkw-Fahrten entspricht,
während bei der Binnenschifffahrt sich die Steigerung auf jährlich rund 840.000 t – das ergibt
84 Millionen Tonnenkilometer oder 42.000 gesparte Lkw-Fahrten – beläuft.

Dieses Programm könnte zudem in idealer Weise das EU-Förderprogramm „Marco Polo"
ergänzen.

Abb. 10: Nationales PACT-Programm

5.3 Marco Polo

Mit Marco Polo wird auf europäischer Ebene ein weiteres wichtiges Instrument für mehr Intermodalität im Güterverkehr geschaffen. Marco Polo soll dazu beitragen, Güter von der Straße auf die Verkehrsträger Schiene und Wasserstraße und damit neben dem Kurzstreckenseeverkehr auch auf die Binnenschifffahrt zu verlagern. Marco Polo soll in allen Segmenten des Güterverkehrsmarktes Projekte der Verlagerung des grenzüberschreitenden Güterverkehrs von der Straße auf Schiene und Wasserstraße fördern. Das Budget des Förderprogramms ist mit insgesamt 75 Mio. € für den Zeitraum von 2000 bis 2006 festgelegt worden, wobei das Programm bis zum Jahre 2010 läuft. Da es für eine Förderung durch Marco Polo erforderlich ist, dass die Projekte grenzüberschreitend sind, erfüllen kleinere Mitgliedstaaten leichter als Deutschland mit seinen großen inländischen Distanzen diese Voraussetzung. Hier könnte das Nationale PACT-Programm helfen, die Aufwendungen auf den inländischen Strecken für grenzüberschreitende Marco Polo-Projekte aus Deutschland abzufangen.

6 Zusammenfassung und Ausblick

Ohne Zweifel stellt der Güterverkehr bzw. seine reibungslose Abwicklung einen gewichtigen Standortfaktor dar. Durch ein Bündel von investiven sowie ordnungs- und fiskalpolitischen Maßnahmen, trägt die Bundesregierung dieser Tatsache Rechnung. Damit erbringt sie angesichts der zentralen Lage Deutschlands eine Dienstleistung für ganz Europa.

Der Lkw-Maut kommt hierbei eine besondere Rolle zu. Mit ihr erfolgt der Einstieg in die Nutzerfinanzierung von Verkehrswegen. Zugleich soll sie verkehrslenkende Wirkungen entfalten, indem sie Impulse für eine optimierte Ausnutzung der Kapazitäten im Straßengüterverkehr sowie für eine zunehmende Verlagerung auf die umweltfreundlichen Verkehrsträger Schiene und Wasserstraße setzt. Es gilt abzuwarten, ob sich die an die Maut gestellten Erwartungen der Verkehrspolitik erfüllen werden. Das System der Lkw-Maut hat seine Bewährungsprobe noch vor sich. Insofern dürfte die erste Zeit nach dem Start am 31. August 2003 spannend werden.

Jobst Grotrian

Lutz Ickert

Entwicklung des Güterverkehrs in Europa:

Analysen und Prognosen

Jobst Grotrian

Projektleiter im Bereich Verkehr der Prognos AG, Basel

Lutz Ickert

Wissenschaftlicher Mitarbeiter im Bereich Verkehr der Prognos AG, Basel

64

Inhaltsverzeichnis

1 Einführung

Weltweit nehmen über nationale Grenzen hinweg Austausch und wirtschaftliche Verflechtung zu. Dieser als Globalisierung bezeichnete Prozess wird nicht zuletzt durch die rasanten Fortschritte in der Informations- und Kommunikationstechnologie ermöglicht und geht einher mit einer deutlichen Zunahme des grenzüberschreitenden Handels und der internationalen Arbeitsteilung. In Europa schreitet die politische und wirtschaftliche Integration weiter fort, die bereits in den beiden letzten Jahrzehnten zu einem immensen Anstieg des innereuropäischen Handels führte, der seinerseits mit einem ebenso kräftigen Anstieg des Güterverkehrs einherging. Während die europäische Integration nahezu einhellig begrüßt wird, kann man das für den wachsenden Güterverkehr nicht sagen, denn das Wachstum entfiel vor allem auf den Straßengüterverkehr. Dieser verursacht nicht nur unerwünschte Wirkungen wie Abgas- oder Lärmemissionen, sondern konkurriert auch mit dem Personenverkehr um die immer knapper werdende Straßeninfrastruktur.

Wie geht diese Entwicklung weiter? Welchen Einflüssen werden die Entwicklungen der Warenströme in Europa unterliegen und welche Rahmenbedingungen stehen dieser Entwicklung zur Seite? An der Schwelle der nächsten Erweiterungsrunde der Europäische Union, in der die Gemeinschaft im kommenden Jahr 10 weitere Mitglieder aufnehmen will, gewinnen diese Fragen zunehmend an Bedeutung. Vor diesem Hintergrund hat die Prognos AG mit dem European Transport Report 2002 zum zweiten Mal europaweite Verkehrsprognosen vorgelegt, deren Ergebnisse nachfolgend dargestellt werden sollen. Grundlage sind Analysen und Prognosen für 17 westeuropäische (die 15 Mitglieder der EU, Norwegen und die Schweiz) und für 5 mittel- und osteuropäische Beitrittskandidaten: Tschechien, Ungarn, Polen, Slowenien und Estland.

Im Mittelpunkt unserer Analysen und Prognosen zur Mobilität von Personen und Gütern steht generell der Mensch. Dies zum einen als Teilnehmer am Personenverkehrsgeschehen mit allen seinen Ausprägungen, zum anderen aber auch als Veranlasser aller Gütertransporte, sei es als Konsument, sei es als Produzent. Am Anfang stehen also die sozio-ökonomischen Entwicklungstrends als wichtige Determinanten der Güterverkehrsentwicklung.

2 Sozio-ökonomische Entwicklungstrends

Wachstum der Weltbevölkerung schwächt sich ab

Seit 1950 hat sich die Weltbevölkerung mehr als verdoppelt (Faktor 2,4). Heute leben rund 6 Milliarden Menschen auf der Erde. Die Vereinten Nationen prognostizieren in ihrem mittleren

66

Szenario für 2025 einen weiteren Anstieg auf knapp 8 Milliarden Menschen – dies entspricht gegenüber 1950 einer Verdreifachung der Weltbevölkerung in 75 Jahren. Insgesamt schwächt sich dieses markante Wachstum der Weltbevölkerung langfristig zwar ab – zwischen heute und 2050 wird mit einer Zunahme um den Faktor 1,5 gerechnet – aber dennoch kann von einer weiterhin kräftigen Zunahme ausgegangen werden.

Langfristig stagnierende Bevölkerungszahlen in Europa

In Europa – sowohl West als auch Ost – werden langfristig stagnierende Bevölkerungszahlen erwartet. In Westeuropa leben in 2001 knapp 390 Millionen Menschen, und im Jahr 2015 werden es mit knapp 394 Millionen Menschen rund 5 Millionen mehr sein. Diese Zunahme findet im wesentlichen in Frankreich, den Niederlanden und Großbritannien statt, während in den übrigen Ländern, absolut gesehen, kaum mit Änderungen zu rechnen ist. Allerdings geht die Stagnation der Bevölkerungsentwicklung in vielen Ländern mit einer starken Alterung der Bevölkerung einher.

Auch in Mittel- und Osteuropa (MOE) werden, absolut gesehen, kaum Änderungen in der Bevölkerung erwartet. Heute leben in den 5 untersuchten Ländern rund 62,4 Millionen Menschen. In 2015 werden es mit 62,2 nur geringfügig weniger sein (vgl. Abb.1).

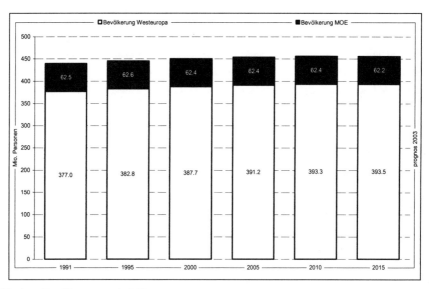

Abb. 1:   Bevölkerungsentwicklung

Die Bevölkerungsentwicklung ist jedoch, absolut gesehen, nicht der alleinige Motor für die Nachfrage nach Güterverkehrsleistung.

Wohlstandsdifferenzen in Europa verringern sich

Abbildung 2 zeigt die Entwicklung der Bruttoinlandsprodukte in den west- und osteuropäischen Volkswirtschaften, dargestellt in durchschnittlichen jährlichen Zuwachsraten. Die westeuropäischen Volkswirtschaften zeigen ein verhältnismäßig kontinuierliches Bild: Bereits in den 1990er Jahren lag der durchschnittliche Zuwachs im Jahr bei 2 %, und es wird damit gerechnet, dass die Zuwächse auch zukünftig in dieser Größenordnung liegen werden. Nach 2010 zeigt sich allerdings, dass sich die Zunahme langfristig leicht abschwächen wird.

Demgegenüber zeigen die mittel- und osteuropäischen Volkswirtschaften ein deutlich dynamischeres Wachstum. Die Wachstumsraten liegen etwa doppelt so hoch wie im Westen. Die MOE-Länder holen also auf. Auch diese Entwicklung wird sich langfristig tendenziell eher abschwächen, weil die großen Schritte des Transformationsprozesses dann vollzogen sind.

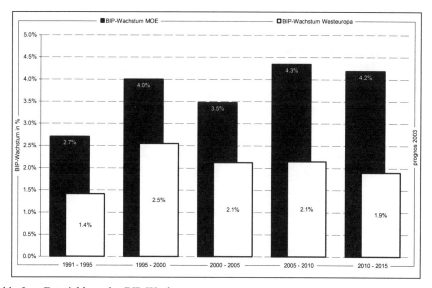

Abb. 2:   Entwicklung des BIP-Wachstums

Die dargestellte Entwicklung darf jedoch nicht darüber hinweg täuschen, dass der Aufholprozess oder die Annäherung nur langsam von statten geht: Betrachtet man die Entwicklungen des Bruttoinlandsproduktes pro Kopf der Bevölkerung als Indikator für den wirtschaftlichen Wohlstand, so zeigt sich, dass die Wohlstandsunterschiede heute erheblich sind und auch im

68

betrachteten Zeitraum erheblich bleiben werden: In 1991 betrug das durchschnittliche Bruttoinlandsprodukt pro Kopf in den 5 MOE-Ländern rund 15 % des westeuropäischen Durch-
schnitts; heute sind dies gut 18 % und in 2015 werden es knapp 25 % sein (vgl. Abb. 3). Die
Wohlstandsunterschiede zwischen West- und Osteuropa verringern sich nur langsam, und der
Annäherungsprozess braucht viel Zeit.

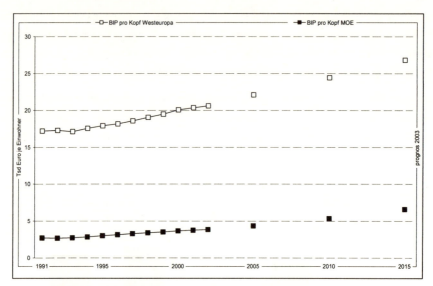

Abb. 3:   BIP pro Kopf der Bevölkerung

Gleichzeitig zeigen die Volkswirtschaften in West und Ost strukturelle Unterschiede: So ist
der Anteil des produzierenden Gewerbes am Bruttoinlandsprodukt in den westeuropäischen
Ländern in den 1990er Jahren leicht zurückgegangen und wird auch zukünftig tendenziell
weiter abnehmen. Die erwartete kräftigere Tertiärisierung, die Bedeutungszunahme des
Dienstleistungsbereichs, lässt sich in diesen groben Aggregaten nicht erkennen; allerdings
findet sie auch innerhalb des produzierenden Gewerbes statt. In den MOE-Ländern zeigt sich
eher das gegenteilige Bild: Zwar hat das produzierende Gewerbe zwischen 1991 und 2000
deutlich an Anteil verloren; trotzdem ist der Anteil heute noch deutlich höher und wird bis
2010 sogar noch ansteigen (vgl. Abb. 4).

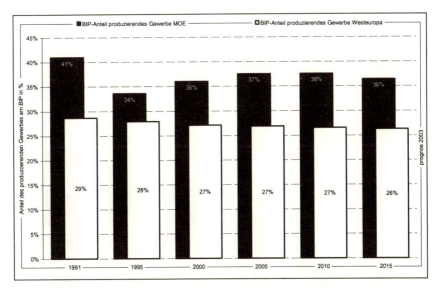

Abb. 4:   Anteil des produzierenden Gewerbes am Bruttoinlandsprodukt

Diese Entwicklung spiegelt auch die strukturellen Anpassungsprozesse innerhalb des produzierenden Gewerbes in den MOE-Ländern wieder:

- Aus politischen Gründen war die Wirtschaftsstruktur in Osteuropa sehr stark auf energieintensive Schwerindustrie konzentriert; diese Struktur wurde mit der Integration in die Weltwirtschaft obsolet, und die Länder waren gezwungen, sie zu verändern, da ihre Produktionsanlagen und die Produkte im weltweiten Maßstab nicht wettbewerbsfähig waren. Diese Entwicklung ist noch nicht abgeschlossen und wird sich weiter fortsetzen.

- In der weiteren Entwicklung werden die Elektroindustrie, der Fahrzeugbau und der Maschinenbau die eindeutigen Gewinner sein: diese Branchen haben in der Vergangenheit am stärksten von ausländischen Direktinvestitionen profitiert. Die Motivation der Investoren – aus Westeuropa – liegt in der Möglichkeit, über niedrige Lohnkosten in Kombination mit modernen Produktionsanlagen ihre internationale Wettbewerbsfähigkeit zu erhalten. Osteuropa ist damit die verlängerte Werkbank Westeuropas.

Exportgetragenes Wachstum in Europa

Diese Entwicklungen sind Ausdruck der politischen und wirtschaftlichen Integration in Europa, und in Verbindung mit der zunehmenden Globalisierung kommen die stärksten Wachstumsimpulse aus dem Außenhandel. Hier wird in Westeuropa mit Zuwächsen von über 4 % pro Jahr und im den MOE-Ländern von 7 bis 8 % im Jahr gerechnet. Entsprechend nimmt die

70

Exportquote – der Anteil der Exporte am Bruttoinlandsprodukt – weiterhin deutlich zu. Sie beträgt in Westeuropa heute 38 % und wird in 2015 auf 50 % ansteigen; in den MOE-Ländern wird mit einem Anstieg von heute 54 % auf über 80 % in 2015 gerechnet (vgl. Abb. 5).

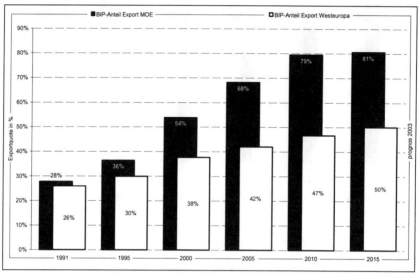

Abb. 5:   Exportquote

Die Region Osteuropa wird sich stärker als bisher in die Weltwirtschaft integrieren und von dem weiteren Trend zur internationalen Arbeitsteilung profitieren. Die Unternehmen haben in den letzten Jahren deutlich an internationaler Wettbewerbsfähigkeit gewonnen. Von der inländischen Nachfragekomponente werden schwächere Impulse auf das Wirtschaftswachstum erwartet, da nicht mit einer grundlegenden Verbesserung der Beschäftigungssituation gerechnet wird. Allerdings sind zwei Effekte zu berücksichtigen, die die vergleichsweise sehr hohen Exportquoten in den MOE-Ländern etwas relativieren:

• Tendenziell weisen kleinere Länder deutlich höhere Exportquoten auf – dies ist auch in Westeuropa der Fall: so liegen die Exportquoten heute in den Niederlanden bei knapp 70 %, in Belgien bei 82 %, in Irland bei 102 % und in Luxemburg sogar bei 124 %. Und auch unter den MOE-Ländern zeigt Polen, als das mit Abstand größte Land, mit rund 40 % die niedrigste Exportquote.

• Darüber hinaus spiegeln die hohen Exportquoten in den MOE-Ländern auch die unterschiedlichen Wirtschaftsstrukturen wieder: Außenwirtschaftliche Verflechtungen sind im Besonderen an das produzierende Gewerbe und weniger an den Dienstleistungsbereich

geknüpft, so dass die MOE-Länder mit vergleichsweise hohen Anteilen des produzierenden Gewerbes zwangsläufig hohe Exportquoten aufweisen.

Fazit bleibt: Die Intensität der außenwirtschaftlichen Verflechtungen nimmt weiterhin deutlich zu – und damit natürlich auch die grenzüberschreitenden Güterverkehrsströme.

3   Auswirkungen auf das Verkehrsleistungswachstum in Europa

Keine Entkopplung von Wirtschafts- und Verkehrsleistungswachstum in Westeuropa

In Anbetracht des immensen Güterverkehrsleistungswachstums der letzten Zeit ist in einigen
westeuropäischen Ländern eine intensive Diskussion über die Frage aufgekommen, ob es zukünftig gelingen kann, das Wirtschafts- und Verkehrsleistungswachstum dergestalt zu ent-
koppeln, dass die Verkehrsleistungen nur noch unterproportional zunehmen. Der diesen Zusammenhang beschreibende Indikator, die Transportintensität, ist der Quotient aus der gesamtmodalen Verkehrsleistungsentwicklung (in Tonnen-Kilometern) und dem Bruttoinlandsprodukt. Dieser Quotient müsste bei „gewünschter" Entkopplung mit der Zeit abnehmen.

Betrachtet man zunächst nur die Entwicklung in Westeuropa, so fällt auf, dass zumindest in
der Vergangenheit die Entkopplung von Wirtschafts- und Verkehrsleistungswachstum in die
gewünschte Richtung hier nicht stattgefunden hat. Mit heute rund 250 tkm/Tsd. EUR liegt die
Transportintensität in Westeuropa deutlich über den 227 tkm/Tsd. EUR von 1991 (vgl.
Abb. 6).

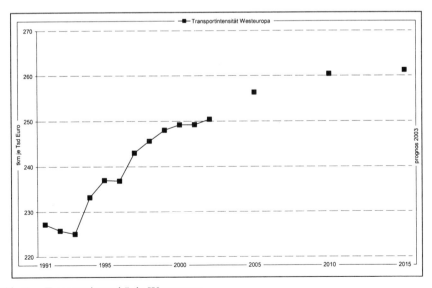

Abb. 6:   Transportintensität in Westeuropa

Die Gründe für die unterschiedlichen Niveaus und Entwicklungen der Transportintensitäten in den einzelnen Ländern sind vielfältig; wichtige Bestimmungsfaktoren sind aus unserer Sicht:

- Die Raumstrukturen mit entsprechenden räumlichen Interaktionsmustern: Mono- oder oligozentrische Raumstrukturen weisen tendenziell höhere Transportintensitäten auf als Raumstrukturen einer dezentralen Konzentration.

- Die sektoralen Wirtschaftsstrukturen mit entsprechenden Transportvolumina: Grundstoff-intensivere Produktionsstrukturen weisen tendenziell höhere Transportvolumina (und damit c.p. auch höhere Transportleistungen) auf als endproduktorientierte Wirtschaften.

- Die Intensitäten der horizontalen und/oder vertikalen Arbeitsteilung: Der Tendenz nach steigt der Transportaufwand mit zunehmender Arbeitsteilung; da kleine Länder in der Regel stärker außenwirtschaftlich orientiert sind als größere, spielen bei ihnen die (in der Regel längeren) internationalen Güterverkehrsleistungen eine größere Rolle als in großen Ländern.

- Die verfügbaren Einkommen und damit zusammenhängend das Konsumverhalten: Tendenziell sind Transportintensitäten mit dem verfügbaren Einkommen positiv korreliert, weil mit zunehmendem Einkommen die transportsparende „Selbst- bzw. Nahversorgung" rückläufig ist.

- Sondereinflüsse wie besonders transportintensive Infrastrukturen (insbesondere Seehäfen) oder die Lage eines Landes innerhalb größerer Wirtschaftsräume; in zentral gelegenen Ländern sind die territorialen Güterverkehrsleistungen aufgrund stärkerer Transitverkehre tendenziell höher als in peripher gelegenen Ländern, ohne dass sich dies in der Wirtschaftsleistung wiederspiegeln würde.

Es wird auch zukünftig nicht damit gerechnet, dass es im westeuropäischen Durchschnitt zu einer Entkopplung des Wirtschafts- und Verkehrsleistungswachstums kommt. Prognosen zufolge steigt die Transportintensität auf rund 260 tkm/Tsd. EUR im Jahr 2015 an. Diese Prognosen sind das Ergebnis länderweiser Prognosen. Innerhalb Westeuropas verlaufen diese Entwicklungen durchaus unterschiedlich. So kann z.B. in Dänemark, Finnland, Schweden und dem Vereinigten Königreich sowie in kleineren Ländern wie Luxemburg, Irland oder Portugal bereits in der Vergangenheit eine abnehmende Transportintensität beobachtet werden. Insgesamt führt diese Entwicklung dazu, dass die gesamtmodale Güterverkehrsleistung, die schon zwischen 1991 und 2000 um 32 % bzw. um 3,1 % p.a. zugenommen hat, bis 2015 nochmals um 42 % oder um 2,4 % p.a. ansteigen wird.

In Abhängigkeit von den Transportdienstleistungsangeboten und ihren Preisen, der verfügbaren Infrastruktur, den sektoralen und regionalen Wirtschaftsstrukturen sowie der horizontalen

und vertikalen Arbeitsteilung – als die wichtigsten Determinanten des Modalsplits im Güterverkehr – ist die Bedeutung der verschiedenen Güterverkehrsträger in den Ländern sehr unterschiedlich. Betrachtet man die westeuropäischen Länder insgesamt, so zeigt sich, dass die
wesentlichen Entwicklungsunterschiede bei den Verkehrsträgern in den 1980er Jahren und zu
Beginn der 1990er Jahre zu verzeichnen waren. In dieser Zeit nahm vor allem der Straßengüterverkehr massiv zu, während die Güterverkehrsleistungen auf der Schiene und mit dem Binnenschiff praktisch stagnierten, und die Veränderungen der Verkehrsleistungen mehr oder
minder den Konjunkturschwankungen folgten. Seit Mitte der 1990er Jahre sind die Entwicklungsunterschiede bei den drei Verkehrsträgern nicht mehr so groß wie zuvor (vgl. Abb. 7).

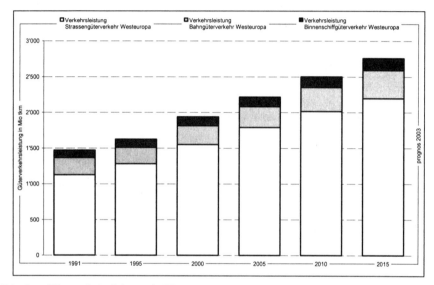

Abb. 7:   Güterverkehrsleistung in Westeuropa

Im Prognosezeitraum wird in Westeuropa mit keinen nennenswerten Verschiebungen des
Modalsplits gerechnet: Nach unserer Einschätzung wird zunächst die Straße noch etwas stärker wachsen, dann aber – im Wachstum – von der Schiene überflügelt. Diesen Prognosen liegt
allerdings eine bedeutende Annahme zugrunde: Es wird unterstellt, dass die Restrukturie-
rungsmaßnahmen der Eisenbahnen in Form von verstärktem Wettbewerb durch „open ac-
cess", bessere Kooperationen und Ausnutzung von Produktivitätspotenzialen dazu führen
werden, dass die Schiene ihre Marktposition – gerade bei den stark wachsenden internationalen Verkehren – verbessern kann. Nur unter dieser Voraussetzung wird mit einer Stabilisierung des Schienenanteils bzw., wie dargestellt, mit einer geringfügigen Zunahme ausgegangen. Dies mag vielleicht eine optimistische Annahme sein. Aber das Alternativ-Szenario – die

74

europäischen Bahnen als Nischen-Anbieter in Restmärkten zu betrachten – entspricht derzeit nicht unseren Erwartungen. Für den Gesamtmarkt spielt diese Stabilisierung des Marktanteils der Schiene nur eine geringe Rolle. Sie führt zu einer Zunahme um 1 Prozentpunkt auf 14,4 % in 2015. Für die Schiene stellt diese Entwicklung jedoch eine immense Herausforderung dar: Sie bedeutet eine Zunahme der Transportleistung auf der Schiene von heute 260 Milliarden Tonnen-Kilometern um 50 % auf 395 Milliarden Tonnen-Kilometer in 2015.

Auf hohem Niveau sinkende Transportintensitäten in Mittel- und Osteuropa

Betrachtet man die in Abbildung 8 dargestellte Entwicklung der gesamtmodalen Transportintensität in den fünf untersuchten mittel- und osteuropäischen Ländern im Vergleich zur westeuropäischen Entwicklung, so fallen zwei Besonderheiten ins Auge:

- Die gesamtmodale Transportintensität hat in der Vergangenheit abgenommen d.h. eine Entkopplung von Wirtschafts- und Verkehrsleistungsentwicklung (in der gewünschten Richtung) findet statt.

- Aber: die Transportintensitäten befinden sich – verglichen mit dem westeuropäischen Durchschnitt – auf hohem Niveau: In 1991 lag die Transportintensität in den 5 MOE-Ländern mit rund 1200 tkm/Tsd. EUR fünf mal so hoch wie der westeuropäische Durch-

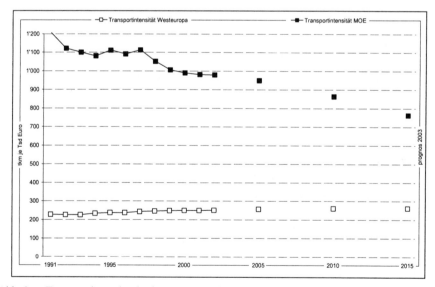

Abb. 8: Transportintensität in den MOE-Ländern (und zum Vergleich Westeuropa)

schnitt, in 2000 mit 990 tkm/Tsd. EUR noch knapp vier mal so hoch und in 2002 mit 980 tkm/Tsd. EUR noch 3,9 mal so hoch.

Neben den oben angesprochenen Faktoren, die Höhe und Entwicklung der Transportintensitäten beeinflussen, sind zwei weitere zu nennen, die das hohe Niveau der Transportintensitäten in den MOE-Ländern erklären können:

• Zum einen die unterschiedlichen Kaufkraftparitäten im Verhältnis zu den Wechselkursen: Tendenziell erscheint die Transportintensität höher, wenn die Kaufkraftparität größer ist, als es in den Wechselkursen zum Ausdruck kommt, die beim BIP-Vergleich herangezogen werden.

• Zum anderen die – schon angesprochenen – unterschiedlichen sektoralen Wirtschaftsstrukturen: Der große Anteil von Schwerindustrie bringt in der Tendenz auch höhere Transportintensitäten mit sich.

In der Vergangenheit hat die gesamtmodale Güterverkehrsleistung in den fünf Ländern – nach dem Rückgang in 1992 – um durchschnittlich gut 2 % p.a. zugenommen. Vor dem Hintergrund des angesprochenen Güterstrukturwandels auf der einen Seite und der abnehmenden Diskrepanz zwischen Kaufkraftparitäten und Wechselkursen infolge der wirtschaftlichen Entwicklung auf der anderen Seite wird auch zukünftig mit weiter abnehmenden Transportin-

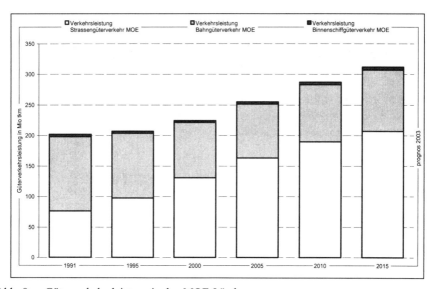

Abb. 9:   Güterverkehrsleistung in den MOE-Ländern

tensitäten in Mittel- und Osteuropa gerechnet. In Verbindung mit den dynamischen Wirtschaftsprognosen ergibt sich jedoch auch hier ein kräftiger Anstieg der gesamtmodalen Verkehrsleistungen im Prognosezeitraum: Von 2000 bis 2015 um 39 % oder durchschnittlich 2,2 % pro Jahr. Verglichen mit Westeuropa ist das erwartete Wachstum etwas niedriger. Die Güterverkehrsleistung in den fünf MOE-Ländern zusammen beträgt damit im Jahr 2015 rund 312 Millionen tkm, was rund 45 % der gesamten Güterverkehrsleistung entspricht, die auf deutschen Verkehrswegen alleine transportiert werden (vgl. Abb. 9).

Infolge des wirtschaftsstrukturellen Wandels, verbunden mit einem weiteren Bedeutungsrückgang der Schwerindustrie mit ihrem bahntypischen Transportbedarf, dem weiterhin zunehmenden Wettbewerb und der weitgehenden Privatisierung im Straßengüterverkehr geht diese Entwicklung in den mittel- und osteuropäischen Ländern mit einer straßenorientierten Modalsplit-Entwicklung einher, und der Marktanteil der Straße wird noch deutlich zulegen. Lag er zu Anfang der 1990er Jahre noch bei rund 40 % und bereits bei 58 % in 2000, so wird die Straße in 2015 gut zwei Drittel der Verkehrsleistung erbringen. Damit nähert sich der Modalsplit-Anteil der Straße westeuropäischen Verhältnissen an – mit gut 66 % in 2015 liegt er so hoch wie in Westeuropa am Ende der 1970er Jahre. Die Eisenbahnen verlieren im gleichen Zeitraum an Marktanteil: gegenüber gut 40 % in 2000 liegt der Marktanteil in 2015 nur noch bei 32 % (vgl. Abb. 10).

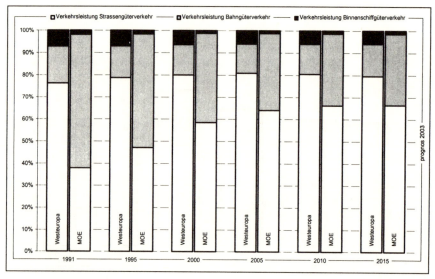

Abb. 10: Modalsplit-Entwicklung in Westeuropa und den MOE-Ländern

4 Zusammenfassung

Als Fazit lässt sich festhalten, dass alle Trends und Prognosen für ein weiterhin starkes Wachstum der Güterverkehrsleistung in allen Teilen Europas sprechen. Der wesentliche Grund ist natürlich die erwünschte Intensivierung der internationalen Arbeitsteilung, die einen wichtigen Bestandteil der europäischen Integration darstellt. Insofern ist es zwiespältig, die europäische Integration wirtschaftlich zu wünschen und zu forcieren, das daraus resultierende Wachstum der Güterverkehrsleistungen aber zu beklagen.

Den mit Abstand größten Teil des Verkehrsleistungswachstums wird auch in Zukunft die Straße tragen. Dies ist die Konsequenz sich stabilisierender Marktanteile der Straße auf hohem Niveau in Westeuropa und der straßenorientierten Modalsplit-Entwicklung in Mittel- und Osteuropa. Das große Verkehrsleistungswachstum im Güterverkehr wird einige Probleme verschärfen, weil sie durch technische und angebotsseitige Maßnahmen alleine nicht gelöst werden können. Folglich wird die Diskussion der externen Effekte des Verkehrs ein Thema bleiben – die Energieversorgung, die CO_2-Emissionen und Verkehrslärm werden dabei eine wichtige Rolle spielen.

Die Autoren sind der Überzeugung, dass gerade die modalen Verkehrsleistungsentwicklungen im Güterverkehr in einem gewissen Umfang beeinflusst werden können. Bei den Prognosen handelt es sich um Trend-Prognosen, allerdings bereits mit einigen Annahmen zu Gunsten der Schiene, die vor allem in Westeuropa noch Realität werden müssen. Auf jeden Fall sollten alle am Güterverkehrsgeschehen Beteiligten die Prognosen als Einladung verstehen, zukünftige Entwicklungsprozesse mitzugestalten, um die von ihnen gewünschten Veränderungen herbeizuführen.

Ralf Elbert

Moritz Gomm

Zukunftsforschung Güterverkehr:

Eine Studie über die Auswirkungen sich ändernder Rahmenbedingungen im Güterverkehr auf Unternehmen

Ralf Elbert, Moritz Gomm

Wissenschaftliche Mitarbeiter am Fachgebiet Unternehmensführung und Logistik,
Technische Universität Darmstadt

Inhaltsverzeichnis

1 Einleitung

Der Güterverkehr bleibt in den Schlagzeilen, denn die Forderung, Verkehr von der Straße auf die Schiene zu verlagern, hält an. Von Theorie und Praxis werden zur Vitalisierung der Schiene ganz unterschiedliche Forderungen laut, wie bspw. Betriebshilfen für den Kombinierten Straßen-/Schienengüterverkehr (KV), mehr Wettbewerb auf der Schiene oder die Einführung einer Mautgebühr. Doch was passiert eigentlich, wenn diese Forderungen Realität werden?

Diese Fragestellung adressiert die vorliegende Studie „Zukunftsforschung Güterverkehr", die das Fachgebiet Unternehmensführung und Logistik der Technischen Universität Darmstadt gemeinsam mit Triaton unter Einbindung des Bundesministers für Verkehr, Bau- und Wohnungswesen (BMVBW) durchgeführt hat.[1]

Sowohl das Güterverkehrsaufkommen als auch die -leistung auf der Straße nehmen relativ zur Schiene ständig zu mit der Folge einer übermäßigen Belastung der Straßenverkehrsinfrastruktur (vgl. Abb. 1).[2]

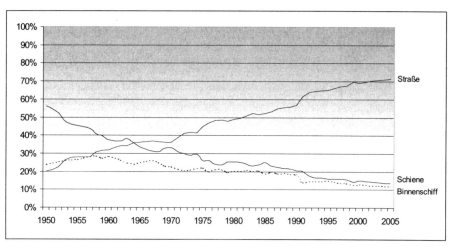

Abb. 1: Entwicklung des Güterverkehrs nach Verkehrsträgern[3]

---

[1] Wir möchten herzlich den Unternehmen Otto Versand, Degussa, Hpi, Infraserv Höchst, Triaton und H.C. Storck für ihre Unterstützung danken.

[2] Siehe dazu auch den Verkehrsbericht 2000 des Bundesministeriums für Verkehr, Bau- und Wohnungswesen (BMVBW).

[3] Vgl. Bundesverband Güterkraftverkehr Logistik und Entsorgung (BGL) e.V. (2003).

82

Diese Entwicklung zeigt, dass die Straße komparative Vorteile gegenüber der Schiene hat. Es stellt sich jedoch die Frage, wie sich die Leistung der beiden Verkehrsträger durch die starken Umbrüche im Güterverkehr verändern und ob die Straße für Unternehmen auch langfristig die vorteilhaftere Transportalternative bleibt.

Die vorliegende Studie erlaubt es Transportdienstleistern und Verladern, die Auswirkungen relevanter Trends auf die Verkehrsträger Straße und KV[4] nach finanziellen, technologischen, ökologischen und sozialen Kriterien zu analysieren.[5] Daraus lassen sich unternehmensspezifische Vor- und Nachteile der beiden Verkehrsträger unter Beachtung der zukünftigen Rahmenbedingungen ableiten.

2 Aufbau und Ablauf der Studie

2.1 Untersuchungsmodell

Um finanzielle, technologische, ökologische und soziale Wertsteigerungspotenziale im Güterverkehr für die verladenden Unternehmen zu identifizieren, ist es zum Einen erforderlich, die **zukünftige Entwicklung** der Rahmenbedingungen im Güterverkehr zu kennen. Zum Anderen sind die **Wirkungen dieser Trends** im Güterverkehr unternehmens- und transportspezifisch zu ermitteln. Während die in der Vergangenheit durchgeführten Studien zum Güterverkehr entweder nur makroökonomische Trends (z.B. Entwicklung des Güterverkehrsaufkommens) oder mikroökonomische Aspekte (z.B. Auswirkung des Internets auf die Logistikkosten) isoliert untersuchten,[6] werden in der vorliegenden Studie beide Aspekte verknüpft. Erst dies ermöglicht die quantitative Analyse der Wirkung von Trends auf den Straßengüterverkehr und den KV aus Sicht der verladenden Unternehmen.[7]

---

[4] Für die theoretischen Grundlagen zu den Transportalternativen Straße und KV vgl. Aberle (2000); Grochla/Schönbohm (1980); Pfohl (2000) und Ihde (1991). Zum KV im Speziellen vgl. Seidelmann (1997).

[5] Diese vier Kriterien entsprechen in Anlehnung an Freeman (1984) der Forderung nach einer ganzheitlichen Wertorientierung. Diese werden insbesondere im Zusammenhang mit der Shareholder/Stakeholder-Diskussion aufgeführt. Vgl. dazu Pfohl/Elbert (2002). Obwohl diese Kriterien für den Transport erst später beschrieben werden, sei an dieser Stelle vorweggenommen, dass unter technologischen Kriterien hier insbesondere die Komponenten des Lieferservices zu verstehen sind.

[6] Beispiele für Mikro-Studien sind Bretzke (1998), Femerling (2003) und Klaus/Erber/Voigt (2001). Exemplarisch für die Makro-Studien seien hier genannt: Aberle (2002), Ebeling/Kirsch (2000) und Ihde/Wolf (2002). Eine isolierte Untersuchung sowohl von Mikro- als auch Makro-Aspekten findet sich z.B. bei Baumgarten/Thoms (2002).

[7] Hier wurde der KV dem ungeborchenen Schienengüterverkehr vorgezogen, da er weniger technische und standortspezifische Anforderungen stellt, wie z.B. einen Gleisanschluss.

Das vorliegende Untersuchungsmodell basiert folglich auf den Annahmen, dass sich die Rahmenbedingungen für den Güterverkehr deutlich ändern, die Trends für Straße und KV unterschiedlich wirken und deren Wirkungen unternehmensspezifisch zu bewerten sind. Die Makrosichtweise der Trends wird im Folgenden mittels einer Szenario-Analyse (1) untersucht. Die unternehmensspezifische Bewertung der Trends wird auf Mikroebene in Form einer Werttreiber-Analyse[8] (2) ermöglicht und die erforderliche Verknüpfung der Makro- und Mikroebene erfolgt getrennt für Straße und KV im Rahmen einer Ursache-Wirkungs-Analyse (3). In den einzelnen Analysen können die getroffenen Annahmen bestätigt werden. Die anschließende Potenzial-Analyse (4) liefert Ergebnisse zu den unternehmensspezifischen Potenzialen durch Verkehrsverlagerung. Die Annahmen und Analysemethoden sind in Abbildung 2 zusammengefasst.

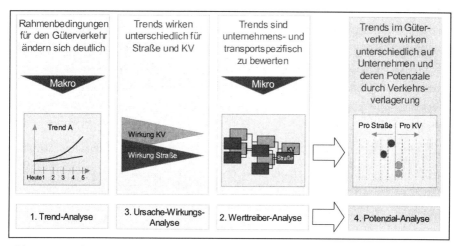

Abb. 2: Annahmen und Analysemethoden im Untersuchungsmodell

2.2 Vorgehensweise

Da die Identifikation, qualitative Beschreibung und quantitative Prognose aller relevanten Trends und Indikatoren sowie deren Ursache-Wirkungsbeziehungen eine komplexe Aufgabenstellung ist, erfolgte die Untersuchung in drei Schritten:

---

[8] Die Aufgaben der Werttreiberanalyse sind die Ermittlung relevanter Werttreiber, funktionaler Zusammenhänge von Werttreibern und Unternehmenswert sowie der Wechselwirkungen zwischen den Werttreibern. Vgl. dazu Knust (1999), S. 344f.

1. Zunächst wurden wesentliche Trends und deren Wirkung in Form von Expertenworkshops **qualitativ** erhoben.

2. Die Ergebnisse der Expertenworkshops wurden in einem strukturierten Fragebogen verdichtet und an Logistiker versandt, welche die Trends und deren Wirkung auf die Werttreiber **quantitativ** prognostizierten.

3. Im letzten Schritt wurden die erhobenen quantitativen Daten mittels **Computer-Simulation** zur Identifikation der Potenziale durch Verkehrsverlagerung genutzt.

Die qualitative Analyse der dynamischen Rahmenbedingungen erfolgte durch eine Kombination von Interview und Gruppendiskussion. Zur Erhebung der relevanten Trends im Güterverkehr wurden sechs **Workshops** mit Experten aus dem Bereich der Logistik verschiedener Unternehmen aus unterschiedlichen Branchen durchgeführt. Aufgabe der Teilnehmer war es zunächst, alle subjektiv als relevant angesehenen Trends zu nennen und zu begründen. Anschließend wurde für jeden Trend ein **Indikator zu dessen Messung** ermittelt und die **qualitative Wirkung des Trends** auf die verladenden Unternehmen in Form von so genannten Werttreibern diskutiert. Das Ergebnis des Interviews waren somit eine Reihe von Trends, Indikatoren und Werttreibern, die um Bemerkungen der Interviewten ergänzt waren (siehe Abb. 3).

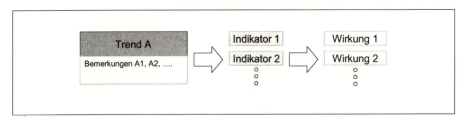

Abb. 3: Generische Ursache-Wirkungsbeziehung zwischen Trend, Indikator und Werttreiber

Die Ergebnisse vorangegangener Workshops dienten als Ausgangsbasis der jeweils folgenden, wodurch eine wachsende Liste von Trends, Indikatoren und Werttreibern entstand. Im Verlauf der Workshopreihe ließ sich eine Konvergenz der Angaben feststellen. Dies deutet darauf hin, dass alle relevanten Trends erfasst wurden und damit die Workshops abgebrochen werden konnten.

Im Ergebnis ergaben sich, wie in Abb. 4 dargestellt, neun Trends mit je einem Indikator. Diese wirken auf insgesamt 12 Werttreiber eines Unternehmens, die in Abb. 5 aufgeführt sind.

Trends	Indikatoren
Technologische Trends	
1. Die Sendungsgrößen sinken.	Anteil kleiner Sendungen am Transportaufkommen in %
2. Die Anforderung an die Reaktionszeit steigt.	Zeit zwischen Auftragseingang und Lieferung in Stunden
3. Logistiker werden zunehmend Komplettdienstleister.	Anteil von Logistikdienstleistern an der Wertschöpfung in %
4. Zunahme moderner Umschlagplätze.	Durchschnittliche Verweildauer auf Umschlagplätzen in Stunden
Grenzüberschreitende Trends	
5. Länderübergreifende Transportbarrieren und -hemmnisse werden abgebaut.	Durchschnittliche Anzahl von Zollprozessen
6. Das grenzüberschreitende Transportvolumen steigt.	Anteil von Im- und Export am Transportvolumen in %
Wettbewerbstrends	
7. Zunehmender Wettbewerb auf der Schiene.	Umsatz privater Eisenbahnen an dem Gesamtumsatz Schienentransport in %
8. Ordnungspolitische Maßnahmen.	Straßennutzungsgebühr (Maut) in Euro pro Kilometer
9. Verbesserung der Planungsqualität.	Relative Effizienz der Transportplanungsprozesse in %

Abb. 4:   Untersuchte Trends und Indikatoren

Finanzielle Dimension	Technologische Dimension	Ökologische Dimension	Soziale Dimension
• Transportkosten	• Lieferzeit	• Tonnenkilometer	• Arbeitsplatzsicherheit
• Logistikkosten (ohne Transportkosten)	• Termintreue	• CO_2-Ausstoß pro Tonnenkilometer	• Mitarbeiterqualifikation
• Anlagevermögen	• Lieferflexibilität		• Arbeitsbelastung
• Umlaufvermögen			

Abb. 5:   Untersuchte Werttreiber

Die Trends, deren Indikatoren und die Werttreiber wurden in einem Fragebogen aufbereitet.[9]
Für jeden Trend wurden Prognosen für dessen **Indikator** über einen Zeitraum von fünf Jahren

---

[9] Die meisten Werttreiber und auch einige Indikatoren lassen sich nicht eindeutig quantifizieren. Um dennoch eine Abfrage zu ermöglichen, wurde die genaue Definition und Abgrenzung den befragten Unternehmen überlassen. Damit fehlen für die entsprechenden Kennzahlen jedoch eindeutige Metriken.

abgefragt. Die Experten sollten für jedes prognostizierte Jahr **Intervalle** angeben, in denen der tatsächliche Wert mit einer relativ großen Wahrscheinlichkeit erwartet wird.[10] Diese Intervalle wachsen mit dem Prognosehorizont, so dass sich „Trichter" möglicher Ausprägungen der Indikatoren bilden (siehe Abb. 6).[11] Werden die Randpunkte des Trichters als Extremwerte aufgefasst, kann dazwischen eine bestimmte Wahrscheinlichkeitsverteilung des gesuchten Wertes angenommen werden.[12]

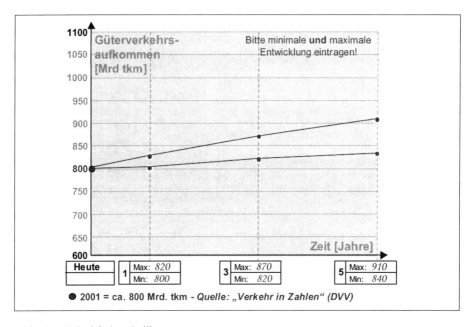

Abb. 6:   Beispiel einer Indikatorprognose

Da nur Trends erfasst wurden, die auch einen direkten Einfluss auf den Güterverkehr der befragten Unternehmen haben, kann nun jeder Indikator mit mindestens einem der Werttreiber in Beziehung gebracht werden. Die Abschätzung der quantitativen Ursache-Wirkungsbeziehung zwischen den Trends und den Werttreibern erfolgte ebenfalls im Fragebogen. Zur Quantifizierung ist der marginale Einfluss der Veränderung eines Indikators auf die jeweils betroffenen Werttreiber zu bestimmen. Dafür sind Fragen des folgenden Typs erforderlich: „Wenn Indikator *a* um 10 % steigt, um wie viel Prozent verändert sich Werttreiber

---

[10] Krings (2000), S. 62 ff. empfiehlt für Prognosen ebenfalls Intervalle.

[11] Diese Trichter entsprechen den Zukunftsbildern der Szenario-Technik.

[12] Zur Wahrscheinlichkeitsverteilung vgl. Hartung/Elpelt/Klösener (2002).

x?" Solche Fragen wurden für jede Indikator-Werttreiber-Verknüpfung gestellt. Um vergleichbare Angaben zu erhalten, wurde den Befragten eine einheitliche, hypothetische Veränderung des Trendindikators vorgegeben, deren Auswirkung sie dann für jeden Werttreiber schätzen sollten (siehe Abb. 7).

Abb. 7:   Trendbeschreibung mit hypothetischer Veränderungsrate

Die Quantifizierung der Trendwirkung wurde für beide **Transportalternativen** getrennt durchgeführt. Nur so lassen sich später konkrete Aussagen für Unternehmen über die Potenziale durch Verkehrsverlagerung treffen. Dazu wurde eine Skala entwickelt, in welcher die Befragten ihre Einschätzungen über die Auswirkungen eines Trends für die Transportalternativen Straßengüterverkehr und KV eintragen konnten.

Der Bereich, in dem sich eine Veränderung auswirkt, hängt ab vom jeweiligen Trend, dem Wert des Indikators, dem untersuchten Werttreiber und dem Unternehmen. Um eine übersichtliche Darstellung und damit das Lesen und Ausfüllen des Fragebogens zu erleichtern, wurde eine einheitliche **Skala** gewählt. Da aber ganz unterschiedliche Werte auftreten können, wurde eine logarithmische Skala entwickelt, in der sowohl kleine (±0 % bis ±10 %) als auch große Veränderungen (±30 % bis ±50 %) der Werttreiber eingetragen werden können. Die Befragten konnten in der Skala ihre Wirkungsprognose durch einen Strich für Straße und KV kenntlich machen (siehe Abb. 8).[13]

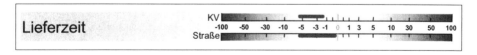

Abb. 8:   Logarithmische Skala zur Erfassung der Trendwirkung

---

[13] Zu den verschiedenen Skalenarten vgl. Schuchmann (1997), S. 20ff.

Zusammenfassend ergibt sich für jeden Trend eine Seite im Fragebogen, wie sie in Abbildung 9 beispielhaft dargestellt ist.

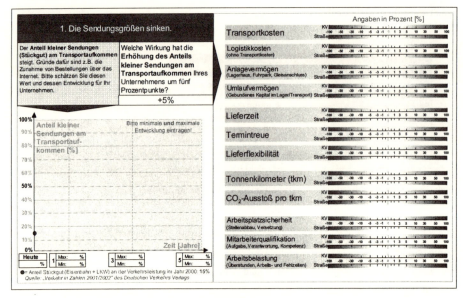

Abb. 9:   Beispielseite aus dem Fragebogen der Studie

Durch die Spezifizierung der Ursache-Wirkungsbeziehung zwischen der Unternehmensumwelt (Makro-Sichtweise) und den Werttreibern eines Unternehmens (Mikro-Sichtweise) lassen sich für beliebige Ausprägungen der Trends die daraus resultierenden Werte der Werttreiber berechnen. Um die Werttreiber eines Unternehmens verknüpfen zu können, wurden noch weitere Angaben über das Unternehmen erhoben.[14] Dies war nötig, da sich die mathematischen und sachlogischen Beziehungen der Werttreiber zwischen Unternehmen und zwischen Branchen erheblich unterscheiden.[15]

Der Fragebogen wurde abschließend in einem Pre-Test mit einem Pilotunternehmen auf Verständlichkeit und Plausibilität überprüft, bevor er großzahlig an Unternehmen versendet wurde.

---

[14] Diese Daten wurden im Fragebogen gesondert abgefragt oder den Geschäftsberichten der teilnehmenden Unternehmen entnommen.

[15] Zu mathematischen und sachlogischen Beziehungsarten vgl. Knorren (1998), S. 121.

2.3   Stichprobe

Die persönlichen **Experteninterviews** zur Identifizierung der Trends, Indikatoren und Werttreiber wurden mit fünf Unternehmen aus den Branchen Industrie, Handel und Dienstleistung
durchgeführt.

Der **Fragebogen** wurde an die Logistikleiter von 530 Unternehmen per Post verschickt. Nach
telefonischer Nachfassung haben sich insgesamt 40 Unternehmen aus den Branchen Industrie
(55 %), Handel (25 %) und Dienstleistung (20 %) an der Untersuchung beteiligt. Gemessen an
der Anzahl Mitarbeiter und dem Umsatz ergibt sich insgesamt eine ausgewogene Stichprobe.
Die Branchenverteilung, die Anzahl der Mitarbeiter und die Umsätze der Unternehmen sind in
Abbildung 10 dargestellt.

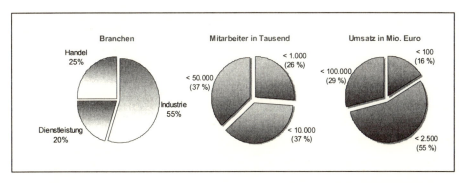

Abb. 10:   Branchenverteilung, Anzahl der Mitarbeiter und Umsätze der an der schriftlichen
Befragung beteiligten Unternehmen

3   Ergebnisse der Befragung

In diesem Abschnitt werden die Ergebnisse der Untersuchung detailliert dargestellt. Dazu
werden zunächst die einzelnen Trends beschrieben und deren Wirkung auf Unternehmensebene analysiert. Anschließend wird die Wirkung aller Trends prognostiziert, um so Szenarien für
Straße und KV zu entwickeln.

3.1   Entwicklung der Trends

Die neun identifizierten Trends werden nachfolgend thematisch in den Kategorien *technologische Trends*, *Trends der Internationalisierung* und *Wettbewerbstrends* beschrieben. Jeder
Trend wird nachfolgend grafisch dargestellt. Dazu befindet sich jeweils auf der linken Seite
eine so genannte *Trenddarstellung*, die den prognostizierten Verlauf wiedergibt. Auf der rech-

ten Seite sind in einer als *Werttreiberdarstellung* bezeichneten Abbildung die relativen Auswirkungen des Trends auf die Werttreiber aufgeführt.

3.1.1   Technologische Trends

Trend 1 – Die Sendungsgrößen sinken

Der KEP-Markt verzeichnet – als einer der wenigen Märkte in Deutschland – zweistellige Wachstumsraten. In der Studie wird dieser Trend bestätigt. Im Rahmen der Untersuchung wurde dabei von den Experten der Anteil kleiner Sendungen (Stückgut) am Transportaufkommen in Tonnenkilometern abgeschätzt. Die Abgrenzung von Stückgut wurde den Experten überlassen, um die brachenspezifischen Besonderheiten zu berücksichtigen.

In der Gesamtheit macht das Stückgut heute einen Anteil von 35,4 % am Transportaufkommen aus, der jedoch bis zum Jahr 2007 auf 41,4 % wächst. Der zeitliche Verlauf ist zusammen mit der oberen und unteren Grenze in der Trenddarstellung eingezeichnet. Aus dem relativ schmalen Korridor ist er-

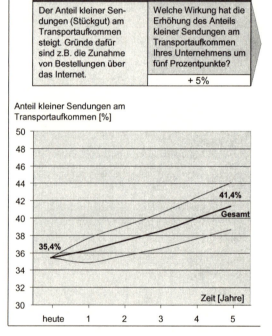

sichtlich, dass die Prognoseunsicherheit über die Zeit leicht wächst. Differenzierter zeigt sich das Bild im Branchenvergleich, bei dem Industrie und Handel eine ähnliche Wachstumsrate aufweisen, jedoch auf unterschiedlichem Niveau. So entwickelt sich der Anteil kleiner Sendungen am Transportaufkommen in der Industrie von 34 % auf 37,5 %. Beim Handel beträgt der Anteil heute 45 % und steigt bis zum Jahr 2007 leicht auf über die Hälfte (52 %) an. Im Vergleich dazu zeigt die Einschätzung der Dienstleistungsunternehmen über das Wachstum kleiner Sendungen von heute 20 % auf 37 % in nur fünf Jahren einen wesentlich stärkeren

Anstieg. Diese Einschätzung spiegelt die hohe Erwartung der Dienstleister über das überproportionale Wachstum des KEP-Marktes wieder.

Um die Wirkung sinkender Sendungsgrößen auf die Unternehmen abzuschätzen, wurden die Experten nach der Auswirkung einer 5 %igen Erhöhung des Anteils kleiner Sendungen am Transportaufkommen in ihrem Unternehmen gefragt. Dabei ergaben sich in der **finanziellen Dimension** steigende Transport- und Logistikkosten, während das Anlage- und Umlaufvermögen nur gering ansteigen. Die steigenden Transportkosten sind durch die höhere Tonnenki-

lometerleistung bei gleicher Transportmenge begründet, während die Logistikkosten auf steigenden Handlingaufwand zurückzuführen sind. Dieser Trend belastet insbesondere die Transportkosten im KV, wie in der Werttreiberdarstellung ersichtlich.

In der **technologischen Dimension** erhöhen sich sowohl die Lieferzeit als auch die Lieferflexibilität. Ersteres bedeutet eine Verschlechterung für den Güterverkehr, die auf die überwiegenden negativen Effekte der sinkenden Sendungsgrößen zurückgeführt werden kann. Dem gegenüber wirkt sich dieser Effekt positiv auf die Lieferflexibilität aus, da kleinere Sendungsgrößen besser an den Kundenwünschen ausgerichtet werden können.

In der **ökologischen Dimension** wirkt sich der Trend sinkender Sendungsgrößen nur auf die Straßen-Tonnenkilometer aus, da hierfür tendenziell zusätzliche Straßentransporte durchgeführt werden müssen. Entsprechend erhöhen sich die CO_2-Emissionen.

Der gesteigerte Handlingaufwand durch kleinere Sendungsgrößen stellt in der **sozialen Dimension** höhere Anforderungen an die Mitarbeiterqualifikation und führt zu steigender Arbeitsbelastung. Dies gilt für Straße und KV gleichermaßen.

Trend 2 – Die Anforderung an die Reaktionszeit steigt

In Theorie und Praxis werden die Bedeutung von Agilität und Geschwindigkeit in der Logistik betont.[16] Galt jedoch vor einigen Jahren stets das Prinzip „höher, schneller, weiter", so werden die Anforderungen in der Praxis heute differenzierter gestellt.

In der Vergangenheit realisierten logistische Dienstleister mit hohem Aufwand pauschal eine 24 Stunden Lieferung nach Auftragseingang. Beim Kunden standen diese eilig gelieferten Waren dann häufig 48 Stunden und länger ungenutzt im Eingangslager. Heute wird versucht, die zur Verfügung stehenden Zeitpuffer zwischen dem Zeitpunkt, an dem der Bedarf erkannt wird, und dem tatsächlichen Verwendungszeitpunkt sinnvoller zu nutzen.[17]

Die Reaktionszeit ist hier definiert als Zeit zwischen Auftragseingang

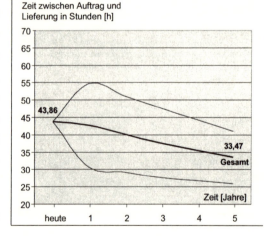

und Lieferung. Im Branchendurchschnitt wird eine stetige Reduzierung der Reaktionszeit von heute knapp 44 Stunden um 25 % auf 33 Stunden prognostiziert.

---

[16] Vgl. A.T. Kearney & ELA European Logistics Association (1999).

[17] Dieser Erkenntnis resultiert aus einem bereits abgeschlossenen Forschungsprojekt, welches das Fachgebiet Unternehmensführung und Logistik der Technischen Universität Darmstadt im Auftrag des Bundesministers für Verkehr (BMV) im Zeitraum September 1996 bis April 1998 durchgeführt hat. Vgl. Pfohl/Schäfer (1999a) und Pfohl/Schäfer (1999b).

Auffällig dabei ist die abnehmende Spannbreite der erwarteten Reaktionszeiten, d.h. die Experten erwarten für die Zukunft ein immer einheitlicheres Reaktionsprofil. Außerdem bleibt auch in 5 Jahren noch die erwartete Untergrenze über 24 Stunden (siehe Trenddarstellung).

Bei der Branchenbetrachtung werden deutlich höhere Zeitanforderungen in der Industrie im Vergleich zu Handel und Dienstleistung sichtbar, die von heute 34 Stunden auf durchschnittlich 24 Stunden sinken. Handel und Dienstleistung haben ähnliche Anforderungen an die Reaktionszeit, die von heute 52-53 Stunden bis 2007 auf 42-50 Stunden sinken. Auffällig ist die annähernde konstante Differenz zwischen Industrie und Handel/ Dienstleistung. Diese parallele Entwicklung kann auf die Weitergabe der zeitlichen Anforderungen der Endkunden über Handel und Dienstleistung an die Industrie zurückgeführt werden.

Eine schnellere Reaktionszeit von 12 Stunden führt in der **finanziellen Dimension** sowohl auf der Straße als auch im KV zu steigenden Transportkosten (2 %) und Logistikkosten (1 %). Während die kürzere Reaktionszeit mit 1 % erhöhtem Anlagevermögen erkauft wird, zeigt die Untersuchung keine Veränderungen im Umlaufvermögen.

Kriterium	Verkehrsträger	Skala [%] -5 -4 -3 -2 -1 0 1 2 3 4 5
Transportkosten	KV	
	Straße	
Logistikkosten (ohne Transportkosten)	KV	
	Straße	
Anlagevermögen (Lagerhaus, Fuhrpark, Gleisanschluss)	KV	
	Straße	
Umlaufvermögen (Gebundenes Kapital im Lager/Transport)	KV	
	Straße	
Lieferzeit	KV	
	Straße	
Termintreue	KV	
	Straße	
Lieferflexibilität	KV	
	Straße	
Tonnenkilometer (tkm)	KV	
	Straße	
CO_2-Ausstoß pro tkm	KV	
	Straße	
Arbeitsplatzsicherheit (Stellenabbau, Versetzung)	KV	
	Straße	
Mitarbeiterqualifikation (Aufgabe, Verantwortung, Kompetenz)	KV	
	Straße	
Arbeitsbelastung (Überstunden, Arbeits- und Fehlzeiten)	KV	
	Straße	

In der **technologischen Dimension** bleibt die Termintreue unverändert. Damit gilt, dass auch bei Verkürzung der Lieferzeit die Pünktlichkeit eingehalten werden muss. Die Lieferflexibilität wird bei der Straße geringfügig höher eingeschätzt als im KV. Die Senkung der Reaktionszeit wurde von den Befragten nicht gleichermaßen als Reduktion der Lieferzeit gewertet. Deutlich ist, dass die Lieferzeit auf der Straße größere Zeitpuffer aufweist als der KV.

94

In der **ökologischen Dimension** führt der Trend im Straßenverkehr nicht nur zu einer höheren Tonnenkilometer-Leistung um 1 %, sondern durch die höheren Geschwindigkeiten auch zu einer um 1 % steigenden CO_2-Emission.

Potenziale für die Senkung der Reaktionszeit liegen bspw. in effizienteren Prozessen, vernetztem Denken der Mitarbeiter und der zunehmende Parallelisierung der Aktivitäten. Für die Mitarbeiter bedeutet dies in der **sozialen Dimension** steigende Anforderungen an deren Qualifikation, aber auch durch Zeitdruck implizierten Stress. Im KV sind diese Effekte halb so stark wie auf der Straße, wo Steigerungen der Arbeitsbelastung und der Qualifikation um 3 % prognostiziert werden.

Trend 3 – Logistiker werden zunehmend Komplettdienstleister

Das Thema Outsourcing war und ist nicht nur in der Logistik ein großes Thema, sondern erfasst nahezu alle Unternehmensbereiche. Die Frage „Make or Buy?" wird in der Logistik unter Kosten- und Effizienzgesichtspunkten gestellt. Untersucht wurde in diesem Zusammenhang der Anteil der Logistikdienstleister an der Wertschöpfung der Unternehmen. Annäherungsweise können dafür die Kosten für externe Logistikdienstleister an den Gesamtkosten der Unternehmen herangezogen werden.

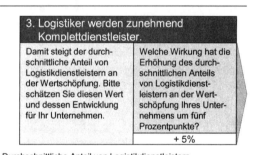

Die befragten Unternehmen gehen von einer kontinuierlichen Steigerung des Anteils von Logistikdienstleistern von 18,3 % auf 24,1 % an der Wertschöpfung aus. Der Korridor der Prognose ist mit maximal ± 2 Prozentpunkten schmal ausgeprägt. Dies ist auf die nahezu übereinstimmende Einschätzung von Industrie und Handel zurückzu-

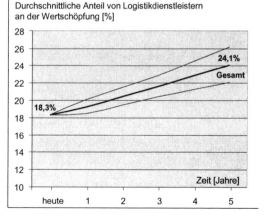

führen, die lediglich durch optimistischere Prognosen der Dienstleister beeinflusst wird. Im Gegensatz zu Industrie und Handel gehen Dienstleister von einem Outsourcinganteil in der Logistik bis 2007 von knapp 40 % aus. Zu beachten ist dabei, dass die befragten Logistikdienstleister Teile der Auftragsabwicklung selbst wieder an Dritte vergeben. Darüber hinaus vergeben die Dienstleister im Bereich Software und Telekommunikation große Teile ihrer Logistik fremd, da die Transportabwicklung nicht zu ihren Kernkompetenzen gehört.

Mit Outsourcing werden in der **finanziellen Dimension** Transport- und Logistikkosten sowie das Umlaufvermögen nur leicht gesenkt. Stärkere Einsparungspotenziale liegen in der Senkung des Anlagevermögens. Die Befragten gehen davon aus, dass eine 5 %ige Erhöhung des Anteils von Logistikdienstleistern an der Wertschöpfung ihres Unternehmens zu einer 1 %igen Reduktion des Anlagevermögens führt.

Während in der finanziellen Dimension keine signifikanten Unterschiede zwischen Straße und KV ermittelt wurden, ergeben sich in der **technologischen Dimension** für die Lieferzeit, Termintreue und die Lieferflexibilität eine Verbesserung auf der Straße. Dass der KV in dieser

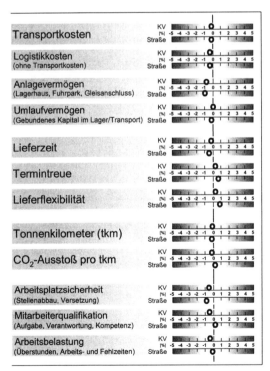

Dimension durch Outsourcing nur eine ganz leichte Verbesserung erreichen kann, liegt an den relativ starren Fahrplänen der KV-Betreiber.

Während in der **ökologischen Dimension** keine Veränderungen durch Outsourcing prognostiziert werden, wirkt sich der Abbau von Arbeitsplätzen durch die Ausgliederung der Logistik bei Straße und KV negativ auf die **soziale Dimension** aus. Offensichtlich ist für den KV eine höhere Mitarbeiterqualifikation erforderlich, die durch das Outsourcing obsolet wird. Gleichermaßen sinkt damit die Arbeitsbelastung im

KV. Dabei ist zu beachten, dass beim Outsourcing von Logistik stets logistisches Know-how im Unternehmen zur Steuerung und Kontrolle der Logistikdienstleister verbleiben muss.

Trend 4 – Zunahme moderner Umschlagplätze

Begleitend zu den ordnungspolitischen Maßnahmen werden auch technologische Verkehrsinfrastrukturmaßnahmen zur Verbesserung der Schnittstellen zwischen den verschiedenen Verkehrsträgern gefördert. Dazu zählen beispielsweise moderne Umschlagplätze wie Trimodalports oder KV-Terminals. Die zunehmende Integration der Verkehrsträger bedeutet für die verladenden Unternehmen eine Reduktion der durchschnittlichen Verweildauer auf den Umschlagplätzen.

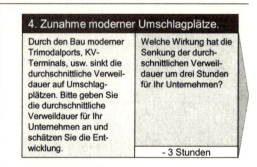

In der Befragung prognostizierten die Experten eine Reduktion der durchschnittlichen Umschlagsdauer durch den Bau moderner Umschlagplätze von heute 10,4 Stunden auf 5,8 Stunden im Jahre 2007. Auffällig ist, dass die eigentliche Verbesserung erst im zweiten Jahr erwartet wird. Ursächlich für die große Spannbreite der Prognose sind die unterschiedlichen Brancheneinschätzungen.

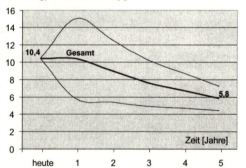

Während die Dienstleister kaum eine Reduktion der durchschnittlichen Verweildauer prognostizieren (von 8 auf 7,5 Stunden), erwartet die Industrie immerhin eine Reduktion von 8 auf 7 Stunden. Im Gegensatz dazu erwartet der Handel eine deutliche Senkung von 11 auf 3 Stunden in fünf Jahren. Eine Erklärung für die Erwartung des Handels kann in der zunehmenden Akzeptanz von Cross-Docking Stationen gesehen werden.

In der **finanziellen Dimension** erwarten die Experten von einer Senkung der durchschnittlichen Verweildauer auf Umschlagplätzen keine Auswirkungen auf die Transport- und Logistikkosten sowie das Anlagevermögen. Durch die schnellere Abwicklung ergibt sich jedoch ein um 0,5 % geringeres Umlaufvermögen und damit eine geringere Kapitalbindung im KV und auf der Straße.

Die schnellere Abwicklung zeigt sich in der **technologischen Dimension** als eine Reduktion der Lieferzeit im KV um 0,9 % und auf der Straße um 0,7 %. Offensichtlich ermöglichen moderne Umschlagplätze auch eine bessere Termintreue und insgesamt eine höhere Lieferflexibilität (jeweils 0,6 % im KV und 0,8 % auf der Straße). Bemerkenswert ist, dass die Straße ebenso stark von diesem Trend profitiert wie der KV. Zusammengefasst ergibt sich aus der Zunahme moderner Umschlagplätze eine bessere Planung der Umschlagvorgänge.

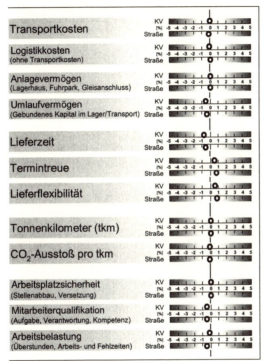

In der **ökologischen Dimension** ergibt sich weder auf der Straße noch im KV eine Veränderung. Daraus folgt, dass die modernen Umschlagplätze keine wesentliche Verbesserung für KV und Straße bzgl. der Tonnenkilometerleistung und des CO_2-Ausstoßes implizieren.

Für die Mitarbeiter ergeben sich in der **sozialen Dimension** leicht verringerte Anforderungen an die Qualifikation (0,5 % für KV und Straße) und eine geringere Arbeitsbelastung (0,1 % KV und 0,4 % Straße). Dies kann auf die bessere Planungssicherheit und Flexibilität im Unternehmen durch modernere Umschlagplätze zurückgeführt werden.

3.1.2 Trends der Internationalisierung

Trend 5 – Länderübergreifende Transportbarrieren und -hemmnisse werden abgebaut

Die Zuliefer- und Abnehmerbeziehungen sind durch die Globalisierung der Beschaffungs-
und Absatzmärkte zunehmend international ausgerichtet. Bei dieser Entwicklung sind nicht
nur national unterschiedliche Gesetze und Standards zu berücksichtigen, sondern es treten
auch technische Barrieren wie bspw.
unterschiedliche Spurbreiten flur-
fördergebundener Verkehrsmittel
und zusätzliche administrative Aufgaben immer stärker in den Vordergrund.[18] Diese bewirken in internationalen Wertschöpfungsketten – im
Gegensatz zu nationalen – höhere
Prozesskosten. Im länderübergrei-
fenden Güterverkehr spielen in diesem Kontext die Zollprozesse eine
große Rolle. Sie bilden ein Hemm-
nis für den Lieferservice und verur-
sachen zusätzliche Kosten.

Da in der Untersuchung keine all-
gemeingültige Bezugsbasis für die
Messung der Zollprozesse durch-

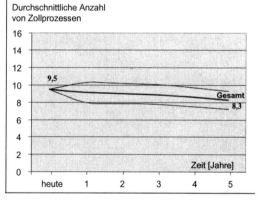

führbar war, wurde die relative Veränderung der Zollprozesse als Indikator herangezogen.
Damit war es den Befragten möglich, die Zollprozesse nach ihren unternehmensspezifischen
Besonderheiten zu definieren und zu bestimmen. Insgesamt ergab sich eine Reduktion der
Zollprozesse in fünf Jahren um 14 %. Die durchschnittliche Anzahl der Zollprozesse reduziert
sich in allen Branchen um eine Einheit. Da sich Industrie, Handel und Dienstleistung in der
absoluten Zahl der Zollprozesse auf unterschiedlichem Niveau bewegen, ergibt sich eine relative Veränderung der Anzahl von Zollprozessen im Handel um 50 %, in der Dienstleistungs-

---

[18] Zu strukturellen Hemmnissen im grenzüberschreitenden Güterverkehr vgl. Heimerl (1998).

branche um 17 % und in der Industrie um 6 %. Die unterschiedlichen Niveaus belegen, dass die Zuliefer- und Abnehmerstrukturen in der Industrie wesentlich internationaler verteilt sind als im Handel. Eine mögliche Ursache für den prognostizierten Rückgang der Zollprozesse ist die diskutierte EU-Osterweiterung.

Der Abbau von Transportbarrieren und -hemmnissen führt in der **finanziellen Dimension** hauptsächlich zu sinkenden Transport- und Logistikkosten. Während sich noch die Logistik-

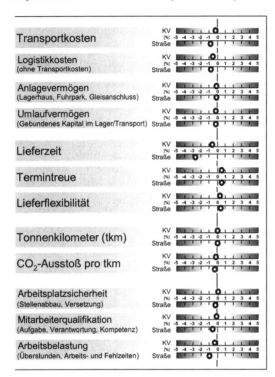

kosten für KV und Straße um annähernd den gleichen Anteil (0,5 % bzw. 0,7 %) reduzieren, sinken die Transportkosten auf der Straße um 0,9 %, während sie im KV nur marginal fallen. Die höhere Einsparung auf der Straße kann mit einer geringeren Standzeit für Zollvorgänge begründet werden, während die administrative Zollabwicklung (z.B. Erstellung und Prüfung der Zollpapiere) als Logistikkosten für KV und Straße gleichermaßen anfallen.

In der **technologischen Dimension** ergeben sich lediglich leichte Steigerungen der Termintreue und der Lieferflexibilität, wohingegen die Lieferzeit auf der Straße deutlich um 3 % sinkt und im KV immerhin noch um 0,8 %. Auch hier spielt sicherlich die bereits oben erwähnte Reduktion der Standzeiten für LKWs eine Rolle.

In der **ökologischen Dimension** drückt sich dieser Trend auch in einem verminderten CO_2-Ausstoß pro Tonnenkilometer auf der Straße aus. Gleichermaßen sinkt in der **sozialen Dimension** die Arbeitsbelastung für den Straßentransport um 1 %. Die geringere Anforderung an die Mitarbeiterqualifikation für den Straßengüterverkehr um 0,6 % ist auf den Wegfall von Know-how für die Abwicklung der Zollprozesse zurückzuführen.

Trend 6 – Das grenzüberschreitende Transportvolumen steigt

Wie bereits oben beschrieben, führen die Globalisierung und die zunehmende Internationalisierung der Wertschöpfungsaktivitäten zu einem steigenden grenzüberschreitenden Transportvolumen. Auf der Ebene des Unternehmens ist diese Entwicklung am Anteil des Im- und Exports am Transportvolumen ersichtlich. Da eine Erhebung des absoluten Transportvolumens keine Vergleichbarkeit zwischen den einzelnen Unternehmen erlaubt, wurde in der Untersuchung die relative Veränderung der Im- und Exporte am Transportvolumen abgefragt.

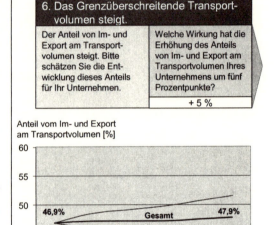

Insgesamt wurde von den Befragten lediglich ein leichter Anstieg des Im- und Exports am Transportvolumen von 46,9 % auf 47,9 % in fünf Jahren prognostiziert. Damit wird deutlich – ein wachsendes Transportvolumen unterstellt –, dass die inländische Wertschöpfung nur geringfügig hinter dem Außenhandel zurückbleibt. Die Prognose bewegt sich dabei in einem relativ engen Korridor, dessen Öffnung im Wesentlichen durch die Unterschiede in den Branchen resultieren. Während bei Dienstleistung und Industrie ein Anstieg von Im- und Export am Transportvolumen angegeben wird, prognostiziert der Handel einen sinkenden Anteil des grenzüberschreitenden Transportvolumens. Dabei bewegen sich die drei Branchen auf unterschiedlichen Niveaus. Das hohe Niveau von Dienstleistern (mit einer Prognose von 60 % auf 64 %) spiegelt die internationale Ausrichtung der befragten Unternehmen wieder.

In der **finanziellen Dimension** führt die Erhöhung des Anteils von Im- und Export am Transportvolumen um fünf Prozent zu steigenden Transportkosten (3 %) und Logistikkosten (1 %). Dies lässt sich zum einen durch größere Entfernungen und zum anderen durch die bereits bei

Trend 5 diskutierten administrativen Anforderungen erklären. Während das Umlaufvermögen durch diesen Trend noch leicht erhöht wird, bleibt das Anlagevermögen davon unberührt.

Der Trend hat in der **technologischen Dimension** durchweg negative Auswirkungen. Davon ist die Straße stärker betroffen als der KV. Am deutlichsten zeigt sich dies bei der Lieferzeit, die sich bei der Straße um 2 % erhöht, während der KV 1 % länger unterwegs ist. Die Termin-

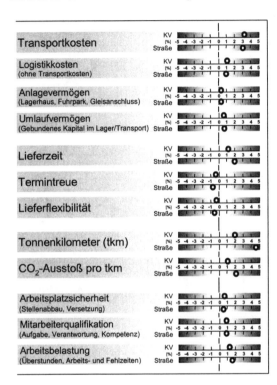

treue und die Lieferflexibilität sinken auf der Straße um 1 % und im KV um 0,8 %. Diese Ergebnisse bestätigen die festgestellten Wirkungen bei Trend 5.

Der Anstieg des Anteils von Im- und Export am Transportvolumen um 5 % bewirkt in der **ökologischen Dimension** eine Erhöhung der Tonnenkilometer auf der Straße um 5 % und beim KV um 2 %. Mit der gleichen Tendenz erhöht sich der CO_2-Ausstoß pro Tonnenkilometer auf der Straße um 2 % und im KV um 1 %. Während eine durch den Anstieg des Außenhandels implizierte Erhöhung der Tonnenkilometer of-

fensichtlich ist, lässt sich der Unterschied zwischen Straße und KV und damit auch der steigende CO_2-Ausstoß auf unterschiedliche Infrastrukturen im In- und Ausland zurückführen.

In der **sozialen Dimension** bewirkt das steigende grenzüberschreitende Transportvolumen eine Erhöhung der Mitarbeiterqualifikation um 1 % und der Arbeitsbelastung um 1 % beim KV und 1,5 % auf der Straße. Erklärbar sind diese Wirkungen durch die größeren administrativen Anforderungen beim internationalen Gütertransport (z.B. Fremdsprachen, Zeitverschiebung, Zollabwicklung usw.).

3.1.3   Wettbewerbstrends

Trend 7 – Zunehmender Wettbewerb auf der Schiene

Seit Beginn der Bahnreform setzt sich die Liberalisierung des Schienengüterverkehrs in Deutschland und in Europa sukzessive fort. In Deutschland erwirtschaften jedoch die über 200 Privatbahnen nur einen Anteil von 4 % des Umsatzes des gesamten Schienengüterverkehrs. Der quasi-monopolistische Anbieter ist nach wie vor die DB Cargo. Die Frage ist, wie sich die Intensivierung des Wettbewerbs auf der Schiene für die verladenden Unternehmen auswirkt? Zur Beantwortung dieser Frage wurde in der Studie von den Experten der Umsatz privater Eisenbahnen am Gesamtumsatz im Schienengütertransport prognostiziert.

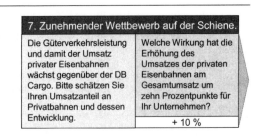

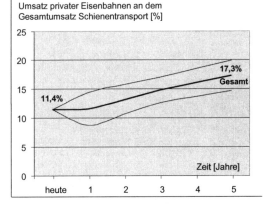

Bis zum Jahre 2007 wird im Durchschnitt ein Marktanteil der Privatgüterbahnen von 17,3 % erwartet, wobei der Handel mit einer Entwicklung von 22 % auf 33,0 % in fünf Jahren wesentlich optimistischer ist als die Industrie, die ein Wachstum von nahezu Null auf 2,5 % erwartet. Zwischen diesen beiden Einschätzungen liegen die Dienstleister, die eine Entwicklung des Anteils der Privatgüterbahnen von heute 8 % auf 12 % im Jahr 2006 erwarten. Auffällig ist, dass der Marktanteil der Privatbahnen erst nach zwei Jahren deutlich ansteigt (vgl. die Trenddarstellung).

In der **finanziellen Dimension** erwarten die Experten bei einer Erhöhung des Anteils des Umsatzes der privaten Eisenbahnen am Gesamtumsatz um 10 % leicht sinkende Transportkosten im KV um 1 %. Die Logistikkosten, das Anlage- und Umlaufvermögen bleiben von diesem Trend unberührt.

In der **technologischen Dimension** bleibt die Straße, wie bereits in der finanziellen Dimension, von dem zunehmenden Wettbewerb auf der Schiene unberührt. Für den KV ergeben sich zwei gegensätzliche Effekte: Zum Einen eine Verbesserung der Lieferzeit um 0,8 % und zum Anderen eine Verschlechterung der Termintreue um 0,9 %.

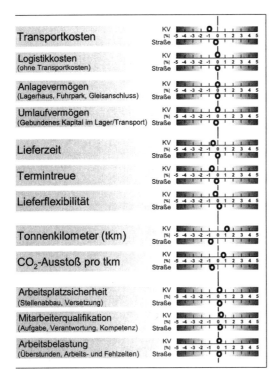

Durch die Belebung des Schienengüterverkehrs werben die Anbieter mit immer kürzeren Lieferzeiten. Andererseits ergeben sich bei unveränderten Trassen zunehmend Engpässe, die zu Verspätungen führen können.

In der **ökologischen Dimension** entspricht der steigende Anteil der Tonnenkilometer im KV (1 %) der Abnahme auf der Straße. Dadurch verringern sich die CO_2-Emissionen auf der Straße um 0,9 %, während sie im KV um den gleichen Wert steigen.

In der **sozialen Dimension** ergeben sich durch den zunehmenden Wettbewerb auf der Schiene nur marginale Veränderungen in den Qualifikationsanforderungen, was z.B. auf die Erfassung und Bewertung neuer Angebote von Privatbahnen zurückgeführt werden kann.

Trend 8 – Ordnungspolitische Maßnahmen

Zur Abwendung des drohenden Verkehrsinfarkts auf der Straße werden in Europa verschiedene ordnungspolitische Maßnahmen diskutiert. Auf europäischer Ebene wird im EU-Weissbuch „Verkehr 2010" die Entkopplung von Wirtschafts- und Verkehrswachstum gefordert.[19] In Deutschland wird in diesem Zusammenhang die Einführung einer Straßennutzungs-

---

[19] Vgl. EU (2001).

gebühr (Maut) geplant. Diese ordnungspolitische Maßnahme soll zur Verkehrsverlagerung weg von der Straße bewegen. Kritiker befürchten jedoch als Konsequenz eine massive Benachteiligung des Speditionsgewerbes, insbesondere kleiner und mittlerer Unternehmen.

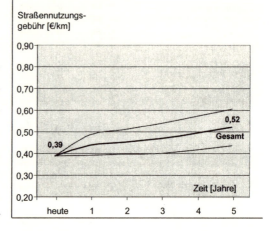

Die befragten Unternehmen prognostizierten die Entwicklung der Maut in Euro pro Kilometer. Zur Orientierung wurde der von der Bundesregierung diskutierte Mautsatz von 0,25 € angegeben. Dennoch erwarten die Experten im Mittel schon heute eine deutlich höhere Maut von 0,39 €/km, die sich in fünf

Jahren auf 0,52 €/km erhöht. Ausschlaggebend dafür ist die mit 0,40 €/km extrem hohe Einschätzung der Industrieunternehmen, während Dienstleistung und Handel eine Maut von 0,25 €/km erwarten. Dieser Unterschied vergrößert sich kontinuierlich bis 2007 auf 0,67 €/km bei der Industrie, 0,26 €/km beim Handel und 0,28 €/km bei den Dienstleistern.

Die Auswirkungen der Maut auf Unternehmensebene bewirkt in der **finanziellen Dimension** höhere Transportkosten auf der Straße. Eine Erhöhung der Maut um 0,10 €/km erhöht nach Einschätzung der Experten die Transportkosten auf der Straße um 5,5 %. Der KV verteuert sich durch seinen Straßenanteil um 0,5 %.

Die Maut als ordnungspolitische Maßnahme in Deutschland soll lediglich eine Verteuerung des Verkehrsträgers Straße bewirken, d.h. dass durch die vollelektronische Abwicklung der Lieferservice nicht beeinträchtigt wird. Dennoch antizipieren die Experten in der **technologischen Dimension** jeweils eine leichte Verschlechterung auf der Straße für Lieferzeit, Termintreue und Lieferflexibilität. Im Gegensatz dazu tritt im KV eine leichte Verbesserung ein.

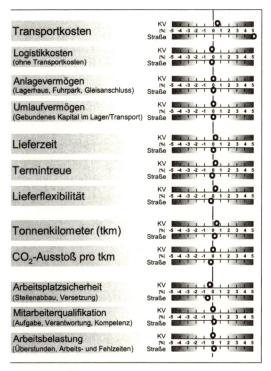

In der **ökologischen Dimension** bewirkt die Maut eine leichte Erhöhung der Tonnenkilometer im KV um 0,5 % und auf der Straße um 0,1 %. Hier zeigt sich ein Effekt der Maut, nämlich die Umgehung der Mautgebühr durch Benutzung mautfreier Straßen unter Inkaufnahme von größeren Entfernungen. Die CO_2-Emissionen reduzieren sich auf der Straße geringfügig mehr als im KV.

Die Angst um die Auswirkungen der Maut auf das Transportgewerbe schlägt sich in der **sozialen Dimension** in einer um 0,9 % reduzierten Arbeitsplatzsicherheit auf der Straße nieder. Auch im KV ist noch eine leichte Beeinträchtigung der Arbeitsplatzsicherheit von 0,3 % zu verzeichnen.

Trend 9 – Verbesserung der Planungsqualität

Auf der einen Seite steigen bspw. durch sinkende Sendungsgrößen und kürzere Reaktionszeiten die Herausforderungen an die verladenden Unternehmen. Andererseits werden durch technologische Entwicklungen (IuK-Systeme, SCM, Internet) neue Lösungsmöglichkeiten und Instrumente bereitgestellt. Diese bewirken eine kontinuierliche Verbesserung der Planungsqualität der Unternehmen. Neben den Beschaffungs-, Produktions- und Absatzplänen spielt für die Logistik auch die Transportplanung eine bedeutende Rolle.

In der Befragung haben die Experten die Entwicklung der relativen Effizienz der Transportplanungsprozesse prognostiziert. Ausgehend von einer Effizienz von 100 % im Jahre 2002, steigt diese in fünf Jahren auf 111,3 % an. Insgesamt verlaufen die Prognosen in einer engen Bandbreite. Auffällig ist bei Industrie und Handel die stark steigende Effizienz der Transportplanungsprozesse in den ersten beiden Jahren, deren Verlauf danach abflacht. Die Dienstleister prognostizieren hingegen eine nahezu lineare Entwicklung, die nach fünf Jahren auf dem Niveau der Industrie bei ca. 111 % liegt. Der Handel bleibt unter dieser Marke bei ca. 109 % im Jahre 2007.

Erwartungsgemäß führte eine Verbesserung der Planungsqualität in der **finanziellen Dimension** zu sinkenden Kosten und einer geringeren Kapitalbindung. Konkret führt eine 5 %ige Erhöhung der Effizienz der Transportplanungsprozesse im KV und für die Straße zu einer 2,5 %igen Reduktion der Logistikkosten und zu einer 2 %igen Abnahme des Umlaufvermögens. Unterschiede zwischen Straße und KV ergeben sich bei den Transportkosten, die sich für die Straße um 4,5 % und im KV um 3 % reduzieren. Das höhere Einsparungspotenzial für die Straße durch eine verbesserte Planung kann sich durch Vermeidung von Leerfahrten, bessere Ausnutzung der Fahrzeuge und Reduzierung von Sonder- und Eilfahrten ergeben. Beim Anlagevermögen hingegen profitiert der KV im Durchschnitt mit einer Senkung um 1,8 % stärker als die Straße mit 0,5 %. Dabei variieren die Einschätzungen der Experten in den Branchen, so dass keine allgemeinen Ursache-Wirkungsbeziehungen aufgeführt werden können. Eine mögliche Ursache ist die Stilllegung von privaten Gleisanschlüssen im Rahmen von „MORA C" (Marktorientiertes Angebot Cargo).[20]

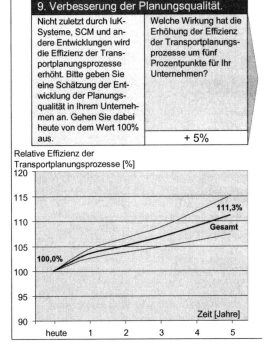

9. Verbesserung der Planungsqualität.

Nicht zuletzt durch IuK-Systeme, SCM und andere Entwicklungen wird die Effizienz der Transportplanungsprozesse erhöht. Bitte geben Sie eine Schätzung der Entwicklung der Planungsqualität in Ihrem Unternehmen an. Gehen Sie dabei heute von dem Wert 100% aus.

Welche Wirkung hat die Erhöhung der Effizienz der Transportplanungsprozesse um fünf Prozentpunkte für Ihr Unternehmen?

+ 5%

In der **technologischen Dimension** bewirkt die 5 %ige Verbesserung der Transportplanungsprozesse eine um 3 % kürzere Lieferzeit, eine um 3,2 % verbesserte Termintreue und eine um

3,1 % gesteigerte Lieferflexibilität. Die Werte im KV liegen um jeweils 1 % unter denen der Straße. Dies kann mit den relativ starren Fahrplänen des KV begründet werden, wohingegen die Straße noch erhebliche Potenziale, z.B. durch die Umgehung von Verkehrsstaus, aufweist.

Auch in der **ökologischen Dimension** zeigt sich diese Differenz von einem Prozentpunkt zwischen Straße und KV. Bei der Straße reduzieren sich die Tonnenkilometer um 2 % und der

CO_2-Ausstoß pro Tonnenkilometer sinkt ebenfalls um 2,1 %. Hier zeigt sich das größere Potenzial der Straße zur Reduzierung der Tonnenkilometerleistung und des CO_2-Ausstoßes.

In der **sozialen Dimension** führt die Erhöhung der Effizienz der Transportplanungsprozesse um 5 % zu höheren Anforderungen an die Mitarbeiterqualifikation (3 % bei der Straße; 2,7 % beim KV) und zu einer um 1,2 % höheren Arbeitsbelastung beim Straßengüterverkehr. Die Arbeitsplatzsicherheit bleibt unverändert. Eine Verbesserung der Planung erfordert neue Kenntnisse (z.B. über neue Technologien) und Fähigkeiten (z.B. flussorientiertes, vernetztes, bereichs- und unternehmensübergreifendes Denken und Handeln).

Zusammenfassend zeigt sich die Planungsqualität als ein wirksamer Stellhebel zur Leistungssteigerung im Güterverkehr. Zur Verbesserung der Planungsqualität sind damit Supply Chain Management, DV-Unterstützung und unternehmensübergreifende Abstimmung von hoher praktischer Relevanz.

---

[20] Vgl. DB Cargo (2003).

Die Entwicklungspfade der dargestellten Trends bestätigen die Annahme des Untersuchungs-modells, dass sich die Rahmenbedingungen im Güterverkehr deutlich ändern. Im Folgenden wird untersucht, wie sich diese Veränderungen auf die Unternehmen auswirken.

3.2 Gesamtwirkung aller Trends auf die Werttreiber

Nach der differenzierten Betrachtung der Einzeltrends wird im Folgenden die gleichzeitige Wirkung aller Trends auf Unternehmensebene untersucht. Dabei werden die Wirkungen der Einzeltrends überlagert, wobei sie sich gegenseitig verstärken oder aufheben können. In Ab-bildung 11 wird für jeden der zwölf Werttreiber die durchschnittliche Wirkung der Trends, sowie die Bandbreite der Prognosen für Straße und KV abgetragen (vgl. Abb. 11).

Die deutlichsten Auswirkungen in der **finanziellen Dimension** sind bei den Transportkosten festzustellen, die sich auf der Straße um 7 % und im KV um 5,8 % erhöhen. Dagegen bleiben die Logistikkosten nahezu konstant, mit einer marginalen Verbesserung für den KV und einer geringen Verschlechterung für die Straße. Während die Mittelwerte für Transport- und Logis-tikosten relativ eng zusammenliegen, variieren diese auf der Straße deutlich stärker als im KV. Die Gesamtwirkung der Trends für das Anlage- und Umlaufvermögen sind relativ homo-gen, was sich in der geringen Varianz ausdrückt. Während das Anlagevermögen im KV – im Gegensatz zur Straße – sich um 1,9 % leicht reduziert, sinkt das Umlaufvermögen auf der Straße mit 2 % stärker als im KV mit 1,8 %. Das Umlaufvermögen ist der einzige Werttreiber, bei dem die Straße leichte Vorteile in der finanziellen Dimension gegenüber dem KV hat. Ansonsten ergibt sich durch die Trends eine Verteuerung der Straße.

Ein differenzierteres Bild ergibt sich in der **technologischen Dimension**. Hier zeigen sich insgesamt deutliche Vorteile der Straße gegenüber dem KV in der Lieferzeit und Lieferflexibilität. Erstere reduziert sich auf der Straße um 6 % und im KV um 3,5 %. Letztere erhöht sich auf der Straße um 6,8 % und im KV um 3,2 %. Bei der Termintreue jedoch ergibt sich für den KV eine Verbesserung um 2 % und für die Straße eine leichte Verschlechterung um 0,8 %. Auffällig ist auch hier, dass die Varianzen auf der Straße höher sind als im KV.

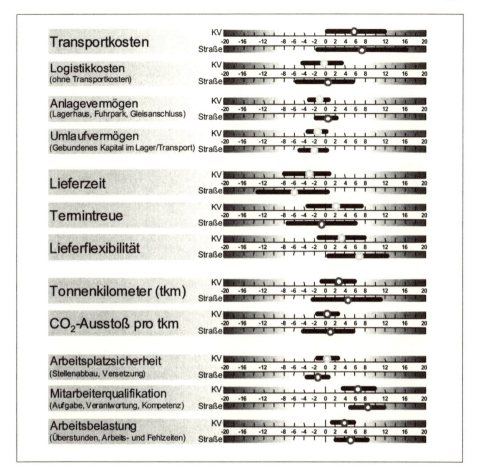

Abb. 11: Gesamtwirkung der Trends auf die Werttreiber

Die Tonnenkilometer in der **ökologischen Dimension** erhöhen sich auf Grund der neun Trends beim KV um 2,7 % und auf der Straße um 4,6 %. Der CO_2-Ausstoß steigt auf der Straße um 1 % und beim KV in Folge des Straßenanteils leicht um 0,2 %. In Summe ergibt sich damit auf der Straße ein höherer CO_2-Ausstoß.

Im Vergleich schneidet die Straße bei Arbeitsplatzsicherheit, Mitarbeiterqualifikation und Arbeitsbelastung in der **sozialen Dimension** jeweils schlechter ab als der KV. Während die Arbeitsplatzsicherheit im KV nahezu konstant bleibt, verschlechtert sie sich bei der Straße um 1,5 %. Die Arbeitsbelastung steigt sowohl im KV als auch auf der Straße um 3,9 % bzw.

4,3 %. Im Durchschnitt steigt die Mitarbeiterqualifikation bei der Straße um 8,2 % und im KV um 6,3 % (vgl. Abb. 11).

Die Analyse der Trendwirkungen auf die Unternehmen bestätigt die Annahme des Untersuchungsmodells, dass sich die Trends im Güterverkehr unterschiedliche auf die Transportalternativen Straße und KV auswirken. Insgesamt kann der KV zukünftig in der finanziellen, ökologischen und sozialen Dimension gegenüber der Straße aufholen. Dies ist jedoch im Hinblick auf den Lieferservice der technologischen Dimension als kritisches Kriterium der Transportgestaltung zu relativieren. Hier weist die Straße bei Lieferzeit und Lieferflexibilität die größten relativen Vorteile auf. Im Hinblick auf die Einschätzung der Experten zeigen sich die größten Varianzen bei den Transportkosten und der Mitarbeiterqualifikation. Dies zeigt, dass hier die größten Prognoseunsicherheiten vorliegen.

3.3 Wirkung der Trends auf ausgewählte Werttreiber

Bei der Analyse der einzelnen Werttreiber können einerseits die Trends identifiziert werden, die auf KV und Straße maßgeblichen Einfluss haben. Andererseits macht die Gegenüberstellung von KV und Straße die ursächlichen Trends für die Wirkung auf einzelne Werttreiber sichtbar. Aus der Gesamtanalyse im vorigen Abschnitt werden im Folgenden *die Transportkosten, Lieferzeit, Lieferflexibilität* und *Mitarbeiterqualifikation* ausgewählt, um die ursächlichen Trends für die großen Differenzen und Varianzen zu identifizieren.

3.3.1 *Transportkosten*

Die Transportkosten im KV steigen durch sinkende Sendungsgrößen, abnehmende Reaktionszeiten und wachsende Transportvolumen im grenzüberschreitenden Verkehr (vgl. Abb. 12).

Dem entgegen wirken lediglich der zunehmende Wettbewerb auf der Schiene und die steigende Planungsqualität transportkostenmindernd, so dass sich insgesamt eine Verteuerung des Transports im KV um 5,9 % ergibt. Es zeigt sich also, dass die Kosteneinsparung durch bessere Planungsqualität durch andere Trends überkompensiert werden.

Ein ähnliches Bild ergibt sich bei der Betrachtung der Trendwirkung für die Transportkosten auf der Straße. Deutliche Unterschiede ergeben sich jedoch durch die Straßennutzungsgebühr, die im KV nur marginal höhere Transportkosten bewirkt, auf der Straße aber im Zusammenspiel mit den anderen Trends zu höheren Transportkosten in Höhe von insgesamt 7,0 % führt.

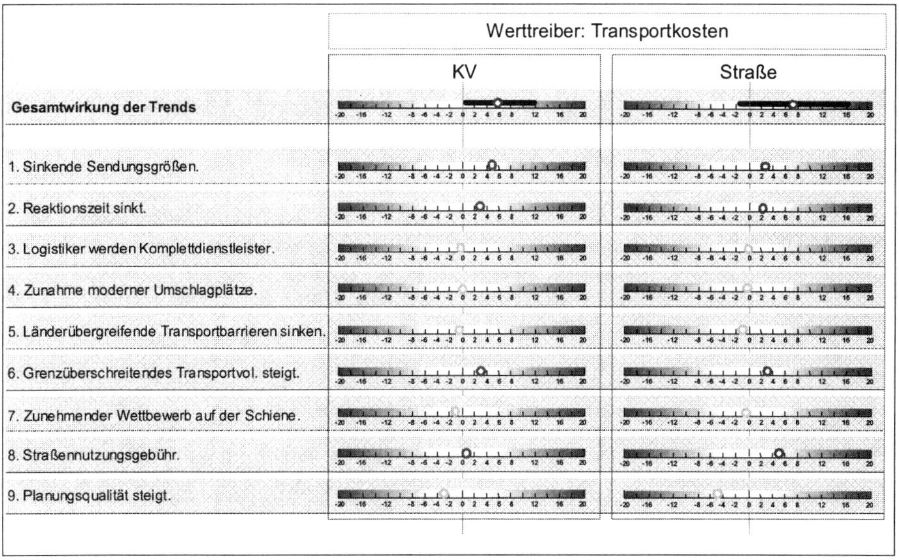

Abb. 12: Wirkung der Trends auf die Transportkosten

3.3.2 Lieferzeit

Eine Erhöhung der Lieferzeit für den KV ergibt sich lediglich durch die Zunahme des grenz-überschreitenden Transportvolumens. Demgegenüber bewirken der zunehmende Wettbewerb auf der Schiene und die steigende Planungsqualität eine Reduktion der Lieferzeit, so dass sich im Ergebnis eine Verbesserung von 3,0 % einstellt.

Auf der Straße resultiert eine schlechtere Lieferzeit durch sinkende Sendungsgrößen und Zunahme des grenzüberschreitenden Transportvolumens. Wie im KV ergibt sich eine Verbesserung der Lieferzeit durch die steigende Planungsqualität. Darüber hinaus bewirken jedoch auch die Abnahme länderübergreifender Transportbarrieren und sinkende Reaktionszeiten eine Verkürzung der Lieferzeit um insgesamt 6,0 %.

3.3.3 Lieferflexibilität

Die Lieferflexibilität profitiert im KV insbesondere von sinkenden Sendungsgrößen, der Zunahme moderner Umschlagplätze und der sich verbessernden Planungsqualität. Insgesamt ergibt sich damit eine um 3,5 % bessere Lieferflexibilität.

Die genannten Trends bewirken auf der Straße im Vergleich zum KV jeweils eine noch stärkere Verbesserung der Lieferflexibilität. Zusätzlichen positiven Einfluss hat die Entwicklung der logistischen Dienstleister zum Komplettdienstleister, so dass sich auf der Straße insgesamt eine Verbesserung der Lieferflexibilität von 6,8 % ergibt. Der größte Unterschied zwischen KV und Straße liegt dabei in der Verbesserung der Planungsqualität, von der die Straße stärker profitiert.

3.3.4 *Mitarbeiterqualifikation*

Die steigenden Anforderungen an die Mitarbeiterqualifikation im KV werden insbesondere durch sinkende Reaktionszeiten, sinkende Sendungsgrößen, Zunahme des grenzüberschreitenden Transportvolumens und steigende Planungsqualität begründet. Nur der Trend, dass Logistiker zunehmend zum Komplettdienstleister werden, führt zu sinkenden Anforderungen an die Mitarbeiterqualifikation. Das Angebot von integrierten und intermodalen Verkehren durch Logistikdienstleister lässt zunehmend das Know-how beim Verlader obsolet werden. Insgesamt ergibt sich eine um 7,3 % höhere Anforderung an die Mitarbeiterqualifikation im KV.

Auf der Straße ergibt sich ein ähnliches Profil der Trendwirkungen. Die insgesamt höhere Anforderung an die Mitarbeiterqualifikation auf der Straße von 9,0 % resultiert aus den größeren Unterschieden in den Wirkungen der kürzeren Reaktionszeit und der steigenden Planungsqualität. Diese beiden Trends bedingen sich gegenseitig, da eine kürzere Reaktionszeit im Transport nur durch bessere Planung erreicht werden kann. Der Einsatz der dafür notwendigen Planungsinstrumente impliziert eine höhere Qualifikation der Mitarbeiter.

3.4 **Vernetzung der Werttreiber in der Werttreiberhierarchie**

Für die zweite Phase der Untersuchung – die quantitative Trendprognose – stehen somit die Trends und deren potenzieller Wirkungsbereich auf Unternehmensebene fest. Für die Unternehmen sind die einzeln diskutierten Werttreiber nicht isoliert zu betrachten. Um die Transportalternativen KV und Straße unternehmensspezifisch zu vergleichen, muss das Zusammenspiel aller Werttreiber betrachtet werden. Zur Handhabung der Komplexität wird die Struktur der Werttreiber in Form einer so genannten Werttreiberhierarchie dargestellt (vgl. Abb. 13).[21] Auf Grund der mathematischen Zusammenhänge in der finanziellen Dimension lassen sich die Transport- und Logistikkosten sowie das Anlage- und Umlaufvermögen direkt abfragen und verrechnen. Die Aggregation erfolgt über einige Zwischenschritte, wie in Abbildung 13 dargestellt. Analog wurde die Verrechnung von Tonnenkilometerleistung und CO_2-Emissionen in der ökologischen Dimension vorgenommen. Im Durchschnitt ergeben sich die in Abbildung 13 dargestellten Kosten-, Vermögens- und CO_2-Emissionsanteile. Es zeigt sich, dass die Transportkosten mit 39 % im Vergleich zu den Logistikkosten mit 61 % einen erheblichen Anteil für die Kosten der Unternehmen ausmachen. In der ökologischen Dimension zeigt sich, dass die transportbedingten CO_2-Emissionen mit 17 % nicht den Hauptanteil der Gesamtemissionen ausmachen. Dies ist u.a. bedingt durch die Produktionsprozesse der Chemie- und Pharmaunternehmen, die sich an der Studie beteiligten.

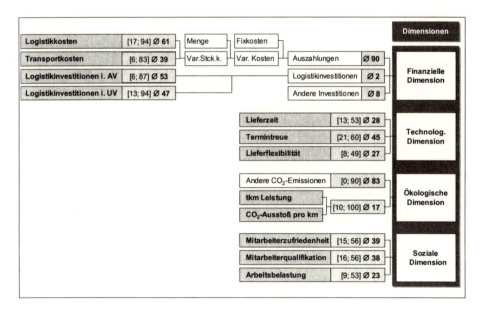

Abb. 13: Werttreiberhierarchie

---

[21] In der Werttreiberhierarchie können die Werttreiber mit hohem Einfluss und hoher Beeinflussbarkeit identifiziert werden, vgl. dazu Michel (1999), S. 376 f. und Rappaport (1999), S. 204. Dabei gilt es zu beachten, dass Werteinfluss und Beeinflussbarkeit einer Dynamik unterliegen, die eine kontinuierliche Werttreiberanalyse notwendig macht. Diese Dynamik resultiert hier aus den dargestellten Trends. Zur ausführlichen Erläuterung der Werttreiberhierarchie für Transportvorgänge vgl. Pfohl/Elbert (2002).

114

Da zwischen Lieferzeit, Termintreue und Lieferflexibilität in der technologischen Dimension sowie zwischen Mitarbeiterzufriedenheit, Mitarbeiterqualifikation und Arbeitsbelastung in der sozialen Dimension keine rechentechnischen Zusammenhänge bestehen, wurde in der Befragung eine Bewertung dieser Beziehungen vorgenommen. Dabei wurden im Paarvergleich die einzelnen Werttreiber mittels der Analytical Hierarchy Process-Methode (AHP) bewertet.[22] Im Ergebnis ergaben sich dabei die in Abbildung 13 dargestellten durchschnittlichen Gewichtungen der Werttreiber in den beiden Dimensionen. Es zeigt sich, dass die Termintreue mit 45 % das wichtigste Kriterium in der technologischen Dimension ist. Lieferzeit und Lieferflexibilität sind mit 28 % bzw. 27 % nahezu gleich gewichtig. Die soziale Dimension wird stärker durch die Mitarbeiterzufriedenheit (39 %) und die Mitarbeiterqualifikation (38 %) als durch die Arbeitsbelastung (23 %) bestimmt.

Für jede Dimension lässt sich somit aus der Werttreiberhierarchie eine Kennzahl berechnen, die als dimensionsspezifisches Potenzial der jeweiligen Transportalternative bezeichnet werden kann. Eine weitere dimensionsübergreifende Verdichtung zu einer Spitzenkennzahl ist nicht zweckmäßig. Gerade auf Grund der situationsspezifischen Bedeutung der Potenziale ist eine ganzheitliche Betrachtung erforderlich. Damit bleibt einerseits die Transparenz der Bewertung und andererseits der Handlungsspielraum der Unternehmen erhalten.

4 Simulation zur Identifikation von Potenzialen durch Verkehrsverlagerung

4.1 Wirkung auf Unternehmensebene

Wurden in den vorhergehenden Abschnitten immer die Mittelwerte aller befragten Unternehmen herangezogen, geht es im Folgenden um die Trends, Indikatoren und Werttreiber für jedes einzelne Unternehmen. D.h. die individuellen Einschätzungen eines Unternehmens über die Trendentwicklungen und deren Auswirkung auf die Werttreiber werden miteinander verknüpft. Damit wird die Makrosicht der Trends mit der Wirkung auf der Mikroebene des einzelnen Unternehmens verbunden.

In Anbetracht der Komplexität der Zusammenhänge in den Werttreiberhierarchien und deren Abhängigkeit von der stochastischen Entwicklung der Unternehmensumwelt sind analytische Verfahren, wie etwa das Lösen linearer Gleichungssysteme, für die quantitativen Untersu-

---

[22] Vgl. Saaty (1980).

chungen nicht praktikabel.[23] In der Literatur wird in solchen Fällen die **Simulation mit Zufallszahlen** – häufig auch als Monte-Carlo-Methode bezeichnet – favorisiert.[24] Simulation bezeichnet dabei „die methodische Erzeugung von Szenarien und die Auswertung der erzeugten Szenarien […]"[25]. Dabei erzeugt ein Zufallszahlengenerator Trendverläufe, die innerhalb der Trendtrichter liegen.

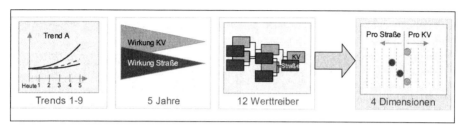

Abb. 14: Simulation der Trendwirkungen auf die Unternehmensebene

Die Simulation aller Trends auf die zwölf Werttreiber wird für die Zeitpunkte 2002 bis 2007 mehrmals durchgeführt. In jedem Lauf ergeben sich durch die mathematischen und sachlogischen Beziehungen in der Werttreiberhierarchie vier Werte (finanzielle, technologische, ökologische und soziale Dimension) für KV und Straße (vgl. Abb. 14). Die Ausprägungen der Kennzahlen verändern sich mit jedem neuen Simulationslauf, so dass sich im Ergebnis eine spezifische Verteilung für jede Dimension für die fünf Jahre ergibt (siehe Abb. 15).

---

[23] Zu den Problemen des analytischen Ansatzes und den Vorzügen der Simulation vgl. Krings (2001), S. 76 f.

[24] Vgl. z.B. KRINGS (2001), S. 77f. Zur Anwendung von Simulation bei Investitionsentscheidungen vgl. Perridorn/Steiner (1997), S. 122; Eisenführ/Weber (1999), S. 187.

[25] Spremann (2002), S. 202.

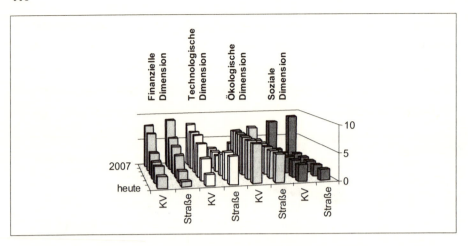

Abb. 15: Entwicklung der Potenziale in den vier Dimensionen

Zur Analyse der relativen Potenziale durch Verkehrsverlagerung, d.h. im Vergleich zwischen Straße und KV, wurden für alle Trends jeweils die finanziellen, technologischen, ökologischen und sozialen Wirkungen auf Unternehmensebene über den gesamten Prognosezeitraum für den Straßengüterverkehr und KV zusammengefasst. Im Ergebnis können so Aussagen über zukünftige Vor- und Nachteile der beiden Verkehrsträger gemacht und idealtypische Potenziale in den einzelnen Dimensionen durch Verkehrsverlagerung aufgezeigt werden.[26] Für ein konkretes Unternehmen kann sich z.B. als Ergebnis der Simulation eine Verbesserung im KV in der finanziellen und sozialen Dimension bei gleichzeitiger Verschlechterung der technologischen und ökologischen Dimension ergeben. Für dieses Unternehmen kann auf dieser Basis nicht pauschal entschieden werden, welche Transportalternative die bessere ist. Nur das Unternehmen selbst kann darüber auf Grund der eigenen Präferenzen in der Situation entscheiden. Damit bestätigt sich aber auch die Annahme, dass die Trends im Güterverkehr unternehmens- und transportspezifisch zu bewerten sind.

4.2   Auswertung der Potenziale durch Verkehrsverlagerung

Für die Gesamtheit der befragten Unternehmen zeigt sich in der Studie, dass der KV in den nächsten fünf Jahren z.T. deutliche Vorteile in der finanziellen und der sozialen Dimension hat. In der finanziellen Dimension ergab sich für 20 Unternehmen durch den KV ein besserer

---

[26] Dieses Vorgehen ist schematisch in Abbildung 14 dargestellt.

Wert als im Straßenverkehr. Umgekehrt ist für 11 Unternehmen die Straße finanziell die bessere Transportalternative. Bei den übrigen befragten Unternehmen (9 Unternehmen) sind Straße und KV gleichwertig. Dafür dominiert im technologischen Bereich immer noch die Straße (15 Unternehmen) den KV (10 Unternehmen). Überraschenderweise haben in der ökologischen Dimension 13 Unternehmen einen besseren Wert auf der Straße und nur 11 im KV. In der sozialen Dimension, die sich vor allen auf das Personal in der Logistik bezieht, dominiert der KV die Straße. Bei 15 Unternehmen ergab sich ein besserer Wert im KV, wohingegen 10 Unternehmen mit der Straße bessere Werte erzielen. Zur Gegenüberstellung der Ergebnisse in den einzelnen Dimensionen siehe Abbildung 16.

	Pro Straße	Unentschieden	Pro KV
Finanzielle Dimension	11	9	20
Technologische Dimension	15	15	10
Ökologische Dimension	13	15	12
Soziale Dimension	10	15	15

Abb. 16: Dimensionsspezifische Potenziale durch Verkehrsverlagerung

Für die Entscheidung im Einzelfall – Straße oder KV – sind zusätzliche unternehmensspezifische Annahmen und die konkreten Unternehmensdaten notwendig. Maßgeblichen Einfluss hat u.a. die situative Gewichtung der einzelnen Dimensionen durch den Entscheider. Da die Dimensionen nicht vergleichbar sind, kann eine allgemeine Gewichtung nicht a priori vorgegeben werden, sondern ist in der jeweiligen Entscheidungssituation zu bestimmen.

5 Zusammenfassung und Ausblick

Die empirischen Ergebnisse bestätigen die eingangs aufgestellten Annahmen. Es konnte gezeigt werden, dass sich die Rahmenbedingungen für den Güterverkehr deutlich ändern. Gleichzeitig wurde die unterschiedliche Wirkung der Trends auf Straße und KV nachgewiesen. Das differenzierte Bild der Zusammenhänge in der Werttreiberhierarchie bestätigt, dass die Trends unternehmensspezifisch zu bewerten sind. Im Ergebnis gilt, dass die Trends im Güterverkehr auf Unternehmen und deren Potenziale durch Verkehrsverlagerung wirken. Damit ist die geforderte Verbindung zwischen den makroökonomischen Rahmenbedingungen und der mikroökonomischen Ebene der Unternehmen hergestellt.

Im Rahmen der Untersuchung wurden die Methoden zur Bewertung der Trendwirkung entwickelt und angewandt. Für die empirische Studie wurde die Werttreiberhierarchie allgemeingültig konzipiert. Damit liefert sie erste quantitative Anhaltspunkte, jedoch keine exakten Vorhersagen. Bei der Interpretation der Ergebnisse ist weiterhin zu berücksichtigen, dass sich alle Ergebnisse auf die hier ermittelten Trends beziehen. Es wird also implizit davon ausgegangen, dass keine weiteren signifikanten Einflüsse bestehen.

Damit die hier entwickelten Methoden nicht auf empirische Studien beschränkt bleiben, muss ein Transfer in die unternehmerische Praxis erfolgen. Dazu bedarf es einer Konkretisierung der Werttreiberhierarchie für einzelne Unternehmen sowie einer DV-technischen Unterstützung der Simulation. Eine solche Implementierung in der unternehmerischen Praxis soll u.a. im Rahmen des Forschungsprojektes „CargoScoreCard" im Auftrag des BMBF mit mehreren Praxispartnern durchgeführt werden. Damit ergeben sich nicht nur konkrete Gestaltungshinweise für die teilnehmenden Unternehmen, sondern im Rückschluss werden die in diesem Beitrag vorgestellten Methoden weiterentwickelt und so deren generelle Anwendbarkeit sichergestellt.

Literaturverzeichnis

A.T. Kearney & ELA European Logistics Association (1999)
Insight to Impact. Results of the Fourth Quinquennial European logistics Study, ELA, 1999.

Aberle, G. (2000)
Transportwirtschaft. Einzelwirtschaftliche und gesamtwirtschaftliche Grundlagen. 3., überarb. u. erw. Aufl. München u.a. 2000.

Aberle, G. (2002)
Das „White Paper" der Europäischen Kommission zur Verkehrspolitik bis 2010: Risiken und Chancen für das Supply Chain Management. In: Pfohl, H.-Chr. (Hrsg.): Risiko- und Chancenmanagement in der Supply Chain. Berlin 2002. S. 107-125.

Baumgarten, H./Thoms, J. (2002)
Trends und Strategien in der Logistik. Supply Chains im Wandel. Berlin 2002.

BMVBW (2000)
Bundesministerium für Verkehr, Bau und Wohnungswesen (Hrsg.): Verkehrsbericht 2000. Integrierte Verkehrspolitik: Unser Konzept für eine mobile Zukunft. Berlin 2000.

Bretzke, W.-R. (1998)
"Make or Buy" von Logistikdienstleistungen: Erfolgskriterien für eine Fremdvergabe logistischer Dienstleistungen. In: Isermann, H. (Hrsg.): Logistik: Gestaltung von Logistiksystemen. 2., überarb. u. erw. Aufl. Landsberg/Lech 1998. S. 393-402.

Bundesverband Güterkraftverkehr Logistik und Entsorgung (BGL) e.V. (2003)
Modal-Split im Güterverkehr 1950-2005 nach Tonnenkilometern. Im Internet: http://www.bgl-ev.de/daten/modal-split.html (Abgerufen am 25.5.2003)

DB Cargo (2003)
MORA C - Sanierungskonzept für den Einzelwagenverkehr. Im Internet: http://www.bahn.de/konzern/gv/aktuell/die_bahn_83_mora_c.shtml (Abgerufen am 25.5.2003).

Ebeling, K./Kirsch, K. (2000)
Konzept eines gesamteuropäischen Eisenbahnnetzes. In: Internationales Verkehrswesen 52(2000)7-8, S. 304-307.

Eisenführ, F./Weber, M. (1999)
Rationales Entscheiden. 3., neu bearb. u. erw. Aufl. Berlin 1999.

Femerling, Chr. (2003)
B to B- und B to C-Logistik als Erfolgsfaktor der New Economy. In: Merkel, H./ Bjelicic, B. (Hrsg.): Logistik und Verkehrswirtschaft im Wandel. München 2003, S. 205-221.

120

EU (2001)
Europäische Union (Hrsg.): Weissbuch – Die europäische Verkehrspolitik bis 2010: Weichenstellung für die Zukunft. KOM(2001)370, 2001.

Freeman, R.E. (1984)
Strategic Management. A Stakeholder Approach. Marshfields, Massachusetts/USA 1994.

Geschka, H./Hammer, R. (1997)
Die Szenario-Technik in der strategischen Unternehmensplanung. In: Hahn, D./Taylor, B. (Hrsg.): Strategische Unternehmensplanung – strategische Unternehmensführung: Stand und Entwicklungstendenzen. 7., völlig neu bearb. und erw. Aufl. Heidelberg 1997, S. 464-489.

Göpfert, I. (2000a)
Zukunftsforschung. In: Göpfert, I. (Hrsg.): Logistik der Zukunft – Logistics for the Future. 2., aktual. u. erw. Aufl. Wiesbaden 2000, S. 1-37.

Göpfert, I. (2000b)
Die Anwendung der Zukunftsforschung für die Logistik. In: Göpfert, I. (Hrsg.): Logistik der Zukunft – Logistics for the Future. 2., aktual. u. erw. Aufl. Wiesbaden 2000, S. 39-77.

Grochla, E./Schönbohm, P. (1980)
Beschaffung in der Unternehmung. Einführung in eine umfassende Beschaffungslehre. Stuttgart 1980.

Hartung, J./Elpelt, B./Klösener, K.-H. (2002)
Statistik: Lehr- und Handbuch der angewandten Statistik. München 2002.

Hueck, T. (2001)
Logistik aus volkswirtschaftlicher Sicht: Perspektiven und Visionen. In: Pfohl, H.-Chr. (Hrsg.): Jahrhundert der Logistik: Wertsteigerung des Unternehmens. Customer related – glocal – e-based. Berlin 2001, S. 1-27.

Ihde, G. (1991)
Transport, Verkehr, Logistik. Gesamtwirtschaftliche Aspekte und einzelwirtschaftliche Handhabung. 2., völlig überarb. u. erw. Aufl. München 1991.

Ihde, G./Wolf, D. (2002)
Struktur und Entwicklungstendenzen der Speditionsmärkte. In: Arnold, D./Isermann, H./Kuhn, A./Tempelmeier, H. (Hrsg.): Handbuch Logistik. Berlin u.a. 2000, S. D2/30-D2/40.

Klaus, P./Erber, G./Voigt, U. (2001)
Verkehrliche Wirkungen des E-Commerce? Stand des Wissens und Forschungsbedarf. In: Logistikmanagement 3(2001)2/3, S. 53-63.

Knorren, N. (1998)
Wertorientierte Gestaltung der Unternehmensführung. Wiesbaden 1998.

Knust, P. (1999)
Strategische Kostentreiber und Kostentreiberanalyse. In: Controlling 11(1999)7, S. 343-345.

Krings, U. (2001)
Die Berücksichtigung qualitativer und unsicherer Daten im strategischen Kostenmanagement mittels Kostennetzwerken. Lohmar/Köln 2001.

Michel, U. (1999)
Wertmanagement. Ein umfassender und durchgängiger Ansatz zur kapitalmarktorientierten Unternehmenssteuerung. In: Controlling 11(1999)8/9, S. 371-379.

Perridorn, L./Steiner, M. (1997)
Finanzwirtschaft der Unternehmung. 9., überarb. u. erw. Aufl. München 1997.

Pfohl, H.-Chr./Stölzle, W. (1997)
Planung und Kontrolle. Konzeption, Gestaltung, Implementierung. 2., neu bearb. Aufl. München 1997.

Pfohl, H.-Chr./Schäfer, Chr. (1999a)
Analyse des Beschaffungsverhaltens von Industrie- und Handelsunternehmen zur Aufdeckung von Zeitpuffern im Beschaffungsentscheidungsprozeß. Ergebnisse einer Unternehmensbefragung. Arbeitspapiere zur Unternehmensführung und Logistik Nr. 24. Technische Universität Darmstadt, Fachgebiet Unternehmensführung. Darmstadt 1998.

Pfohl, H.-Chr./Schäfer, Chr. (1999b)
Entscheidungen im Beschaffungsprozeß. Implikationen des Entscheidungsverhaltens für die Beschaffungslogistik. In: Hossner, R. (Hrsg.): Jahrbuch der Logistik 1999. Düsseldorf 1999, S. 247-252.

Pfohl, H.-Chr. (2000)
Logistiksysteme. Betriebswirtschaftliche Grundlagen. 6., neu bearb. u. aktual. Aufl. Berlin u.a. 2000.

Pfohl, H.-Chr./Elbert, R. (2002)
Wertorientierte Gestaltung von Transportvorgängen mittels dynamischer Werttreiberhierarchien. In: Logistik Management 4(2002)3, S. 63-74.

Pfohl (2003)
Logistikmanagement. Funktionen und Instrumente. Berlin u.a. 2003.

Rappaport, A. (1999)
Shareholder Value. Ein Handbuch für Manager und Investoren. 2., vollst. überarb. und aktual. Aufl. Stuttgart 1999.

Saaty, T. L. (1980)
The Analytic Hierarchy Process. New York 1980.

Seidelmann, C. (1997)
Kombinierter Verkehr. In: Bloech, J./Ihde, G.B. (Hrsg.): Vahlens Großes Logistiklexikon. München 1997, S. 431-434.

Moritz Gomm

Erik Hofmann

Netzwerke und Netzeffekte in der Logistik:

Eine Studie über Potenziale zur Bildung von Transportnetzwerken im Güterverkehr

Moritz Gomm, Erik Hofmann

Wissenschaftliche Mitarbeiter am Fachgebiet Unternehmensführung und Logistik,
Technische Universität Darmstadt

Inhaltsverzeichnis

1 Einleitung

Der Markt für logistische Dienstleistungen ist in den letzten Jahren zunehmend vielfältiger und dynamischer geworden. Den Anfang nahm diese Entwicklung Mitte der 80er Jahre, als im Rahmen von EG-weiten Schritten zur Harmonisierung der Wettbewerbsbedingungen im Straßengüterverkehr in Deutschland ein tiefgreifender Deregulierungsprozess in Gang gesetzt wurde. Meilensteine in diesem Prozess stellten die Tarifaufhebung zum 1. Januar 1994 und die Kabotagefreiheit im EU-Straßengüterverkehr zum 1. Juli 1998 dar.[1] Mit dem Ende des regulierten Marktes begann für die Logistikunternehmen eine neue Zeit, die bis zum heutigen Tag durch einen zunehmenden Wettbewerbs- und Konzentrationsdruck geprägt ist. Auf Grund dieser Entwicklung empfängt der Markt aber auch positive Impulse, indem die Marktteilnehmer gezwungen werden, ihre Unternehmen strategisch neu zu positionieren und ihre Leistungsportfolios weiterzuentwickeln. Aus einfachen Speditionsunternehmen werden qualifizierte Spezialdienstleister oder kompetente Komplettanbieter. Dazu erweitern die Logistikdienstleister ihre logistischen Kernleistungen[2] um Zusatzleistungen (so genannte Value-Added-Services).[3] Zusätzliche Impulse liefert die anhaltende Bereitschaft der Unternehmen, die Wertschöpfungstiefe weiter zu verringern und logistische Leistungen an qualifizierte Dritte zu übertragen. Kehrseite der wachsenden Fremdvergabe ist eine verstärkte Fragmentierung der Wertschöpfungskette, so dass derzeit in Fachkreisen das Thema der Steuerung unternehmensübergreifender Beschaffungs- und Distributionsnetzwerke diskutiert wird. In diesem Zusammenhang stehen Schlagworte wie „Supply Chain Collaboration" oder der „Fourth Party Logistics Provider" (4PL).[4] Auch wenn die Praxis diesen Überlegungen eher skeptisch gegenübersteht, ist das Thema „Kooperationen und Vernetzung" in aller Munde. Für Logistikdienstleister ergibt sich daraus die Chance, Netzwerklösungen zu erarbeiten, mit denen den Bestrebungen vieler Unternehmen (Kunden) Rechnung getragen wird, Synergien durch eine verstärkte Kooperation der Supply Chain auf der Transportebene zu realisieren. Für die Verlader ergeben sich aus solch integrierten Transportnetzwerken Kosteneinsparungspotenziale, Serviceverbesserungen und ein deutlicher Abbau der Ressourcen zur Planung und Koordination der Transporte.

Um die Potenziale zur Bildung von Transportnetzwerken zu identifizieren und die Anforderung aus Sicht der Verlader aufzunehmen, führte das Fachgebiet Unternehmensführung und Logistik, Technische Universität Darmstadt, gemeinsam mit der Danzas Euronet GmbH eine

---

[1] Vgl. Aberle (2000), S. 116f.

[2] Die logistischen Kernleistungen sind Transport, Umschlag und Lagerung.

[3] Vgl. Bretzke (1999), S. 221f.

[4] Vgl. Baumgarten/Darkow (2002), S. 8.

Studie durch. Die Fülle der dabei ermittelten Ergebnisse lassen sich auf folgende Kernaussagen verdichten:

- Bei Unternehmen besteht großes Interesse an Netzwerken und Kooperationen.

- Ein Großteil der Unternehmen hat noch keine konkreten Netzwerkaktivitäten unternommen, beschäftigt sich aber mit dem Thema und plant für die Zukunft, Projekte in diesem Bereich durchzuführen.

- Bei der Bildung von Transportnetzwerken werden von den Unternehmen Logistikdienstleister als Kooperationspartner favorisiert. Von diesen erwarten sie auch die Initiative zur Bildung von Kooperationen in der Transportlogistik.

- Entscheidungen über Kooperationen in der Logistik werden vom Vorstand bzw. der Geschäftsleitung in Zusammenarbeit mit dem Logistikleiter getroffen.

- Fast alle Unternehmen nutzen Straßengütertransporte. Über 70% aller Transporte der Studienteilnehmer liegen in Deutschland.

- Besonders hohe Transportvolumina existieren auf der Distributionsseite der Unternehmen. Entsprechend vermuten die Unternehmen dort die höchsten Potenziale für eine Vernetzung.

- 70% der Transporte sind koffer- bzw. planentauglich und etwa 80% der Transporte werden als Komplett- oder Teilladungen abgewickelt. Somit zeigt sich ein hohes Netzwerkpotenzial für Großladungstransporte.[5]

- Wechselbrücken und Trailer finden für die Transporte der Unternehmen breite Anwendung, wenn deren Eignung für die zu transportierenden Güter gegeben ist.

- Ein günstiger Preis und der gebotene Lieferservice sind zentrale Anforderungen an die Transporte bzw. das Transportnetz. Zusatzdienstleistungen treten demgegenüber in den Hintergrund.

- Bei Unternehmen besteht generell großes Interesse an Möglichkeiten zur Erhöhung der unternehmensinternen Rentabilität und Verbesserung des Services. Interessenschwerpunkte sind bspw. Möglichkeiten der Transportkostenoptimierung, die auch eine Optimierung der Mautkosten einschließen.

- Ein Trend zur Konzentration auf einen einzigen logistischen Dienstleister ist mittelfristig nicht zu erkennen.

---

[5] Zur Definition der Begriffe vgl. Abschnitt 2.3.

Im Folgenden werden zunächst die relevanten theoretischen Grundlagen von Netzwerken und Netzeffekten in der Transportlogistik gelegt, bevor in Abschnitt 3 der Ablauf der Studie skizziert wird. Der eilige Leser kann direkt in Abschnitt 4 beginnen, in dem die Ergebnisse der Studie ausführlich dargelegt werden. Eine Interpretation der Ergebnisse findet sich in Abschnitt 5, in dem die branchenspezifischen Potenziale für die Bildung von Transportnetzwerken herausgearbeitet werden. Der Beitrag schließt mit einer Zusammenfassung der wesentlichen Erkenntnisse und einem Ausblick.

2 Netzwerke und Netzeffekte in der Logistik

Zur Sicherung der Wettbewerbsfähigkeit und zur Erhöhung der Wirtschaftlichkeit werden Logistiksysteme zunehmend durch Fusionen, Kooperationen und Allianzen vernetzt. Dieser Trend wird auch in Zukunft das Geschehen auf dem Logistikmarkt bestimmen. Mit der Bildung großer, integrierter Logistiknetzwerke setzen Unternehmen ihre Hoffnungen sowohl auf das Generieren von Kostensenkungspotenzialen, als auch auf die Möglichkeit, ihren Kunden attraktivere Angebote bieten und dadurch Erlössteigerungspotenziale realisieren zu können. Häufig werden diese Vorteile auf so genannte Netzeffekte zurückgeführt.[6] In diesem Abschnitt werden die theoretischen Überlegungen zu Netzwerken bzw. Netzeffekten vorgestellt. Daran anschließend wird untersucht, wie sich Netzeffekte auf die Logistik im Allgemeinen und auf Transportnetzwerke im Speziellen übertragen lassen.

2.1 Begriffsbestimmungen

Netzwerke werden allgemein als Systeme von miteinander verbundenen Knoten und Kanten beschrieben.[7] In *Logistiknetzwerken* repräsentieren die Knoten Quellen und/oder Senken, die sowohl materielle Güter als auch Informationen hervorbringen, aufnehmen oder umleiten können oder in denen Dienstleistungen erbracht und konsumiert werden können.[8] Die Bewegungen der materiellen Güter und Informationen zwischen den Knoten erfolgt über die Kanten. Diese stellen somit die grundsätzlichen Möglichkeiten des Güter- oder Informationsflusses zwischen zwei Punkten in einem Netzwerk dar.[9] Die Struktur eines Netzwerks ist

---

[6] Man kann in diesem Zusammenhang auch von Synergien sprechen. Unter Synergien versteht man die überadditive (unteradditive) Wertänderung durch das Zusammenwirken zweier Unternehmen, welche sich in Kostensenkungen/Erlössteigerungen (Kostensteigerungen/Erlössenkungen) ausdrückt. Vgl. Ebert (1998), S. 22f.

[7] Vgl. Hillier (1997), S. 279f.

[8] Menschen stellen zwar grundsätzlich auch strömende Objekte in einem Logistiksystem dar (vgl. Pfohl, (2000), S. 5), werden im Kontext dieser Arbeit aber nicht als Untersuchungsobjekt betrachtet.

[9] Vgl. Pfohl (2000), S. 5.

durch die Anordnung der Knoten bestimmt. *Logistische Prozesse* können sowohl in den Knoten (Umschlagen, Lagern, Verpacken, Be- und Entladen etc.) als auch in den Kanten (Transport, Informationsübermittlung) stattfinden.

Kooperationen bezeichnen die Zusammenarbeit von Unternehmen mit dem Ziel der gemeinsamen Aufgabenerfüllung in bestimmten Funktionsbereichen.[10] Man unterscheidet zwischen über- und zwischenbetrieblichen Kooperationen, wobei in *überbetrieblichen Kooperationen* bestimmte Aufgaben in gemeinsam getragenen Institutionen abgestimmt und in diese ausgegliedert werden. Bei *zwischenbetrieblichen Kooperationen* steht die direkte Beziehung zwischen den beteiligten Unternehmen im Vordergrund. Es können horizontale (Zusammenarbeit auf gleicher Wertschöpfungsstufe), vertikale (Zusammenarbeit auf verschiedenen Wertschöpfungsstufen) und diagonale Kooperationen (Zusammenarbeit auf verschiedenen Wertschöpfungsstufen unterschiedlicher Wertschöpfungsketten) vorliegen.[11]

Mit der Bildung von Netzwerken und Kooperationen verfolgen Unternehmen das Ziel, Wettbewerbsvorteile zu realisieren. Diese netzspezifischen Wettbewerbsvorteile werden als Netzeffekte bezeichnet. Der Begriff *Netzeffekte* wurde ursprünglich für eine spezifische Ausprägung der Nachfrageabhängigkeit eingeführt. So spricht man von Netzeffekten, wenn der Nutzen eines Nachfragers aufgrund einer im Konsum notwendigen Interaktion mit anderen Konsumenten von der Entscheidung anderer Nachfrager, das Gut ebenfalls zu nutzen, abhängt. Weiter wird bei der Betrachtung von Netzeffekten zwischen direkten und indirekten Netzeffekten unterschieden.[12]

Direkte Netzeffekte treten besonders anschaulich in Kommunikationsnetzen zum Vorschein, da sie durch die Interaktion eines Konsumenten mit anderen entstehen. Z.B. konnten die ersten Nutzer eines Telefaxanschlusses dieses neue Produkt nur sehr eingeschränkt nutzen, da die Zahl von potenziellen Adressaten und Sendern der Nachrichten in Folge der geringen Verbreitung dieser Technologie noch gering war. Mit jedem weiteren Nutzer, der sich an das Telefaxnetz anschließen ließ, stieg auch der Nutzen für die bereits an das Netz angeschlossenen Netzteilnehmer. Somit sind für den einzelnen Nutzer Netze mit einer großen Teilnehmerzahl vorteilhafter als kleine Netze.[13]

Zusätzlich zur Erhöhung der Kundennutzens durch ein größeres Netz kann es zu einem Produktionskostenrückgang aufgrund von Größeneffekten und dadurch zu einer Erhöhung des

---

[10] Vgl. Frank (1994), S. 37.
[11] Vgl. Engelsleben (1999), S. 57ff.
[12] Vgl. Ehrhardt (2001), S. 24f; Buxmann (2002), S. 443.
[13] Vgl. Fleisch (2001), S. 86f.

Anbieternutzens kommen.[14] Im Transportbereich kann sich dieser Effekt z.B. durch die Bündelung von Verkehren entfalten. Dieser kostenbasierte Effekt wird als *indirekter Netzeffekt* bezeichnet, da die Interaktion mit weiteren Nutzern keine Rolle spielt, sondern sich vielmehr in den Kosten des Netzanbieters widerspiegelt. Netzeffekte wirken somit sowohl auf der Kosten- als auch auf der Nutzenseite von Gütern. Sie sind positiv, wenn der Nutzen steigt, und negativ, wenn der Nutzen sinkt.[15]

Neben der Analyse der direkten und indirekten Netzeffekte werden in der einschlägigen Literatur weiterhin Fragen hinsichtlich des erfolgreichen Aufbaus und den wirtschaftlichen Voraussetzungen von Netzeffekten untersucht. Dabei wird insbesondere die hohe Bedeutung des Aufbaus einer installierten Nutzerbasis, deren Zahl oberhalb einer kritischen Masse liegen muss, hervorgehoben.[16] Wie später noch gezeigt wird, spielen dabei insbesondere die Etablierung und der Einsatz von *Standards in Netzwerken* eine zentrale Rolle.

2.2 Netzwerke in der Logistik

In der Logistik können Netzwerke auf zwei Ebenen betrachtet werden. Allgemein sind Logistiknetzwerke im Sinne von unternehmensübergreifenden Wertschöpfungsnetzwerken zu verstehen, eine engere Betrachtung schränkt Logistiknetzwerke jedoch auf die Netzwerkbildung von Logistikdienstleistern ein.

Netzwerke in der Logistik entstehen insbesondere durch die Verfolgung des *Supply Chain Management* (SCM)-Gedankens, bei dem der Blick des Managements auf zwischenbetriebliche bzw. unternehmensübergreifende Zusammenhänge gerichtet wird. In der unternehmerischen Praxis existieren zumeist nicht reine „Ketten" (Supply Chains), sondern vielmehr komplexe und vielfältige Verknüpfungen aus Lieferanten- und Abnehmerbeziehungen: Ein Lieferant unterhält z.B. vielfältige Beziehungen zu verschiedenen Abnehmern, die ihrerseits Beziehungen zu anderen Lieferanten haben usw. Darüber hinaus kann es zu horizontalen Beziehungen auf einer Wertschöpfungsstufe kommen, wenn z.B. zwei Lieferanten gemeinsam eine neue Technologie erproben. Vielfach wird daher auch der Begriff „Supply-Net" benutzt. Bei der Steuerung der Güterflüsse in diesem Netzwerk kommt der Logistik – aufgrund ihres Querschnittscharakters – eine zentrale Koordinationsfunktion zu.[17] Eine wesentliche Fragestellung

---

[14] Bspw. nehmen die Produktionskosten der Endgeräte bei steigendem Absatz ab.
[15] Vgl. Ihde/Kloster (2001), S. 26; Fleisch (2001), S. 85f.
[16] Vgl. Ehrhardt (2001), S. 31ff; Fleisch (2001), S. 84.
[17] Vgl. Loerzer (2000), S. 10; Stengel (1999), S. 913.

130

ist dabei, inwieweit die Logistikaufgaben von den Unternehmen selbst übernommen werden oder an spezialisierte Dienstleister übertragen werden.[18]

Wenn Unternehmen sich auf ihre Kernkompetenzen konzentrieren, ihre Wertschöpfungstiefe reduzieren oder ihnen die erforderliche systembildende Kraft für die Bildung eigener Netzwerke fehlt, können sie sich der *Logistiknetzwerke von Dienstleistern* bedienen.[19] Diese bündeln als offene Systeme die Warenströme vieler Nutzer. Charakteristisch für diese Netze ist, dass sie Waren in beliebigen Richtungen aufnehmen können, d.h. die Knoten des Netzes sind zugleich Quellen und Senken gebündelter Güter- und Warenströme. Die Knoten übernehmen dabei je nach Verkehrsrichtung sowohl eine Konsolidierungs- als auch eine Auflösungsfunktion für die Warenströme.[20] Über eine optimierte Netzwerkstruktur versuchen die Dienstleister, ihre Leistungserstellungskosten zu senken und ihre Dienstleistungsqualität zu erhöhen. Parameter dabei sind bspw. die Anzahl und die räumliche Verteilung von Knoten, die Funktionen von und die Prozesse in den Knoten, Frequenzen und Taktzeiten, die eingesetzten Transportmittel etc.

Durch die zunehmende weltwirtschaftliche Integration und die Neigung der Verlader, die Zahl ihrer Dienstleistungslieferanten zu reduzieren und Dienstleistungen flächendeckend aus einer Hand einzukaufen, werden Dienstleister gezwungen, ihre Netze in qualitativer und quantitativer Hinsicht immer weiter auszudehnen. Dabei verlieren lose verknüpfte, durch Kooperationsvereinbarungen jeweils nur bilateral verbundene Netze ohne eigenständigen Systemcharakter zunehmend an Attraktivität, da sie zu viele Schnittstellen aufweisen. Auch für Logistikdienstleister liegt die Zukunft in integrierten Logistiknetzwerken, die eine durchgehende Rationalisierung des Leistungsvollzugs ermöglichen.[21] Um solche integrierten Logistiknetzwerke für ihre Kunden (Außensicht) aufzubauen, bilden Logistikdienstleister gemeinsame Netzwerke mit anderen Logistikdienstleistern (Innensicht), die oft auch als „Logistikservice-Netzwerke" bezeichnet werden.[22]

2.3   Charakterisierung von Transportnetzwerken

So, wie der Transport eine spezielle Funktion der Logistik ist, sind Transportnetzwerke als Teilbereiche von Logistiknetzwerken aufzufassen. *Transport* wird definiert als die „Raum-

---

[18] Vgl. Sydow (2002), S. 11.
[19] Vgl. Bretzke (1997b), S. 743.
[20] Vgl. Bretzke (1997a), S. 626.
[21] Vgl. Bretzke (1997a), S. 627.
[22] Vgl. Freichel (1992), S. 13f.

überbrückung oder Ortsveränderung von Transportgütern mit Hilfe von Transportmitteln".[23] Dabei wird unterschieden zwischen:

- dem *innerbetrieblichen Transport*, der der Beförderung des Materials innerhalb des Betriebes dient (z.B. in einem Werk zwischen verschiedenen Produktionsorten oder verschiedenen Bereichen eines Lagerhauses) und

- dem *außerbetrieblichen Transport*, der den Transport vom Lieferanten zum Kunden (zwischen Unternehmen), den Transport zwischen verschiedenen Werken (Werk-Werk-Verkehre) bzw. zwischen verschiedenen Lagerhäusern (Lager-Lager-Verkehre) eines Unternehmens sowie zwischen dessen Werken und dessen Lagerhäusern (Werk-Lager- bzw. Lager-Werk-Verkehre) umfasst.[24] Die oben genannten Transporte, außer diejenigen vom Lieferanten zum Kunden (Beschaffung, Distribution) werden als *zwischenbetriebliche Transporte* bezeichnet. Zwischenbetriebliche Transporte sind somit den außerbetrieblichen Transporten unterzuordnen. In Abbildung 1 sind die genannten Transportarten nochmals zur Verdeutlichung dargestellt.

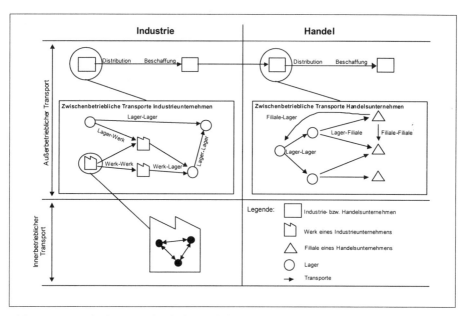

Abb. 1:   Arten des inner- und außerbetrieblichen Transports

[23] Pfohl (2000), S. 162.

[24] Vgl. Stock/Lambert (2001), S. 311ff.; Coyle/Bardi/Langley (1996), S. 316ff.; Schulte (1999), S. 113.

Da innerbetriebliche Transporte aufgrund ihrer geringen Bedeutung für zwischenbetriebliche Transportnetzwerke in der vorliegenden Untersuchung eine untergeordnete Rolle spielen, wird auf diese nicht weiter eingegangen. Die folgenden Ausführungen beziehen sich ausschließlich auf außerbetriebliche Transporte, die durch logistische Dienstleister durchgeführt werden können.

Das *Leistungssystem eines Logistikdienstleisters* umfasst neben dem Transport alle Auftragsabwicklungs-, Verpackungs- sowie Lagerhaus- und Lagerhaltungsprozesse, die der Dienstleister für seine Auftraggeber ausführt.[25] In Bezug auf den Transport hängt die Struktur des logistischen Subsystems maßgeblich von der Größe der zu transportierenden Sendungen ab. *Komplettladungen* können direkt vom Versender zum Empfänger transportiert werden. Das gleiche gilt für *Teilladungen* oberhalb von etwa 1 bis 3 t Gewicht, die zu Touren zusammengefasst und unabhängig von einem Netz transportiert werden können. Anders sieht es bei *Stückgut* (30 kg bis 2.5 t Gewicht) und *Paketen* (bis 30 kg) aus. Sie füllen ein Transportmittel bei weitem nicht aus, so dass sie zur Senkung der Transportkosten in einem Transportnetz gebündelt werden. Ein solches Transportnetz verbindet eine große Zahl von potenziellen Empfangs- und Versandorten in beiden Richtungen miteinander.[26]

Transportnetze bestehen grundsätzlich aus untereinander verbundenen Depots (z.B. Produktionsstätten, Niederlassungen) und Umschlageinrichtungen (z.B. Hubs, Bahnhöfe, Flughäfen). Bei der Durchführung des Transports fallen die Funktionen Sammeln, Umschlagen, Transportieren, Sortieren und Verteilen von Gütern an. Zeitgleich werden Informationen zur Überwachung, Steuerung und Sicherung des Güterflusses erstellt, weitergeleitet und ausgewertet. Der Flächenverkehr für das Einsammeln der Sendungen in der Region eines Depots wird *Vorlauf* genannt, der Streckenverkehr zwischen den Depots und Umschlageinrichtungen ist der *Hauptlauf*. Dieser wird – wenn möglich – als Komplettladung durchgeführt. Der Flächenverkehr für die Zustellung der Sendungen vom Depot der Zielregion zu den einzelnen Empfängern wird als *Nachlauf* bezeichnet (siehe Abb. 2). Werden weiterhin Transportnetze nur für einen einzigen Verkehrsträger (z.B. LKW) geplant, spricht man von *unimodalen*, werden mehrere Verkehrsträger einbezogen, spricht man von *multimodalen Netzen*.[27]

---

[25] Vgl. Pfohl (2000), S. 75ff.
[26] Vgl. Arnold u.a. (2002), S. A1-17.
[27] Vgl. Buchholz/Clausen/Vastag (1998), S. 186.

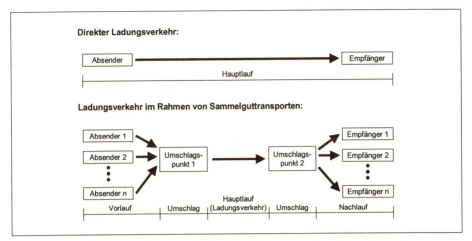

Abb. 2: Direkte Ladungsverkehre und Ladungsverkehre im Rahmen von Sammelguttransporten (Quelle: Mit geringfügigen Änderungen entnommen aus Buchholz/Clausen/Vastag (1998), S. 50)

Zur Beförderung großer Gütermengen werden im Straßengütertransport Lastkraftwagen (LKW) eingesetzt, welche das wichtigste Verkehrsmittel im Güterverkehr darstellen.[28] Die dominierende Stellung der LKW wird daran deutlich, dass in der Bundesrepublik Deutschland 85% der Gütertransporte über die Straße gehen.[29] Dies ist sicherlich auch auf das engmaschige Straßennetz in Europa zurückzuführen: Es kann praktisch jeder Ort im Haus-zu-Haus-Transport angefahren werden, wobei bei kurzen und mittleren Entfernungen die hierzu erforderlichen Transportzeiten relativ niedrig sind. Weitere Vorteile des LKW liegen in der hohen Flexibilität bezüglich veränderter Transportaufgaben und der Anpassungsfähigkeit bei den Annahmezeiten. Des Weiteren kommen beim LKW in der Regel weniger Stillstands- und Wartezeiten zum Tragen als bei anderen Verkehrsmitteln.[30] Als Nachteile des Straßengütertransports sind die Abhängigkeit von der Witterung und von Verkehrsstörungen, das begrenzte Transportvolumen sowie der Ausschluss gewisser Gefahrgüter zu nennen.[31]

Innerhalb der gesetzlich festgelegten maximalen Fahrzeuggesamtgewichte, Fahrzeuglängen, -breiten und -höhen werden im Straßenverkehr die Transportgefäße nach Gesamtgewichtsklassen, Motorstärken und Aufbautenarten (z.B. Plane, Kasten) unterschieden. In den hohen

---

[28] Vgl. Stock/Lambert (2001), S. 320ff.; Ihde (2001), S. 175.

[29] Vgl. Pfohl (2000), S. 294. Als Maßzahl wird das Gewicht der transportierten Güter benutzt.

[30] Vgl. Coyle/Bardi/Langley (1996), S. 327f.; Stock/Lambert (2001), S. 320ff.

[31] Vgl. Blom/Harlander (2000), S. 178.

134

Gewichtsklassen (insbesondere ab 32 t Gesamtgewicht) werden vor allem *Gliederzüge* (Last-zug; Zugfahrzeug mit Anhänger) und *Sattelzüge* (Sattelzugmaschine mit Auflieger/Trailer) eingesetzt.[32] Durch Wechsel der Auflieger können die kapital- und personalintensiven Sattel-zugmaschinen effizient eingesetzt werden. Das Verhältnis zwischen den eingesetzten Zugma-schinen und zugeordneten Aufliegern liegt durchschnittlich bei 1 : 2,5.[33]

Ein Sattelzug unterscheidet sich vom Gliederzug dadurch, dass bei letzterem sowohl die Zugmaschine als auch der Anhänger Ladung befördern. Die gesetzlich erlaubte Gesamtlänge beim Gliederzug von 18,75 m ist größer als bei Sattelzügen (16,5 m).[34] Die zusätzliche Länge erlaubt es z.B., bis zu fünf Euro-Paletten mehr zu befördern. Dennoch dominiert im europa-weiten Straßengüterverkehr mit Abstand der Sattelzug vor dem Gliederzug, was hauptsächlich auf die geringeren Anschaffungs- und Betriebskosten zurückzuführen ist. Auch der Zeitvorteil spricht für den Sattelzug, da nur ein großes Fahrzeug gegenüber zwei kleineren Einheiten ent- bzw. beladen werden muss.[35] Für den Gliederzug spricht seine größere Flexibilität bezüglich der Ladungsmenge, wobei auch innerstädtische Ladeorte leichter erreichbar sind, da gegebe-nenfalls der Anhänger außerhalb der Stadt kurzzeitig abgestellt werden kann.[36] Abbildung 3 stellt die wichtigsten Abmessungen und Vorschriften für Glieder- und Sattelzüge zusammen-fassend dar.

Abb. 3:   Abmessungen und Vorschriften für Glieder- und Sattelzüge (Quelle: Mit Änderun-gen entnommen aus Buchholz/Clausen/Vastag (1998), S. 106)

---

[32] Vgl. Jünemann (1989), S. 289.

[33] Vgl. Aberle (2000), S. 18.

[34] Vgl. Cardeneo (2002), S. C3-10.

[35] Vgl. Buchholz/Clausen/Vastag (1998), S. 106.

[36] Vgl. Buchholz/Clausen/Vastag (1998), S. 106f.

Für die unterschiedlichen Einsatzbereiche ist eine Vielzahl von Aufbauten und Anhängern am Markt erhältlich. Die häufigsten Typen sind *offener Kasten*, zum Teil mit Plane, *Koffer*, *Tank* oder *Silo*.[37] Die erwähnten LKW können je nach Einsatzfall mit festem Aufbau oder für die Aufnahme von Wechselaufbauten ausgerüstet sein.[38] Aus Standardisierungsgründen sind insbesondere Wechselaufbauten geeignet für Transportnetzwerke. *Wechselaufbauten* (WAB) sind Ladehilfsmittel, die direkt von Verkehrsmitteln, in der Regel LKW, aufgenommen werden können. Diese besitzen ausklappbare oder ausfahrbare Stützen, wodurch sie ohne Fahrzeug auf dem Boden stehen können.[39] Zum Umschlag der Wechselaufbauten werden diese vom LKW unterfahren und mittels einer Luftfederung von den Stützen aufgenommen bzw. abgesetzt.[40] Sie benötigen somit kein Umschlagsmittel. Weiterhin ermöglichen sie eine kostengünstige und platzsparende Pufferung der Güter im Transportbehältnis, so dass sie auch als kurzfristiges Lager genutzt werden. Die genormten Abmessungen (Länge: 7,15 m oder 7,45 m, Breite: 2,5 m, Höhe: 2,6 m) ermöglichen einen leichten Übergang zwischen verschiedenen Fahrzeugen und Verkehrsträgern.[41] Geschlossene Wechselaufbauten werden als *Wechselbehälter* bezeichnet. WABs sind zwar kranbar, aber nicht stapelbar wie ISO-Container. Die Möglichkeit der Pufferung der Ladung und die damit verbundene höhere flexible Nutzung des Fahrgestells zeichnet den Wechselbehälter gegenüber dem festen Kofferaufbau aus.

Es stellt sich die Frage, ob nicht im Komplettladungssegment, das durch den Wegfall von Umschlag- und Sortierprozessen gekennzeichnet ist, eine Transportoptimierung durch Netzwerkbildung erzielbar ist. Diese Überlegung leitet sich unmittelbar aus einer Besonderheit der Transportdienstleistung ab, wonach die Transportdienstleistung bei ihrer Erstellung keinen festen Standort hat.[42] Wird bspw. ein Transport von B nach C nachgefragt, ohne dass hierfür ein Fahrzeug am Standort B zur Verfügung steht, so muss von Standort A im sogenannten *Bereitstellungsverkehr* ein Fahrzeug herangeführt werden. Nach der Beladung erfolgt dann der Gütertransport entsprechend der nachgefragten Transportleistung zum Empfangspunkt C. Am Empfangsort C muss das Fahrzeug dann meist nach dem Entladen aus organisatorischen Gründen wieder an seinen Standort zurückgeführt werden, so dass ein *Rücklaufverkehr* von C nach A entsteht. Zusätzlich zur nachgefragten Transportleistung von B nach C entsteht also

---

[37] Vgl. Cardeneo (2002), S. C3-10.
[38] Vgl. Jünemann (1989), S. 291.
[39] Vgl. Buchholz/Clausen/Vastag (1998), S. 107.
[40] Vgl. Wallentowitz (1997), S. 1261f.
[41] Vgl. Jünemann (1989), S. 137f.
[42] Vgl. Friese (1998), S. 33f.

ein Bereitstellungs- und Rücklaufverkehr als Kuppelprodukt.[43] Die Kuppelproduktion beim Transport ist in Abbildung 4 nochmals bildlich zusammengefasst.

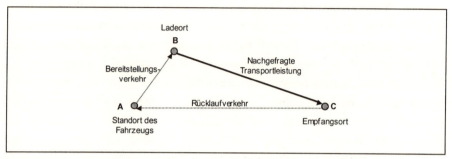

Abb. 4:   Kuppelproduktion beim Transport (Quelle: in Anlehnung an Pfohl (2000), S. 291)

Im ungünstigsten Fall stellen die Bereitstellungs- und Rückführungsverkehre Leerfahrten dar, die für den Transportdienstleister keinen Wert generieren. Einen Teil der dadurch entstehenden Kosten wird er deshalb in die Preise für Transportleistungen verrechnen und somit an den Nachfrager weitergeben. Dienstleister versuchen daher, zur Verbesserung der Fahrzeugauslastung für solche Verkehre zumindest Teilladungen zu akquirieren, um die durch Bereitstellungs- und Rücklaufverkehre entstehenden Kosten zu minimieren. Grenzen bilden dabei eine mögliche Unpaarigkeit der Verkehrsströme, d.h. dass einem Verkehrsstrom von A nach B nicht der entsprechende Verkehrsstrom von B nach A gegenübersteht. Gelingt es dem Logistikdienstleister, den Anteil seiner Leerfahrten und damit seine eigenen Transportkosten dauerhaft zu minimieren, kann auch dem Kunden ein niedriger Preis angeboten werden. Ein Mittel hierzu kann das Identifizieren von paarigen Verkehrsströmen und deren Koordinierung in einem entsprechend dem Transportaufkommen konfigurierten Netzwerk sein,[44] welches im Folgenden bei der Beschreibung von Netzeffekten in Transportnetzwerken näher beleuchtet wird.

2.4   Netzeffekte in Transportnetzwerken

Nachfolgend werden die in Transportnetzwerken auftretenden Netzeffekte hinsichtlich der verschiedenen Gruppen untersucht. Dabei sind einerseits die Chancen und Risiken von positiven und negativen Netzeffekten für Anbieter und Nachfrager der Transportnetze zu nennen. Andererseits sind auch Gruppen außerhalb des Transports (z.B. Öffentlichkeit) von diesen betroffen, die deren externe Effekte (z.B. Staus) verspüren.

---

[43]   Vgl. Pfohl (2000), S. 290f.

[44]   Vgl. Ihde/Kloster (2001), S. 29.

Die für Netzeffekte hinreichende Vorteilhaftigkeit großer gegenüber kleiner Netze ist bei Transportsystemen offensichtlich gegeben. Beispielsweise gewinnen Speditionsnetze für die Kunden an Attraktivität, je mehr Relationen angeboten werden. Zusätzlich ermöglicht ein großes Netz an aufkommensstarken Netzabschnitten den Einsatz von größeren, gut ausgelasteten Fahrzeugen, wodurch sich für den Netzbetreiber die Stückkosten senken lassen. In den Überlegungen zu Kommunikationsnetzen traten die auf Größeneffekten beruhenden indirekten Netzeffekte hauptsächlich an den Knoten auf (z.B. durch geringere Produktionskosten der Telefaxgeräte). In der Logistik jedoch entstehen Netzeffekte sowohl an den Knoten (z.B. durch effizientere Umschlagseinrichtungen) als auch entlang der Kanten (z.B. durch volumenreichere Transporte). Eine Vernetzung kann im Transportbereich sowohl auf Basis der Verkehrsinfrastruktur, als auch auf Basis der Verkehrsmittel erfolgen. Somit sind Netzeffekte für die Verkehrswegeplanung wie für die Transportplanung von Bedeutung.[45]

Den theoretischen Überlegungen von Netzeffekten folgend, liegen also Netzeffekte genau dann vor, wenn die integrierte Bedienung einer Menge von Verkehren in einem Verkehrsnetz ökonomisch vorteilhafter ist im Vergleich zu einer desintegrierten Bedienung. Bei der integrierten Bedienung können Netzeffekte sowohl in Form von Kostenvorteilen auf Seiten des Netzbetreibers, als auch auf Seiten des Nachfragers in Form einer erhöhten Netzattraktivität entstehen. In Netzwerken werden die Verkehre oder Relationen auch *Verkehrsspannungen* genannt. Verkehrsspannungen, die bei der integrierten Bedienung Netzeffekte auslösen, werden als *kompatible Verkehrsspannungen* bezeichnet. Daher muss es Ziel eines Logistikdienstleisters (Netzbetreibers) sein, kompatible Verkehrsspannungen zu identifizieren und in seinem Transportnetz integriert zu bedienen.

Netzeffekte werden in logistischen Netzen als *Kostensub-* bzw. *Nutzensuperadditivitäten* definiert und stellen eine Abwandlung des Ansatzes der so genannten Economies dar. Solche Effekte liegen vor, wenn bei steigender Ausbringungsmenge die Stückkosten sinken. Bedeutend ist dabei, dass es sich um die Produktion homogener Sachgüter handelt. Übertragen auf die Logistik, könnte man die Zahl der Verkehrsspannungen, d.h. die Transporte, als Ausbringungsmenge bezeichnen. Problematisch ist jedoch, dass der Transport eine Dienstleistung ist, die einen individuellen Charakter besitzt.[46] Daher gilt im Transportbereich nicht generell, dass durch eine Netzerweiterung die Stückkosten sinken. Es kann sein, dass die Aufnahme neuer Verkehrsspannungen nur zu steigenden Stückkosten führt, im Vergleich zu einer desintegrierten Bedienung die Gesamtkosten aber trotzdem noch niedriger sind. In diesem Fall ist eine

---

[45] Vgl. Ihde/Kloster (2001), S. 27.
[46] Vgl. Meffert/Bruhn (1995), S. 68; Friese (1998), S. 28.

138

Kostensubadditivität gegeben.[47] Relevant ist also die Betrachtung der Gesamtkosten im integrierten System gegenüber der Kostensumme des desintegrierten Systems.

Analog zum oben beschriebenen Ansatz bietet sich auch hier die Unterscheidung in kosten-
und nutzenseitige Größen- (Size) und Dichteeffekte (Density) an. Bei *Dichteeffekten* wird eine
Stückkostendegression durch eine bessere Auslastung der bestehenden Anlagen erreicht, da
sich die Fixkosten auf eine größere Ausbringungsmenge verteilen lassen. *Größeneffekte* beschreiben eine Stückkostendegression durch die Nutzung einer effizienteren Technologie bei
Kapazitätsausweitungen. Führt man die Größe-/Dichte-Unterscheidung auf der Kosten- und
Nachfrageseite ein, so ergeben sich in Transportnetzen vier Basiseffekte als Ursache für Netzeffekte, die in Abbildung 5 dargestellt werden.[48]

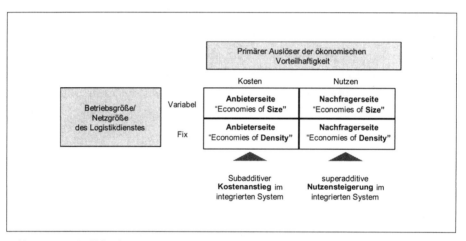

Abb. 5: Basiseffekte in Transportnetzwerken (Quelle: in Anlehnung an Ihde/Kloster (2001),
S. 30)

Kostensubadditivität auf der Anbieterseite

Dieser Effekt ist darauf zurückzuführen, dass bei einer integrierten Bedienung auf den Kanten
der Einsatz größerer und damit effizienterer Verkehrsmittel möglich wird. Ebenso ist es denkbar, dass durch automatisierte Umschlagseinrichtungen und effizientere Prozessgestaltung in
den Knoten die Kosten pro maximal beförderbarem Transportgut gesenkt werden können. Bei
Transportfahrzeugen sinken bspw. die Kosten im Verhältnis zur Ladekapazität mit zuneh-

---

[47] Vgl. Fleisch (2001), S. 81 ff; Ihde/Kloster (2001), S. 29.
[48] Vgl. Ihde/Kloster (2001), S. 29f.

mender Fahrzeuggröße, da größenunabhängige Fixkosten (wie z.B. die Personalkosten) auf mehr Ladevolumen verteilt werden können. Voraussetzung für die Realisierung des Kostensenkungspotenzials ist, dass das Sendungsvolumen in den betrachteten Verkehrsprozessen durch eine integrierte Bedienung steigt. Durch die Verwendung größerer Transportmittel steigt bei diesem Basiseffekt auch die angebotene Kapazität des Dienstleisters, so dass dieser Effekt auch als *Betriebsnetzgrößeneffekt* bezeichnet werden kann.[49]

Auch bei konstanter Betriebsgröße lassen sich Kostendegressionen realisieren, wenn zusätzliche Transportobjekte in den bereits bestehenden Verkehrsprozessen befördert werden können. Dieser Auslastungseffekt rührt daher, dass die Kosten einer Fahrt mit einem bestimmten Fahrzeug nur unwesentlich von der transportierten Menge abhängen.[50] Sinkende Stückkosten ergeben sich wiederum durch eine günstigere Verteilung der Fixkosten. Logistikdienstleister versuchen diesen Effekt auszunutzen, indem sie parallel laufende Verkehrsprozesse integrieren.

Zusätzlich lässt sich die Auslastung durch eine Vermeidung von Leerfahrten in Folge einer Verknüpfung loser Transportenden erhöhen. Dieser Effekt wird auch *Betriebsdichteeffekt* genannt, da mit einer Netzausweitung die durchschnittliche Beförderungsweite leerer Verkehrsträger sinkt.[51]

Neben der Vermeidung von Leerverkehren sind in Netzen geringere Reservekapazitäten an Verkehrsmitteln vorzuhalten. Begründet wird dies mit einem *Durchmischungseffekt*, der bewirkt, dass sich die stochastisch auftretenden Nachfragespitzen der einzelnen Verkehrsspannungen in einem Netz glätten. Ähnliches ist bspw. in Stromnetzen zu beobachten, in denen sich die einzelnen Entnahmeprofile zu einem ausgeglichenen Profil überlagern. Auch hier ist der Kostenanstieg subadditiv.

Beispiele für den Versuch von Dienstleistern, ihre Auslastung bei bestehenden Kapazitäten zu erhöhen, sind Preiskampagnen wie das „*Guten-Abend-Ticket*" der *Deutschen Bahn* oder Sonderpreise bei wenig frequentierten Flugzeiten von *Ryan Air*.

Nutzensuperadditivität auf der Nachfragerseite

Steht ein Nutzer vor der Wahl, sich zwischen zwei Netzanbietern zu entscheiden, so wird er meist den Anbieter mit dem größeren Netz wählen, auch wenn beide Anbieter die vom Nutzer derzeit nachgefragten Transportrelationen bedienen. Motiv dafür ist, dass dem Nachfrager für

---

[49] Vgl. Fleischmann (2002), S. A1-14.
[50] Z.B. kann der steigende Treibstoffverbrauch durch erhöhtes Ladevolumen vernachlässigt werden.
[51] Vgl. Ihde/Kloster (2001), S. 31.

die Zukunft mehr Transportrelationen zur Verfügung stehen. Aus dem Nachfrager-Effekt resultiert damit ein höherer *Optionsnutzen* in größeren Netzen.[52]

Logistikdienstleister erkennen zunehmend den positiven Einfluss der Netzgröße auf die Netzattraktivität aus Sicht der Nutzer. So versuchen sie, die Nutzer über Marketing- bzw. Kundenbindungskonzepte an ihr Netz zu binden. Beispiel dafür ist das Vielfliegerprogramm *„Miles&More"* der *Star Alliance.* Oben angegebene Argumentation findet auch hier wieder Bestätigung: Eine Bonusmeile zählt für einen Kunden in einem großen Netz mehr als in einem kleinen Netz, da in einem großen Netz die Chance höher ist, Freiflüge zu gewünschten Zielen zu erhalten. Anzumerken ist, dass der Nachfrager-Effekt auch dann zum Tragen kommt, wenn integrierte Anbieter und desintegrierte Wettbewerber zu gleichen Stückkosten produzieren.

Auch bei gleicher Netzgröße lassen sich durch Integration Nutzenerhöhungen für die Netznutzer generieren. Die Integration erlaubt es, Fahrpläne genauer aufeinander abzustimmen, so dass die Umschlagszeiten durch detaillierte Planung verkürzt und die Frequenzen in der Bedienung einzelner Verkehrsspannungen erhöht werden können. In dichten Netzen verkürzen sich auch eventuell notwendige Bereitstellungs- und Rücklaufverkehre. Zusätzlich bietet ein integriertes System eine höhere Zuverlässigkeit, da die Transporte bei Ausfällen einzelner Verkehrsmittel schneller über Alternativverbindungen befördert werden können (u.a. Risikoreduktion durch redundante Systeme).[53] Insgesamt führt dieser *Netzdichteeffekt* zu einer Erhöhung der Dienstleistungsqualität im Sinne eines verbesserten Lieferservices.[54]

Externe Effekte durch Vernetzung

Neben den gestiegenen logistischen Anforderungen von Industrie und Handel steht die Logistik auch an anderer Stelle vor großen Herausforderungen. Das steigende Verkehrsaufkommen führt dazu, dass in der Verkehrsinfrastruktur zunehmend Kapazitätsengpässe auftreten. Nach Untersuchungen des Kölner Instituts für Verkehrswissenschaft wird sich die Zahl der Staus auf deutschen Autobahnen bis 2015 verfünffachen. Nicht anders sieht die Situation im Luftverkehr aus, denn schon heute befindet sich z.B. der Frankfurter Flughafen – immerhin einer der größten Luftfrachtdrehscheiben der Welt – an seiner Kapazitätsgrenze.[55] Durch eine bessere Vernetzung der Transporte kann die bestehende Verkehrsinfrastruktur effizienter genutzt werden und ein im Vergleich zum Verkehrsaufkommen unterproportionales Verkehrsleis-

---

[52] Vgl. Ihde/Kloster (2001), S. 31.

[53] Vgl. Ihde/Kloster (2001), S. 31.

[54] Unter dem Lieferservice werden im Wesentlichen die Komponenten Lieferzeit, Lieferzuverlässigkeit, Lieferungsbeschaffenheit und Lieferflexibilität verstanden. Vgl. dazu Pfohl (2000), S. 36.

[55] Vgl. Schwarting (2002), S. 43; Boecker (2002), S. 28.

tungswachstum bewirken. Neben einer effizienteren Nutzung der Verkehrsinfrastruktur können auch die Transportmittel auf effizientere Weise genutzt werden. Dadurch werden Schad-
stoff- und Lärmemissionen sowie Staus vermieden und somit insgesamt die Umwelt geschont.
Diese Aspekte können als positive *externe Effekte* aufgefasst werden.[56]

Risiken bei der Vernetzung

Neben dem beschriebenen Nutzen, der durch eine Vernetzung entstehen kann, sind an dieser
Stelle noch einige Risiken aufzuzeigen. Grundsätzliches Problem bei der Fremdvergabe von
Transportdienstleistungen ist, dass eine Leistungs- bzw. Qualitätsprüfung vor der Leistungs-
erbringung nur schwer möglich ist. Dieses Problem hat seinen Ursprung in der Immaterialität
einer Dienstleistung. Zwar kann die Logistikleistung ex post hinsichtlich der Erfüllung der
gestellten Lieferserviceanforderungen überprüft werden, ex ante muss sich die Auswahl des
Dienstleisters und die Abschätzung des Qualitätsrisikos bei der Entscheidung mangels Möglichkeit zur Prüfung auf sogenannte Surrogate als Indikatoren für die Dienstleistungsqualität
stützen.[57] Daraus resultiert ein Vertrauenscharakter von Dienstleistungen und eine Erhöhung
des wahrgenommenen Risikos beim Kunden. Beide Faktoren erklären den hohen Stellenwert
psychographischer Zielgrößen wie *Image* und *Kompetenz* bei Dienstleistungen, wie z.B. der
Logistik.[58]

Weitere Risiken ergeben sich für den Netznutzer dadurch, dass die Vernetzung von Transporten eine eher langfristige Zusammenarbeit darstellt, und der Nutzer so in ein Abhängigkeits-
verhältnis geraten kann. Diese Gefahr kann sich noch verschärfen, wenn der Netznutzer spezifische Investitionen in die Netzinfrastruktur leisten muss. Solche spezifische Investitionen
entstehen bspw. dadurch, dass der Nutzer seine internen Transportprozesse, seine Transport-
infrastruktur usw. an die geltenden Netzstandards anpassen muss. Eine sogenannte *„Lock-in"-
Situation* entsteht dann, wenn diese Investitionen in einem anderen Kontext nutzlos werden
(sog. „sunk costs") und daher Wechselbarrieren für den Nutzer darstellen.[59] Bei entsprechend
hohen spezifischen Investitionen ist der Nutzer quasi im Netz „gefangen".

Für die Steuerung der Flüsse im Netz ist der Netzbetreiber auf Steuerungsinformationen seiner Netzwerkpartner angewiesen. Die Weitergabe von unternehmensspezifischem Know-how

---

[56] Externe Effekte beschreiben in der volkswirtschaftlichen Literatur Drittwirkungen ökonomischer Aktivitäten. Diese Drittwirkungen können positiv (z.B. Vermeidung von Stau)
oder negativ (z.B. Schadstoffemission) ausfallen. Für eine genauere Betrachtung externer
Effekte des Verkehrs siehe Aberle (2000), S. 542ff.
[57] Vgl. Kleer (1991), S. 71.
[58] Vgl. Pfohl (2000), S. 25.
[59] Vgl. Stengel (1999), S. 912f.

und vertraulichen Informationen an den Dienstleister stellt daher ein weiteres Risiko für den Netznutzer dar.

Auch für den Netzanbieter (Logistikdienstleister) ist der Aufbau von Netzwerken mit Risiken verbunden, wenn er Investitionen nicht oder nur teilweise außerhalb des Netzes nutzen kann. In diesem Fall entstehen auch für ihn „sunk costs". Darüber hinaus kann es nötig sein, dass der Netzwerkanbieter für seine Kunden in Vorleistung treten muss. Diese Risiken bestehen jedoch auch generell für Logistikdienstleister, selbst wenn diese keine Transportnetze bilden.

Abschließend sei noch darauf verwiesen, dass die Fremdvergabe von Transport-dienstleistungen für die Verlader eine Reduktion des direkten Kundenkontakts darstellt. Der Transport mit eigenem Personal und eigenen Transportmitteln kann ein wichtiges Marketing-instrument darstellen, da bspw. das Transportmittel als Werbeträger eingesetzt werden kann, das Fahrpersonal Kundenfeedback entgegennehmen kann und die Freundlichkeit und Kompe-tenz des Personals direkt auf das Image des Unternehmens zurückwirkt.[60]

2.5 Gestaltungsparameter von Transportnetzwerken

In diesem Abschnitt werden die Aspekte von Transportnetzwerken vorgestellt, deren Ausge-staltung sich auf die erzielbaren Netzeffekte auswirkt und damit eine zentrale Aufgabe des Netzwerkmanagements darstellt.

Bei der *Netzwerkgestaltung* handelt es sich um eine strategische Planungsaufgabe der Netz-werkbetreiber, da die Netzwerkstruktur einen erheblichen Einfluss auf die Logistikkosten und die Dienstleistungsqualität hat.[61] Mit der Festlegung auf eine bestimmte Netzkonfiguration entscheidet der Dienstleister, wie stark die einzelnen Basiseffekte zur Geltung kommen.[62] Gestaltungsparameter für ein Transportnetzwerk können dabei die Fixierung der Netzgröße und -ausdehnung, die Auswahl der verwendeten Transporttechnologie, die Selektion von Netzwerkpartnern und die Festlegung der zu bearbeitenden Marktsegmente sein (siehe Abb. 6).

---

[60] Vgl. Kleer (1991), S. 64.
[61] Vgl. Bretzke (1997a), S. 626; Zäpfel/Wasner (2002), S. 53.
[62] Vgl. Ihde/Kloster (2001), S. 32.

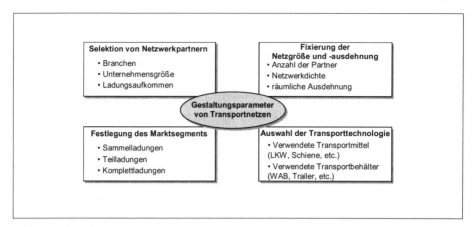

Abb. 6: Gestaltungsparameter von Transportnetzen

Grundlegend für die strategischen Überlegungen eines Dienstleisters zum Netzaufbau ist die Tatsache, dass sich über effizient betriebene Netzwerke nicht mehr beliebige Güterarten und -ströme befördern lassen. Limitierte Unternehmensressourcen, unpaarige Transportkonstellationen sind nur zwei Gründe dafür, dass der Dienstleister hier eine Segmentierung vornehmen muss.[63] D.h. der Dienstleister muss eine gewisse Homogenität im Netz herstellen, um die Netzkomplexität zu verringern. Eine geringere Komplexität erleichtert wiederum die Netzwerksteuerung und senkt die Kosten.[64]

Dazu sind passende Transporte verschiedener Kunden in einem gemeinsamen geographischen Raum unter Verwendung kompatibler Technologien zu bedienen. Gerade in Bezug auf die Transporttechnologie ist die Festlegung und Einhaltung von Standards von großer Bedeutung,[65] da in Transportnetzen die Güterflüsse untrennbar mit Transportmittel- und Transportbehälterströmen verbunden sind: Güter fließen im Netz nicht selbstständig. Erst eine Standardisierung von Transportmitteln und -behältern ermöglicht die Kompatibilität von Transportprozessen und deren Vernetzung. Die Einigung auf Standards bildet somit die Basis für die Realisierung von Netzeffekten.

Nachdem die Entscheidung über Netzgröße, Marktsegment und verwendete Technologie bzw. Standards getroffen wurde, bleibt die Frage offen, welche Partner im Netzwerk (Verlader) zu integrieren sind. Bei der Netzbildung verfolgt der Logistikdienstleister das Ziel, positive

---

[63] Vgl. Freichel (1992), S. 45.

[64] Vgl. Zöllner (1990), S. 40.

[65] Der Begriff Standard wird allgemein verwendet, wenn ein Produkt oder Prozess bestimmten Absprachen oder Normen entspricht, vgl. Ehrhardt (2001), S. 9.

144

Netzeffekte zu generieren, welche die Transportkosten senken und den Nutzen des Netzes erhöhen. Den generierten Nutzen kann er an seine Kunden weitergeben. Zusätzlich möchte er seinen Kunden eine optimale Dienstleistungsqualität bieten, die jedoch bei unbedachter Aufnahme neuer Kunden beeinträchtigt werden kann. Zur Vermeidung negativer Netzeffekte ist der Logistikdienstleister daher verpflichtet, eine Kundenselektion vorzunehmen und nur solche Kunden in das Netz aufzunehmen, die mit diesem kompatibel sind. Um diese Kompatibilität zu beschreiben, wurde der Begriff der *Netzwerkfähigkeit* geprägt. Die Netzwerkfähigkeit bringt zum Ausdruck, ob ein Kunde in das Netz integrierbar ist und sein Anschluss an das Netz die Erzielung von (positiven) Netzeffekten erlaubt.[66] Kriterien für die Netzwerkfähigkeit können die art- und mengenmäßige Verträglichkeit der Transportgüter, die räumliche Verteilung der Transporte sowie Zeitanforderungen sein.[67]

Die zentrale Rolle dieser Gestaltungsparameter in der unternehmerischen Praxis sowie ihre bisherige Vernachlässigung in der betriebswirtschaftlichen Forschung legten es nahe, diese im Rahmen einer großzahligen empirischen Untersuchung zu analysieren. Der Verlauf dieses Forschungsvorhabens wird im folgenden Abschnitt dargestellt, bevor dessen Ergebnisse in den Abschnitten 4 und 5 diskutiert werden.

3 Verlauf der Studie

Zur Analyse von Netzeffekten und Potenzialen in Transportnetzwerken hat das *Fachgebiet Unternehmensführung und Logistik, Technische Universität Darmstadt,* in Kooperation mit der *Danzas Euronet GmbH (DEN)* eine gemeinsame Studie durchgeführt. Ziel der Untersuchung war es, branchenspezifische Potenziale zur Bildung von Netzwerken zu identifizieren. Um dieses Potenzial genauer zu bestimmen, wurden im Rahmen der Untersuchung die Transporte in Beschaffungs-, zwischenbetriebliche und Distributionsverkehre aufgeteilt. Zusammen mit qualitativen Aussagen über die Kooperationsbereitschaft der Unternehmen mit Lieferanten, Abnehmern, aber auch Wettbewerbern lassen sich Rückschlüsse auf attraktive Bereiche für die Bildung von Transportnetzwerken gewinnen.

Die Studie *"Netzeffekte in der Transportlogistik"* wurde im Dezember 2002 und Januar 2003 in Form einer schriftlichen Befragung durchgeführt. Dazu wurde ein vierseitiger Fragebogen mit insgesamt 29 Fragen zu folgenden vier Teilbereichen entwickelt:

- Netzwerke und Kooperationen
- Transportdienstleistungen

---

[66] Vgl. Fleisch (2001), S. 208.
[67] Vgl. Ihde/Kloster (2001), S. 27.

- Transportarten und Transportmittel

- Anforderungen an Transportnetzwerke

Alle Fragen wurden in einer geschlossenen Fragestellung mit dem Ziel formuliert, die Beantwortung zu vereinfachen und die spätere Datenerfassung und Auswertung zu erleichtern. Einzige Ausnahme bildete eine offene Frage, in der Unternehmen eigene zukünftige logistische Themenvorschläge angeben konnten. Neben der Abfrage von Anteilswerten bzw. absoluten Werten wurden überwiegend Fragen mit anzukreuzenden Wertebereichen und mehrstufigen Ratingskalen verwendet.

In einer Vorstudie wurden die verschiedenen Branchen auf ihr generelles logistisches Netzwerkpotenzial untersucht.[68] Anschließend wurden die verbliebenen Branchen mit Hilfe eines Scoringmodells in Bezug auf ihr geschätztes Potenzial für Komplettladungstransporte und ihre Netzfähigkeit bewertet. Anhand dieser Bewertung konnten 16 Branchen mit hohem Logistiknetzwerkpotenzial identifiziert werden. In einem dritten Schritt wurden aus diesen Branchen 5504 Unternehmen für die Befragung ausgewählt und diesen der Fragebogen zugesandt. Um die Rücklaufquote zu erhöhen, wurden die Unternehmen telefonisch nachgefasst und etwaige Probleme bei der Beantwortung des Fragebogens im Gespräch beseitigt.

Von den 5504 versendeten Fragebögen wurden 536 beantwortet und auswertbar zurückgeschickt. Dies entspricht einer Rücklaufquote von 9,7%. Im Vergleich zu anderen Befragungen ist die erzielte Rücklaufquote sehr zufriedenstellend. Die Aufteilung der Branchen ist in Abbildung 7 dargestellt.

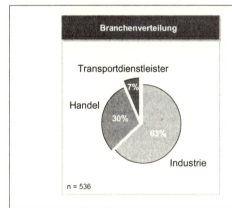

Branche	Anteil
Großhandel	23%
Lebensmittel	16%
Büro / EDV / Elektro	10%
Einzelhandel	10%
Möbel / Holz	7%
Transportdienstleister	7%
Getränke	6%
Textil / Bekleidung	5%
Chemie / Pharma	4%
Maschinen- / Anlagenbau	3%
Versandhandel	3%
Sonstige	7%
Summe	**100%**

Abb. 7: Teilnehmer der Studie nach Branchen

---

[68] Durch diese Vorselektion wurden bspw. das Gaststätten-, Bau- und Bankgewerbe von der weiteren Betrachtung ausgeschlossen.

Ein Blick auf die Umsatzverteilung der teilnehmenden Unternehmen zeigt, dass sich Unternehmen unterschiedlicher Größe beteiligt haben. Der größte Anteil der Unternehmen hat ein Umsatzvolumen zwischen 50 und 500 Millionen Euro pro Jahr (siehe Abb. 8).

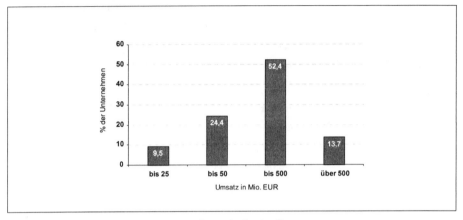

Abb. 8:   Umsatzverteilung der Unternehmen in der Studie

4   Studienergebnisse über Transportnetzwerke im Güterverkehr

In diesem Abschnitt werden die Ergebnisse der empirischen Studie zusammengefasst dargestellt. Die Gliederung orientiert sich dabei am Aufbau des Fragebogens und beginnt mit allgemeinen Erkenntnissen über die Netzwerk- und Kooperationsbereitschaft der Unternehmen, bevor auf die spezifischen Transportaspekte eingegangen wird.

4.1   Netzwerke und Kooperationen

Aktualität des Themas „Netzwerke und Kooperationen"

Die Unternehmen wurden zunächst gefragt, wie stark das Thema „Netzwerke und Kooperationen" derzeit in ihrer Branche diskutiert wird. Für die Beantwortung stand eine fünfstufige Bewertungsskala bereit. Die Verteilung der Antworten der Unternehmen stellt Abbildung 9 dar. Auffallend ist, dass nur 11,4% der befragten Unternehmen angeben, das Thema werde in ihrer Branche überhaupt nicht diskutiert. Ebenso auffällig ist, dass ein Viertel der Unternehmen angeben, es handele sich um ein vieldiskutiertes Thema. Daraus lässt sich der Schluss ziehen, dass es sich um ein relativ neues Thema handelt. Das Interesse für dieses Thema ist bei immerhin knapp 90% der befragten Unternehmen vorhanden und so ist zu erwarten, dass in der nächsten Zeit weiterer Informations- und Diskussionsbedarf besteht.[69]

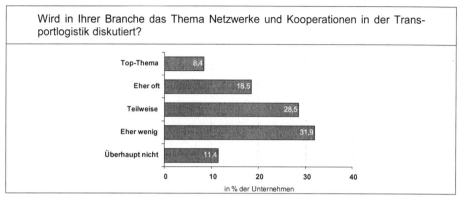

Abb. 9:   Aktualität des Themas „Netzwerke und Kooperationen" (n = 536)

Durchgeführte Aktivitäten und Projekte im Netzwerkbereich

Anschließend wurde die Frage auf das eigene Unternehmen konkretisiert und ermittelt, ob im eigenen Unternehmen schon Aktivitäten oder Projekte durchgeführt wurden, die sich mit dem Thema „Netzwerke in der Transportlogistik" beschäftigen.

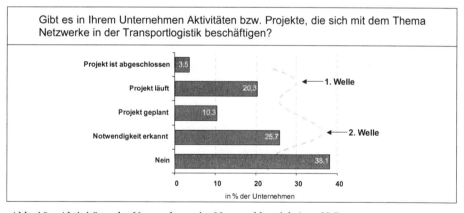

Abb. 10: Aktivitäten der Unternehmen im Netzwerkbereich (n = 536)

---

[69] Eine von *The Consulting Group* durchgeführte Befragung von Logistikdienstleistern kommt ebenfalls zu dem Schluss, dass Kooperationen in der Zukunft stark an Bedeutung gewinnen werden; vgl. Voigt (2003), S. 10.

148

Wieder stand zur Beantwortung eine fünfstufige Rating-Skala bereit. Die entsprechenden Ergebnisse sind in Abbildung 10 dargestellt.

Die Ergebnisse dieser Frage bestätigen die Vermutung, dass das Thema Netzwerke relativ neu ist: Wenige Unternehmen haben bereits Netzwerkprojekte abgeschlossen und ein Großteil der Unternehmen hat bislang noch keine Aktivitäten auf diesem Gebiet ergriffen. Interessant ist das wellenförmige Profil in der Beantwortung. Rund ein Viertel der Unternehmen haben sich schon intensiv mit der Netzwerkthematik befasst und diesbezüglich Aktivitäten gestartet oder sogar schon abgeschlossen. Die Gruppe von Unternehmen, die frühzeitig mit dem Aufbau von Transportnetzwerken begonnen hat, kann als „1. Welle" bezeichnet werden. Ihnen werden in der „2. Welle" mindestens 36% (10,3% haben ein Projekt geplant und 25,7% die Notwendigkeit für solche Projekte erkannt) der Unternehmen folgen und Aktivitäten starten. Es kann zusammenfassend festgehalten werden, dass sich bereits 62% der Unternehmen zumindest grundsätzlich mit Transportnetzwerken befassen.

Potenzielle Kooperationspartner

Ein weiterer Fragenkomplex befasste sich mit den potenziellen Kooperationspartnern der Unternehmen zur Transportoptimierung. Dabei waren der Grad der Kooperationsbereitschaft für fünf Kategorien möglicher Partnerunternehmen anzugeben.

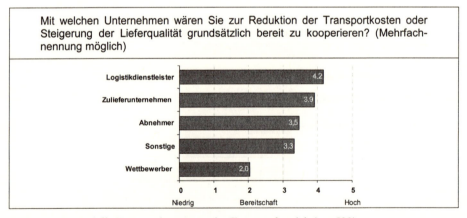

Abb. 11: Potenzielle Kooperationspartner im Transportbereich (n = 523)

Offensichtlich favorisieren die Unternehmen Logistikdienstleister als Kooperationspartner zur Transportoptimierung. Auf Grund der Tatsache, dass die Kooperationsbereitschaft mit Wettbewerbern von den Unternehmen am niedrigsten bewertet wurde, könnte die hohe Bereitschaft, mit Logistikdienstleistern zu kooperieren, mit deren wettbewerbsstrategischer Neutralität erklärt werden. Es zeigt sich, dass Logistikdienstleister bei den Unternehmen ein großes Vertrauen genießen, aus dem sich zugleich eine Aufforderung sowie eine Verpflichtung zur Entwicklung leistungsfähiger Dienstleistungen zur Transportoptimierung herleiten lässt. Überraschend hoch ist auch die Kooperationsbereitschaft mit Zuliefer- und Abnehmerunternehmen (siehe Abb. 11).

In der Studie wurde weiterhin die Bedeutung untersucht, die das Transportmanagement für die Unternehmen hat. Es zeigte sich, dass über 50% der Unternehmen das Management von Transporten als outsourcebar ansehen. Dies offenbart die hohe Bereitschaft der Verlader, ihre Transporte vollständig Dienstleistern anzuvertrauen.

Initiatoren von Kooperationen

In engem Zusammenhang mit den möglichen Kooperationspartnern steht die Frage, wer Kooperationen in der Transportlogistik initiieren sollte.

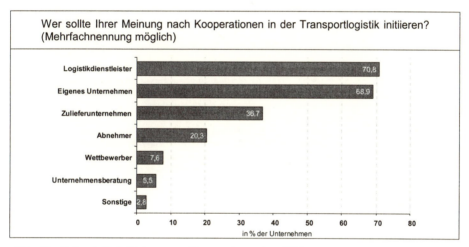

Abb. 12: Potenzielle Initiatoren von Kooperationen (n = 528)

Auch in dieser Frage werden Logistikdienstleister (70,8%) favorisiert. Interessant dabei ist, dass Logistikdienstleister, wenn auch knapp, noch *vor* dem eigenen Unternehmen (68,9%) als Initiator für Kooperationen rangieren. Eine mögliche Erklärung dafür ist, dass bei Logistikdienstleistern eine hohe Kompetenz in der Initiierung und Implementierung von Netzwerken in der Transportlogistik vermutet wird, da ihre Geschäftsmodelle vielfach auf Kooperationen aufbauen.[70] Auch in dieser Frage zeigt sich wieder eine skeptische Haltung gegenüber Wettbewerbern: nur 7,6% der Unternehmen sehen Wettbewerber als Kooperationsinitiatoren. Ebenso auffällig ist, dass die vorgelagerte Wertschöpfungsstufe (Zulieferunternehmen) mit 36,7% der Nennungen als Initiator von Kooperationen gegenüber der nachgelagerten Stufe (Abnehmer) mit nur 20,3% der Nennungen favorisiert wird. Das Ergebnis, dass die Unternehmen ihre Zulieferer sowohl als Kooperationspartner als auch als Netzwerkinitiatoren gegenüber ihren Abnehmern favorisieren, zeigt, dass Unternehmen in Bezug auf die Bildung von Netzwerken den Blick stärker auf die ihnen vorgelagerte Stufe in der Suppy Chain richten. Im Vorgriff auf die Frage nach der Entscheidungsfindung bei Kooperationen im Transportbereich sei angemerkt, dass auch der Einkaufsleiter eines Verladers von den Unternehmen öfter als Entscheidungsträger über Kooperationen in der Logistik genannt wird (19,5%) als der Vertriebsleiter (12%).

Entscheidungsbefugnis über Kooperationen

In der Studie wurden die Teilnehmer auch gefragt, welcher Personenkreis bzw. welche Hierarchiestufe in ihren Unternehmen grundsätzlich über die Teilnahme an Kooperationen im Transportbereich zu entscheiden hat. Dabei waren Mehrfachnennungen möglich.

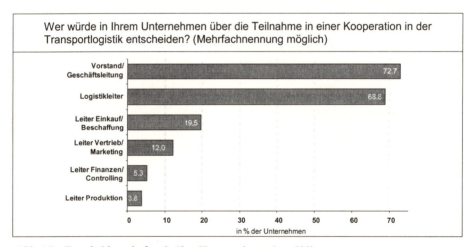

Abb. 13: Entscheidungsbefugnis über Kooperationen (n = 523)

Das in Abbildung 13 präsentierte Ergebnis dieser Frage ist, dass die Entscheidungsbefugnis über Kooperationen in den meisten Fällen beim Vorstand bzw. der Geschäftsleitung in Ab-

---

[70] Vgl. Freichel (1992), S. 1.

stimmung mit dem Logistikleiter liegt (72,7% bzw. 68,8%). Daran wird deutlich, dass der Entscheidung über Kooperationen eine hohe strategische Bedeutung beigemessen wird. Ebenso tritt die starke Stellung des Logistikleiters innerhalb des Unternehmens hervor. Sie ist ein Beweis dafür, dass die Logistik in den meisten Unternehmen eine eigenständige Rolle einnimmt und nicht von anderen Bereichen wie bspw. dem Marketing oder dem Einkauf übernommen wird.[71]

4.2 Transportdienstleistungen

Genutzte Dienstleistungen

In der Studie wurde auch untersucht, welche transportbezogenen Dienstleistungen die Unternehmen heute in Anspruch nehmen. Zur Auswahl standen *Straßen-, Schienen-, See-* und *Lufttransportleistungen* sowie *Lagerhaltungsdienste*, wobei Mehrfachnennungen zulässig waren. Abbildung 14 zeigt das Antwortenprofil.

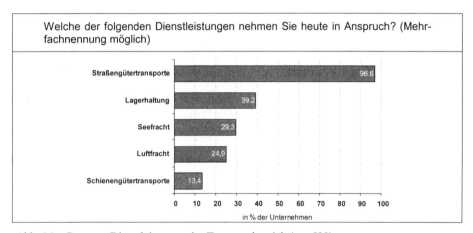

Abb. 14: Genutzte Dienstleistungen im Transportbereich (n = 529)

Es zeigt sich, dass nahezu alle befragten Unternehmen Straßengütertransporte für ihre Verkehre im Beschaffungs-, Distributions- und zwischenbetrieblichen Bereich nutzen. Daraus lässt sich ableiten, dass eine Optimierung der Straßengütertransporte für fast alle Unternehmen einen wichtigen Ansatzpunkt zur Transportoptimierung darstellt.

---

[71] Vgl. auch die Studie „What matters to Top Management" von European Logistics Association (ELA)/KPMG Consulting, Inc. (KCIN) (2002).

Verteilung der Transporte

In der Studie wurden die Anteile von Transporten innerhalb *Deutschlands, der Europäischen Union (EU), Europas* und für *weltweite Transporte* am Gesamttransportvolumen der Unternehmen abgefragt. Die resultierende Verteilung der Transporte zeigt Abbildung 15.

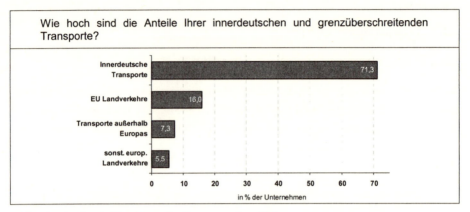

Abb. 15: Regionale Verteilung der Transporte (n = 536)

Im Antwortenprofil zeigt sich, dass über 70% des Transportvolumens der Unternehmen innerhalb Deutschlands anfällt. Addiert man die Verkehre in den Grenzen der EU dazu, so werden fast 90% des Transportvolumens im Raum der Europäischen Union abgewickelt.

Transportvolumen der Unternehmen

Anschließend wurden die Unternehmen zu ihren monatlichen Transportvolumina im Beschaffungs-, Distributions- und zwischenbetrieblichen Bereich gefragt. Die Abfrage erfolgte über drei Wertebereiche. Das Transportvolumenprofil in den drei Bereichen ist in Abbildung 16 dargestellt.

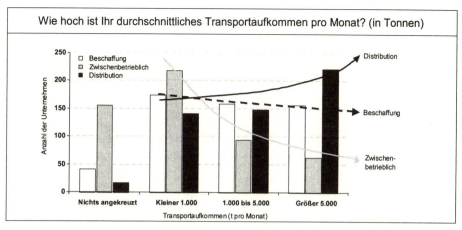

Abb. 16: Transportvolumina der Unternehmen (n = 529)

Auffällig an diesem Ergebnis ist, dass hohe Transportvolumina vor allem auf der Distributionsseite der Unternehmen anfallen. Im zwischenbetrieblichen Bereich, wenn überhaupt im Unternehmen vorhanden, überwiegen kleinere Transportvolumina. Die Transportvolumina im Bereich der Beschaffung sind weitgehend ausgeglichen. Somit ist auf der Distributionsseite im Vergleich zu den anderen Bereichen das größte Optimierungspotenzial zu vermuten.

Befragt man die Unternehmen direkt nach dem logistischen Bereich, in dem sie zukünftig die größten Optimierungspotenziale durch eine Transportvernetzung sehen, so bestätigt sich diese Vermutung: 73,9% der Unternehmen nennen die Distributionsseite als aussichtsreich, gefolgt von der Beschaffungsseite mit 58,7% und dem zwischenbetrieblichen Bereich mit nur 19,7%, wie in Abbildung 17 dargestellt.

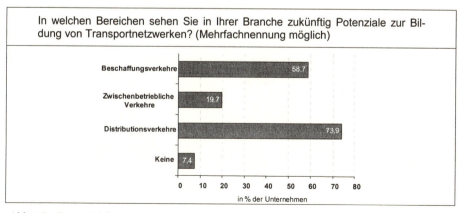

Abb. 17: Potenzial für Transportnetzwerke (n = 528)

154

4.3 Transportarten und Transportmittel

Transportarten und Transportabwicklung

Weitere Fragen setzen sich näher mit den von den Unternehmen durchgeführten Transporten auseinander. Dabei sollten die Unternehmen angeben, welche Transportarten sie durchführen, wobei nach den Anteilswerten für *Tank-/Silotransporte, temperaturgeführte, koffer-* oder *planentaugliche* und *sonstige Transporte* gefragt wurde. Darüber hinaus wurde versucht zu klären, wie diese Transporte abgewickelt werden (Abwicklungsart). Auch in dieser Frage wurden Anteilswerte für die Abwicklungsarten *Paket/Express, Stückgut, Teil-* bzw. *Komplettladung* und *sonstige Ladungen* abgefragt. Die Ergebnisse beider Fragen sind in den Abbildungen 18 und 19 dargestellt.

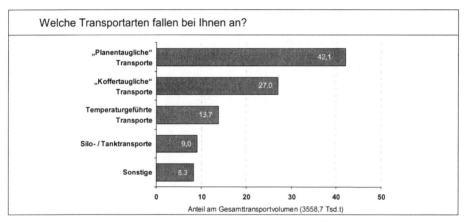

Abb. 18: Von den Unternehmen genutzte Transportarten (n = 528)

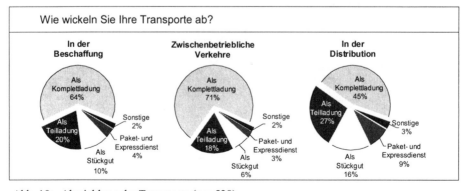

Abb. 19: Abwicklung der Transporte (n = 528)

Auffallend ist, dass koffer- und planentaugliche Transporte einen Anteil von knapp 70% am Gesamttransportvolumen besitzen. Knapp 80% der Transporte der befragten Unternehmen werden als Komplett- oder Teilladungen abgewickelt. Aus diesen Ergebnissen lässt sich auf ein höheres Vernetzungspotenzial für Großladungstransporte (Komplett- und Teilladungen) schließen.

Genutzte Transportmittel

In vertiefenden Fragen wurde untersucht, welche Transportmittel die Unternehmen für ihre Transporte einsetzen. Fokussiert wurde dabei auf den Einsatz von Wechselbrücken (WAB) und Trailern.

Immerhin 40% der Unternehmen geben an, dass sie WAB für ihre Transporte einsetzen. Transporte mit WAB haben bei diesen Unternehmen einen Anteil von rund 43% am Gesamt-transportvolumen. Unternehmen, die keine WAB einsetzen, begründen dies damit, dass ihre Güter für solche Transporte ungeeignet sind (49,3%) oder ihre Abnehmer keine WAB akzep-tieren (31,7%). Die Preisgestaltung (16,7%) oder benötigte Infrastruktur für Transporte mit WAB (10,1%) scheinen dagegen für die Unternehmen als Argument gegen den WAB-Einsatz eine eher untergeordnete Rolle zu spielen. Knapp 53% der Unternehmen geben an, für ihre Transporte Trailer einzusetzen. Bei diesen Unternehmen haben Trailer einen Anteil von 52,7% an den Gesamttransporten. Ähnlich dem WAB-Einsatz ist das Hauptargument gegen den Einsatz von Trailern die mangelnde Eignung der zu transportierenden Güter für dieses Transportmittel (51,9%). Weitere wichtige Argumente sind zu große Trailermaße (30,2%) und die fehlende Akzeptanz von Trailertransporten auf der Abnehmerseite (24,7%). Preisargumen-te scheinen auch hier eher weniger relevant zu sein (8,5%).

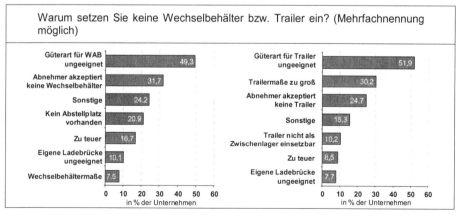

Abb. 20: Gründe für die Ablehnung von Wechselbehältern und Trailern (n = 306 für WAB; n = 235 für Trailer)

156

Insgesamt wird deutlich, dass WAB bzw. Trailer als Transportmittel bei einem großen Teil der Unternehmen zum Einsatz kommen. Sie stellen keine „Exoten" unter den Transportmitteln dar, sondern können durchaus als Standardtransportmittel angesehen werden. Dies wird noch durch die Tatsache unterstrichen, dass sich die Hauptargumente gegen den Einsatz dieser Transportmittel hauptsächlich auf Merkmale der zu transportierenden Güter und nicht auf Nachteile der Transportmittel beziehen.

Anforderungskriterien an Transporte

Zum Abschluss der transportspezifischen Fragen wurden die wichtigsten Anforderungskriterien an Transporte (bzw. Transportnetzwerke) aus Sicht der Unternehmen ermittelt. Angegeben war eine Skala von eins bis acht, die das steigende Ausmaß der Wertschätzung beschreibt. Die Rangfolge der Kriterien ist in Abbildung 21 dargestellt.

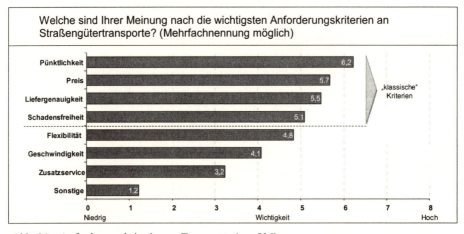

Abb. 21: Anforderungskriterien an Transporte (n = 536)

Es zeigt sich, dass klassische logistische Leistungskomponenten wie Pünktlichkeit, Liefergenauigkeit und Schadensfreiheit bei den Unternehmen nach wie vor die größte Bedeutung genießen. Das Angebot von Zusatzservices wird von den befragten Unternehmen deutlich weniger stark gewichtet.

4.4   Logistikdienstleister und Transportnetze

Anzahl der eingesetzten Logistikdienstleister

Um ein Bild der genutzten Logistikdienstleister zu erhalten, wurden die Unternehmen gefragt, wie viele sie heute und in fünf Jahren voraussichtlich nutzen werden. Es erstaunt, dass nur relativ wenige Unternehmen die Anzahl ihrer Logistikdienstleister bis 2007 senken (16,6%) oder erhöhen wollen (12,5%). Die Tatsache, dass nur 6% der Unternehmen erwarten, 2007 nur noch mit einem Logistikdienstleister verbunden zu sein, zeigt, dass die Unternehmen den derzeitigen Modethemen „4PL" und „Trend zum Komplettdienstleister" eine Absage erteilen. Zur genauen Verteilung der Antworten siehe folgende Abbildung.

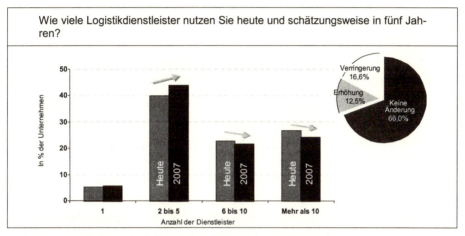

Abb. 22: Anzahl der Logistikdienstleister heute und 2007 (n = 510)

Aktuelle Themen aus Sicht der Unternehmen

In einer offenen Frage wurde den Unternehmen die Möglichkeit gegeben, Themen in der Transportlogistik zu benennen, die für sie derzeit eine hohe logistische Bedeutung haben.

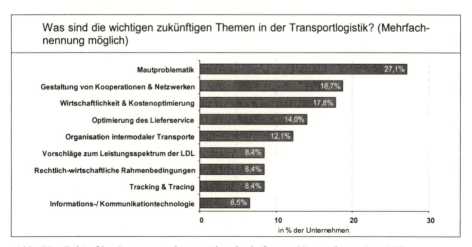

Abb. 23: Zukünftige Interessenschwerpunkte der befragten Unternehmen (n = 107)

In Abbildung 23 zeigt sich, dass Unternehmen dem aktuell brisanten Thema Autobahnmaut das höchste Interesse entgegenbringen (27,1%). Ebenso wird deutlich, dass ein großes Interesse an Möglichkeiten der Optimierung der Transportorganisation in Bezug auf eine Kostenreduktion oder eine Serviceverbesserung besteht. Auch das Thema der Kooperationen und Netzwerke wird an vorderer Stelle genannt und verstärkt so die Erwartung, dass für dieses Themengebiet in Zukunft noch Informationsbedarf besteht. Diesen Informationsbedarf gilt es, von kompetenten Stellen aus Wissenschaft und Praxis (Logistikdienstleister, Logistikberatungen etc.) zu befriedigen.

5 Potenziale zur Bildung von Transportnetzwerken

Die dargestellten Ergebnisse belegen, dass bei der Gesamtheit der Unternehmen grundsätzliches Interesse an der Bildung von Kooperationen und Netzwerken in der Logistik besteht. Ein Viertel der befragten Unternehmen hat auch schon konkrete Aktivitäten in diesem Bereich unternommen. Da sich die bisherigen Aussagen jedoch nur auf die Gesamtheit der Unternehmen beschränken, bleibt die Frage offen, ob die einzelnen Kooperationsbestrebungen auch kompatibel sind. Um diese Frage zu klären, bietet sich eine Einteilung der Studienteilnehmer in Industrie-, Großhandels- und Einzelhandelsunternehmen[72] sowie Logistikdienstleister an. Diese Einteilung spiegelt die Supply Chain wieder und hat zusätzlich den Vorteil, dass der Fluss der Waren bzw. der Transporte von den Herstellern bis zu den Endkunden sichtbar bleibt und sich so leichter Rückschlüsse über Potenziale ableiten lassen. Um den Lesefluss zu erleichtern, werden im Folgenden nicht für alle Aussagen zu den Potenzialen die konkreten Werte angegeben.

Ausgangspunkt zur Identifikation der Transportbereiche, in denen die Unternehmen zu Kooperationen bereit wären, bilden die Potenziale, die von den Befragten selbst vermutet werden. Fast 76% der Industrieunternehmen geben an, dass sie auf ihrer Distributionsseite die höchsten Vernetzungspotenziale erwarten. Der Großhandel sieht sowohl auf der Beschaffungsseite (63%) als auch auf der Distributionsseite (69%) Potenziale. Im Einzelhandel werden mit über 62% auf der Beschaffungsseite die größten Potenziale erwartet. In den genannten Bereichen fallen bei den jeweiligen Unternehmensgruppen auch die höchsten Transportvolumina an, wodurch die Dringlichkeit bzw. Bedeutung von Kooperationen in diesen Bereichen erkennbar wird. In Abbildung 24 sind die erfolgversprechenden logistischen Bereiche für die drei Unternehmensgruppen dargestellt und entsprechend der Warenflüsse miteinander verknüpft. Anzumerken ist, dass der Einzelhandel seine Waren entweder direkt von Industrieunternehmen oder über den Großhandel bezieht. Beschaffungsmarkt und Endverbraucher

---

[72] Die Gruppe der Einzelhandelsunternehmen umfasst auch Versandhändler.

werden auf Grund ihrer sehr spezifischen Transportanforderungen nicht betrachtet und liegen deshalb außerhalb der Untersuchungsgrenze.[73]

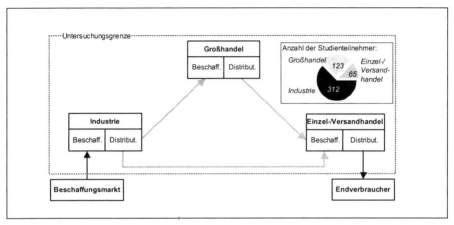

Abb. 24: Waren- bzw. Transportflüsse zwischen den Unternehmensgruppen der Supply Chain

Aus der Abbildung wird ersichtlich, dass Kooperationen bspw. zwischen Industrieunternehmen und Großhandelsunternehmen auf der Distributions- bzw. Beschaffungsseite denkbar wären, da beide dort Vernetzungspotenzial sehen.

Wenn die befragten Unternehmen schon eine Vorstellung darüber haben, wo Kooperationspotenziale zu vermuten sind, stellt sich die Frage, wie aktiv sich die Unternehmen schon mit der Realisierung dieser Potenziale auseinandergesetzt haben. Auffallend ist, dass Industrieunternehmen eine Vorreiterrolle auf dem Feld der Kooperationen einnehmen. 28% der Industrieunternehmen geben an, dass innerhalb ihrer Branche über Kooperationen und Netzwerke viel diskutiert wird. 35% der Unternehmen haben diesbezügliche Projekte geplant oder sogar schon am Laufen. Dabei verwundert es, dass die befragten Unternehmen deutlich aktiver sind, als sie insgesamt ihre Branche einschätzen. Unter Umständen handelt es sich bei Kooperationen und Netzwerken um einen „heimlichen" Trend, aus dem sich die Unternehmen Wettbewerbsvorteile versprechen und dementsprechend diskret agieren.[74] In Bezug auf Kooperations-

---

[73] Unter den Studienteilnehmern lassen sich Unternehmen des Beschaffungsmarktes nicht eindeutig identifizieren. Da der Fokus der Studie auf dem Geschäftskundensegment (business-to-business) gelegt wurde, liegen keine Daten für Endverbraucher vor.

[74] Ebenso ist denkbar, dass nur die Unternehmen an der Studie teilgenommen haben, für die Netzwerke und Kooperationen ein wichtiges Thema ist.

aktivitäten folgen den Industrieunternehmen die Unternehmen des Einzelhandels, von denen 29% der Unternehmen Netzwerkprojekte planen oder bereits durchführen. Am wenigsten aktiv auf diesem Gebiet scheint der Großhandel. Hier haben erst 22% der Unternehmen Kooperationsaktivitäten in der Planung oder Durchführung.

Positiv in Bezug auf eine Realisierung von Kooperationspotenzialen ist, dass alle Unternehmen zumindest prinzipiell zu Kooperationen bereit sind. Starke Vorbehalte bestehen lediglich gegenüber Kooperationen mit Wettbewerbern. Unterschiede gibt es in der Frage, wer Kooperationen initiieren sollte. Industrie- und Großhandelsunternehmen sehen sich selbst in die Pflicht genommen, Kooperationen zu initiieren. Logistikdienstleister sind als Initiatoren für diese Unternehmen jedoch eine interessante Alternative. Etwas anders sieht es bei Einzelhandelsunternehmen aus. Neben dem eigenen Unternehmen und Logistikdienstleistern können sich Handelsunternehmen vielfach auch ihre Zulieferunternehmen (Industrie und Großhandel) als Kooperationsinitiatoren vorstellen.

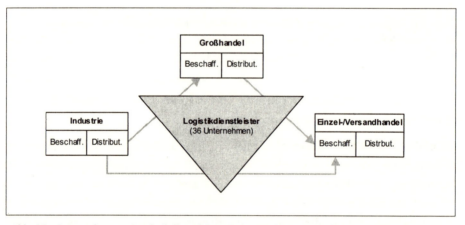

Abb. 25: Integration von Logistikdienstleistern als „Mediatoren" in der Supply Chain

Aus der Tatsache, dass die Unternehmen aller drei Bereiche Logistikdienstleister als Kooperationspartner favorisieren und kaum Vorbehalte gegen diese als Initiatoren von Kooperationen hegen, fällt Logistikdienstleistern die Funktion eines „neutralen Dritten" zu. Das bedeutet, dass in dem Fall eines Scheiterns von Kooperationsbemühungen zwischen Industrie-, Handels- oder Großhandelsunternehmen auf Grund von Vorbehalten[75] die Integration eines Logistikdienstleisters für alle Beteiligten eine Möglichkeit darstellt, eine Kooperation zu realisie-

---

[75] Vorbehalte sind bspw. mangelndes Vertrauen oder Zweifel an der Kompetenz der Kooperationspartner.

ren. Ein zusätzlicher Vorteil für kooperationswillige Unternehmen ist, dass Logistikdienstleister schon einiges an Erfahrung auf dem Gebiet der Kooperationen und Netzwerke
gesammelt haben. 59% der befragten Dienstleister geben an, dass über Kooperationen in ihrer
Branche viel diskutiert wird. Über 47% der Dienstleister führen zur Zeit Kooperationsprojekte
durch oder haben solche Projekte bereits abgeschlossen. Die Struktur möglicher Kooperationen unter Einbeziehung von Logistikdienstleistern zeigt Abbildung 25.

Für das Zustandekommen von Kooperationen im Transportbereich ist neben einer grundsätzlichen Kooperationsbereitschaft der beteiligten Partner auch eine Kompatibilität der Transporte zwischen den Partnern von zentraler Bedeutung. Auffällig ist, dass nahezu alle Unternehmen der drei Unternehmensgruppen Straßengütertransporte nutzen. Betrachtet man die räumliche Verteilung der Transporte, so herrscht auch hier weitgehend Homogenität. Ca. 70% der
Transporte fallen innerdeutsch an, weitere 15% verteilen sich auf den Wirtschaftsraum der
Europäischen Union. Berechnet man die durchschnittlichen Transportvolumina der Unternehmen auf der Beschaffungs- und Distributionsseite, so ist auffällig, dass bei allen drei Unternehmensgruppen größere Volumina (Tonnen pro Monat) auf der Distributionsseite anfallen
(siehe Abb. 26).

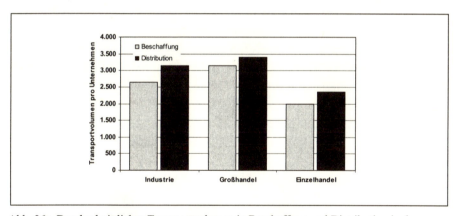

Abb. 26: Durchschnittliches Transportvolumen in Beschaffung und Distribution in der
          Supply Chain

Diese Transportvolumina sind zu einem überwiegenden Teil planen- und koffertauglich, der
Anteil dieser Transporte an den Gesamttransporten liegt in allen drei Unternehmensgruppen
zwischen 60% und 75%. Auch in Bezug auf die Transportabwicklung herrscht Übereinstimmung zwischen den drei Gruppen: Über 80% der Transporte auf der Beschaffungsseite werden als Komplett- oder Teilladungen abgewickelt, auf der Distributionsseite sind es über 70%
(siehe Abb. 27).

162

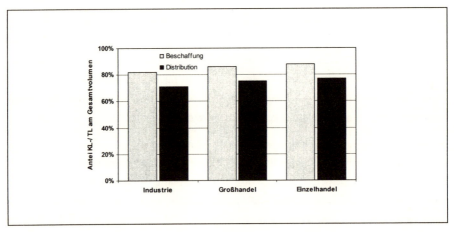

Abb. 27: Komplett-/Teilladungsanteil in Beschaffung und Distribution in der Supply Chain

Daher kann festgehalten werden, dass zwischen den drei Unternehmensgruppen in Bezug auf die regionale Transportverteilung, die Transportarten und die Transportabwicklung eine große Übereinstimmung besteht. Die Transporte selbst stellen demnach keine Barrieren für Kooperationen zwischen Industrie-, Großhandels- und Einzelhandelsunternehmen dar. Komplikationen für die Bildung von Kooperationen könnten allerdings durch die Verwendung von unterschiedlichen Transportmitteln entstehen. Da Komplett- und Teilladungen einen hohen Anteil an den Gesamttransporten der Unternehmen haben, ist es nicht verwunderlich, dass ein großer Teil der befragten Unternehmen WAB oder Trailer als Transportmittel einsetzen.

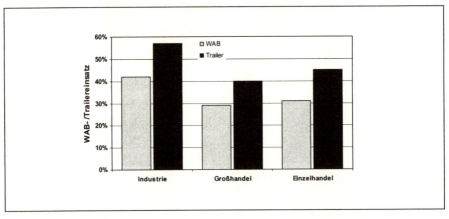

Abb. 28: Trailer- und WAB-Einsatz bei den Unternehmen in der Supply Chain

Im direkten Vergleich ist, wie Abbildung 28 zeigt, der Einsatz von Trailern bei den Unternehmen weiter verbreitet als der Einsatz von WAB. Alternative Transportmittel sind bei Industrieunternehmen Container und konventionelle Gliederzüge. Eine Erklärung für den Containereinsatz ist, dass etwa 50% der Industrieunternehmen angeben, auf der Beschaffungs- und Distributionsseite Seefrachtdienstleistungen zu nutzen. Bei Groß- und Einzelhandelsunternehmen kommen neben WAB und Trailer vielfach konventionelle Gliederzüge und Sprinter zum Einsatz. Interessant ist, dass auch der Einzelhandel Transporte mit Containern nutzt.[76] Solche Transporte fallen allerdings hauptsächlich auf der Beschaffungsseite an.

Im Folgenden werden die Unternehmen betrachtet, welche angegeben haben, WAB oder Trailer einzusetzen. Eine erste Feststellung ist, dass Unternehmen WAB in stärkerem Maße für die Distribution als für die Beschaffung einsetzen (siehe Abb. 29).

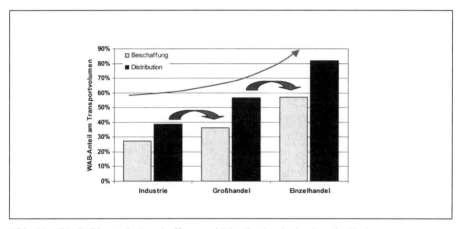

Abb. 29: WAB-Einsatz in Beschaffung und Distribution in der Supply Chain

Auffällig ist auch, dass der WAB-Anteil am Transportvolumen im Verlauf der Supply Chain (SC) beständig zunimmt. Niedrigere WAB-Anteile auf der Beschaffungsseite lassen, besonders bei Industrieunternehmen, auf einen stärkeren Container- und Tank- oder Siloeinsatz schließen. Aus den hohen WAB-Anteilen in der Distribution bei Groß- und Einzelhandelsunternehmen lässt sich eine besondere Eignung von WAB für die Endproduktdistribution ver-

---

[76] 37% der Einzelhandelsunternehmen geben an, Container zu nutzen.

muten. Interessant ist die annähernde Gleichheit der WAB-Anteile in der Distribution und der Beschaffung aufeinanderfolgender Stufen der Supply Chain (siehe Pfeile in Abb. 29).[77]

Trailer werden bei den Unternehmen vorzugsweise auf der Beschaffungsseite eingesetzt (siehe Abb. 30). Eine Ausnahme bilden die Industrieunternehmen, bei denen der Traileranteil in der Distribution überwiegt. Eine mögliche Erklärung dafür ist, dass ca. 60% der Industrieunternehmen Rohstoffe und Vorprodukte beschaffen, die möglicherweise für einen Trailertransport weniger geeignet sind. Entsprechend haben Tank- und Silotransporte in der Beschaffung einen Anteil von 15,2% an den Gesamttransporten. In der Distribution geht der Anteil dieser Transporte auf 3,2% zurück. Insgesamt ist der Anteil von Trailertransporten am Gesamttransportvolumen bei allen drei Unternehmensgruppen ähnlich.[78]

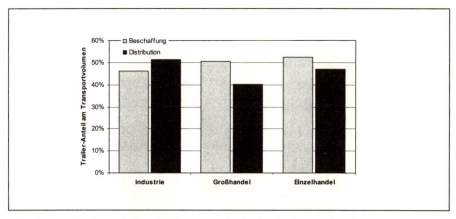

Abb. 30: Trailereinsatz in Beschaffung und Distribution in der Supply Chain

In Bezug auf die verwendeten Transportmittel lässt sich demnach eine kreuzweise Verknüpfung von WAB und Trailertransporten feststellen. Während Unternehmen in der Beschaffung Trailer favorisieren, werden für die Distribution in hohem Maße WAB eingesetzt. Eine Vernetzung der Transporte nur auf Basis von Trailern oder WAB scheint daher suboptimal. Um eine optimale Kompatibilität der Transporte zu erzielen, bietet es sich vielmehr an, WAB und Trailertransporte integriert in einem Netz zu bedienen.

---

[77] Bei dieser Auswertung wurden nur die Transportvolumina der Unternehmen berücksichtigt, die Wechselbrücken einsetzen.

[78] Bei dieser Auswertung wurden nur die Transportvolumina der Unternehmen berücksichtigt, die Trailer einsetzen.

Die oben dargestellten Ergebnisse zeigen, dass Kooperationen zwischen Industrie-, Großhandels- und Handelsunternehmen sowie die Vernetzung innerdeutscher oder innereuropäischer, planen- oder koffertauglicher Straßengütertransporte grundsätzlich erfolgversprechend ist. Im Bereich der Komplettladungen verspricht eine Kombination von Trailern und WAB als Standardtransportmittel im Netz eine maximale Transportabdeckung und Effizienz. Transporte lediglich auf Basis von WAB oder Trailern würde die Paarigkeit der Transporte verringern und somit das potenziell im Netz abwickelbare Transportvolumen herabsetzen. In diesem Fall besteht die Gefahr, dass die für einen effizienten Netzbetrieb notwendige kritische Masse an Unternehmen, die das Netz nutzen, nicht erreicht wird. Dem Logistikdienstleister kann bei der Realisierung von Transportnetzwerken aufgrund seiner Neutralität sowie seiner Netzwerkkompetenz eine bedeutende Rolle zugesprochen werden.

6 Zusammenfassung und Ausblick

In der Studie „Netzeffekte in der Transportlogistik" wurde nicht nur die generelle Bereitschaft der Unternehmen bzgl. der Bildung von Transportnetzwerken abgefragt, sondern insbesondere auch die Kompatibilität der Transporte untersucht. Denn wie gezeigt, lassen sich Netzwerke nur auf Basis von Standardisierung und homogener Transportmittel bzw. Transportarten bilden.

Insgesamt kann festgehalten werden, dass die Unternehmen erkannt haben, dass sich der Transportmarkt in den letzten Jahren verändert hat. Liberalisierung, EU-Osterweiterung, Marktkonzentration und Autobahnmaut sind nur einige Schlagworte für diese Veränderungen. Die Ergebnisse unserer Studie verdeutlichen, dass in den Unternehmen verstärkt nach neuen Möglichkeiten gesucht wird, diesen Veränderungen erfolgreich zu begegnen. Eine große Chance für Verlader und Logistikdienstleister liegt darin, diese Entwicklungen frühzeitig zu erkennen und Lösungen zu entwickeln, die diesen Veränderungen Rechnung tragen. Eine wesentliche Säule für eine tragfähige und zukunftstaugliche Transportstrategie stellt die Bildung von Transportnetzwerken dar. Wie die Studie zeigt, genießen in diesem Zusammenhang Logistikdienstleister einen guten Ruf bei den Unternehmen. Nur mit einem leistungsfähigen und marktorientierten Produktportfolio können die Logistikdienstleister diesem Vertrauensvorschuss gerecht werden und mit innovativen Netzwerklösungen am Markt erfolgreich bleiben.

Weiterhin wurden die *Idee der Transportvernetzung entlang der Supply Chain* und die sich aus der Vernetzung ergebenden kosten- und nutzenseitigen Vorteile (Netzeffekte) dargestellt. Da gemäß den Ergebnissen der Studie die Unternehmen ihre Kostensituation und ihren Lieferservice verbessern wollen, könnte die Realisierung von Netzeffekten im Transportbereich eine Möglichkeit zur Erreichung dieses Ziels sein. Logistikdienstleister und Verlader, die ein effizientes Netzwerk aufbauen möchten, stehen dabei vor folgenden zentralen Fragen:

- Welche Transporte soll das Netz ermöglichen?

- Welche Ausdehnung soll das Netz besitzen?

- Auf welchem Standard soll das Netz aufbauen?

- Wie lassen sich die möglichen Netzeffekte im Vorfeld und während einer Kooperation finanziell quantifizieren?

Betrachtet man die Ergebnisse der Studie, so kommt man zu dem Schluss, dass die Bildung von Netzwerken im *Straßengütertransport* hohes Potenzial besitzt: Fast alle Unternehmen geben an, Straßengütertransporte zu nutzen. Dies bedeutet, dass für ein Straßengüternetzwerk nahezu alle Unternehmen als potenzielle Nachfrager in Frage kommen und somit prinzipiell dichte Netzwerke geknüpft werden können.

Analysiert man die Studienergebnisse in Bezug auf die Frage der anzustrebenden *Netzausdehnung*, so fällt auf, dass über 70% der Transporte innerhalb Deutschlands sowie weitere 16% Transporte innerhalb der EU anfallen. Da ein Ziel der Vernetzung die Vermeidung von Leerfahrten darstellt, liegen die höchsten Potenziale dort, wo das Transportaufkommen räumlich kongruent vorliegt. Daher scheint ein innerdeutsches bzw. je nach Ressourcen des Logistikdienstleisters auch ein EU-weites Transportnetz möglich und erfolgversprechend.

Bedeutend für die Erzielung von Netzeffekten im Transport ist die Wahl des verwendeten *Transportstandards*, denn erst die Festlegung eines Transportstandards ermöglicht eine Kompatibilität in den Transporten. In der Studie geben die Unternehmen an, dass etwa 70% ihres Transportvolumens planen- oder koffertauglich ist und zu knapp 60% als Komplettladung abgewickelt wird. Es liegt daher nahe, ein Netz für planen- und koffertaugliche Transporte von Komplettladungen aufzubauen. Durch eine Beschränkung auf Komplettladungen wird die Transportdurchführung zusätzlich erheblich vereinfacht, da die zeitintensiven Vorgänge des Sammelns und Verteilens entfallen. Bedingt durch die hohen Transportvolumina bieten sich Trailer und WAB als Standardtransportmittel an. Der Einsatz dieser beiden Transportmittel ist bei den Unternehmen weit verbreitet und erfordert in der Regel keine spezielle Infrastruktur (z.B. spezielle Laderampe).

Der Logistikmarkt befindet sich im Wandel. Die vorliegende Studie zeigt, dass die Bildung von Transportnetzwerken einen Beitrag zur Erfüllung der Kundenbedürfnisse und damit zur Sicherung der Wettbewerbsfähigkeit der Logistikdienstleister bietet. Es liegt nun in der Verantwortung der unternehmerischen Praxis, diese Potenziale zu heben. Dass dabei alle betroffenen Partner zusammenarbeiten müssen, ist ein wichtiges Ergebnis und weist eine Stoßrichtung für die Transportlogistik der Zukunft auf: *die Zusammenarbeit in Netzwerken*.

Literaturverzeichnis

Aberle, G. (2000)
Transportwirtschaft: Einzelwirtschaftliche und gesamtwirtschaftliche Grundlagen. 3.
Aufl. München/Wien 2000.

Baumgarten, H./Darkow, I. (2002)
Die Herren der Netze. In: Logistik inside 2(2002)23, S. 6-9.

Blom, F./Harlander, N. (2000)
Logistik-Management. Der Aufbau ganzheitlicher Logistikketten in Theorie und Praxis.
Wien 2000.

Boecker, E. (2002)
Delphi-Studie: Wandel im Transportmarkt. In: Logistik Heute 24(2002)10, S. 28-29.

Bretzke, W.-R. (1997a)
Logistiknetzwerk. In: Bloech, J./Ihde, G. (Hrsg.): Vahlens großes Logistiklexikon.
München 1997, S. 626-627.

Bretzke, W.-R. (1997b)
Netzwerkstrategie. In: Bloech, J./Ihde, G. (Hrsg.): Vahlens großes Logistiklexikon.
München 1997, S. 742-744.

Bretzke, W.-R. (1999)
Überblick über den Markt an Logistik-Dienstleistern. In: Baumgarten, H./Weber, J.
(Hrsg.): Handbuch Logistik – Management von Material- und Warenflussprozessen.
Stuttgart 1999, S. 219-225.

Buchholz, J./Clausen, U./Vestag, A. (Hrsg.) (1998)
Handbuch der Verkehrslogistik. Berlin u.a. 1998.

Buxmann, P. (2002)
Strategien von Standardsoftware-Anbietern: Eine Analyse auf der Basis von Netzeffekten. In: Zeitschrift für betriebswirtschaftliche Forschung 54(2002)8, S. 442-457.

Cardeneo, A. (2002)
Straßengüterverkehr, Speditionen, Logistikdienstleistungen. In: Arnold, D./Isermann,
H./Kuhn, A./Tempelmeier, H. (Hrsg.): Handbuch Logistik. Berlin u.a. 2002, S. C3-1 -
C3-11.

Coyle, J. J./Bardi, E. J./Langley Jr., C. J. (1996)
The Management of Business Logistics. 6. Aufl. St. Paul (MN) u.a. 1996.

Ehrhardt, M. (2001)
Netzeffekte, Standardisierung und Wettbewerbsstrategie. Wiesbaden 2001.

ELA/KPMG (2002)
European Logistics Association (ELA)/KPMG Consulting, Inc. (KCIN) (Hrsg.): What
matters to Top Management? A survey on the influence of Supply Chain Management
on Strategy and Finance. Results of the ELA/KPMG Consulting Study. Brussels 2002.

168

Ebert, M. (1998)

Evaluation von Synergien bei Unternehmenszusammenschlüssen. Hamburg 1998.

Engelsleben, T. (1999)

Marketing für Systemanbieter: Ansätze zu einem Relationship-Marketing-Konzept für das logistische Kontraktgeschäft. Wiesbaden 1999.

Fleisch, E. (2001)

Das Netzwerkunternehmen: Theorien, Strategien und Prozesse zur Steigerung der Wettbewerbsfähigkeit in der „Networked economy". Berlin u.a. 2001.

Fleischmann, B. (2002)

Systeme der Transportlogistik. In: Arnold, D./Isermann, H./Kuhn, A./Tempelmeier, H. (Hrsg.): Handbuch Logistik. Berlin u.a. 2002, A1-13 - A1-19.

Frank, Chr. (1994)

Strategische Partnerschaften in mittelständischen Unternehmen: Option zur Sicherung der Eigenständigkeit. Wiesbaden 1994.

Freichel, S. (1992)

Organisation von Logistikservice-Netzwerken: theoretische Konzeption und empirische Fallstudien. Berlin 1992.

Friese, M. (1998)

Kooperationen als Wettbewerbsstrategie für Dienstleistungsunternehmen. Wiesbaden 1998.

Hillier, F./Liebermann, G. (1997)

Operations-Research: Einführung. 5., unveränd. Aufl. München 1997.

Ihde, G./Kloster, T. (2001)

Netzeffekte in Logistiksystemen. In: Logistik Management 3(2001)2/3, S. 25-34.

Jünemann, R. (1989)

Materialfluss und Logistik. Systemtechnische Grundlagen mit Praxisbeispielen. Berlin u.a. 1989.

Kleer, M. (1991)

Gestaltung von Kooperationen zwischen Industrie- und Logistikunternehmen: Ergebnisse theoretischer und empirischer Untersuchungen. Berlin 1991.

Loerzer, K. (2000)

Neue Kooperationskonzepte mit Logistikdienstleistern. In: Kuhn, A./Kloth, M. (Hrsg.): Optimierung von Logistiknetzen – die Rolle der Logistikdienstleister in Kooperationen. Dortmund 2000, S. 9-18.

Meffert, H./Bruhn, M. (1995)

Dienstleistungsmarketing: Grundlagen, Konzepte, Methoden. Wiesbaden 1995.

Pfohl, H.-Chr. (2000)

Logistiksysteme: Betriebswirtschaftliche Grundlagen. 6. Aufl. Berlin u.a. 2000.

Pfohl, H.-Chr./Häusler, P. (2000)
    Logistikmanagement in Produktionsnetzwerken. In: Pfohl, H.-Chr./Häusler, P. (Hrsg.):
    Logistische Schnittstellen in Produktionsnetzen. Dortmund 2000, S. 9-28.

Schulte, C. (1999)
    Logistik. Wege zur Optimierung des Material- und Informationsflusses. 3. Aufl.
    München 1999.

Schwarting, D. (2002)
    Viele Hürden auf dem Weg zur Schlüsselindustrie. In: Logistik Heute 42(2002)6,
    S. 42-43.

Stengel, R. von (1999)
    Logistiknetzwerke. In: Baumgarten, H./Weber, J. (Hrsg.): Handbuch Logistik – Mana-
    gement von Material- und Warenflussprozessen. Stuttgart 1999, S. 910-923.

Stock, J. R./Lambert, D. M. (2001)
    Strategic Logistics Management. 4. Aufl. Boston u.a. 2001.

Sydow, J. (2002)
    Zum Management von Logistiknetzwerken. In: Logistik Management 4(2002)2, S. 9-15.

Voigt, S. (2003)
    Vertrieb mangelhaft. In: Logistik inside 3(2003)5, S. 10-11.

Wallentowitz, H. (1997)
    Stichwort „Wechselaufbau". In: Bloech, J./Ihde, G. B. (Hrsg.): Vahlens Großes Logistik
    Lexikon. München 1997, S. 1261-1262.

Zäpfel, G./Wasner, M. (2002)
    Strategische Gestaltung internationaler Logistiknetzwerke für den flächendeckenden
    Stückgutverkehr durch Kooperationen. In: Logistik Management 4(2002)4, S. 53-60.

Zöllner, W. (1990)
    Strategische Absatzmarktplanung: Kunden- und Wettbewerbsanalyse für Logistikunter-
    nehmen. Berlin u.a. 1990.

Petra Dalquen

Aufbau und Betrieb von Transportnetzen:

Fallbeispiel aus der Sicht eines Logistikdienstleisters

Petra Dalquen

Danzas Euronet GmbH, Hannover

Inhaltsverzeichnis

1 Einleitung

Für den nachhaltigen Erfolg verladender Unternehmen gewinnt die Gestaltung von Netzwerken in der Logistik im allgemeinen und in der Transportlogistik im speziellen zunehmend an Bedeutung. Logistische Netzwerke für die Beschaffungs- und Distributionslogistik sowie für z.B. Lager-Lager-Verkehre müssen sich laufend verändernden Bedingungen anpassen und sowohl flexibel als auch gleichzeitig effizient individuellen Kundenanforderungen gerecht werden.

Effiziente Strukturen und Prozesse in der Transportlogistik sichern die Erfüllung dieser Kundenanforderungen bei zugesicherten Verfügbarkeiten und Lieferzeiten zu minimalem Aufwand und maximaler Qualität. Für verladende Unternehmen schlägt sich die Effizienz in erhöhter Rentabilität nieder und ist somit Grundlage für einen der entscheidenden Wettbewerbsvorteile. Die Komplexität in der Analyse und der Optimierung von Transportprozessen und -strukturen ist heute nur mit dem Einsatz modernster und flexibler IT Technologie, qualifiziertem Personal, vorhandener stabiler Netzgröße und dem Einsatz zertifizierter Dienstleister realisierbar.

Danzas Euronet löst die Einbindung von Kunden-Transporten in das eigene Netzwerk, das in Deutschland und Europa zahlreiche Standorte bedient und ca. 11.000 Transportbehälter bewegt, mit einer hoch effizienten Planungs- und Optimierungssoftware. Unter Berücksichtigung der Kundenbedingungen werden Verkehre unter quantitativen und qualitativen Gesichtspunkten in sich optimiert und weiterhin in das bestehende Netzwerk integriert und optimiert.

Veränderte Rahmenbedingungen und erhöhter Konkurrenzdruck bei steigenden Kundenanforderungen beeinflussen die Strukturen und Prozesse der Netzwerke. Diese Veränderungen werden in der laufenden Weiterentwicklung des Leistungsportfolios und auch der eingesetzten Optimierungssoftware berücksichtigt. Somit wird eine effiziente Prognose, Simulation und Planung von Kundentransporten und -netzwerken unter ökonomischen und ökologischen Gesichtspunkten erst möglich.

2 Danzas Euronet GmbH als Netzwerkspezialist für Komplettladungen

2.1 Logistik- und Transportmarkt

Das deutsche und europäische Netz von Danzas Euronet stellen eine wesentliche Basis für eine erfolgreiche Positionierung mit deutlichem Wachstumspotenzial dar. Das Netz und die Netzeffekte resultieren aus der Größe des Netzes sowie deren Teilnehmer. Die Teilnehmer sind Kunden, die einzelne Transporte oder individuelle Transport-Netzwerke in das System von Danzas Euronet einbringen.

Die Beobachtung der Entwicklungen auf dem deutschen und europäischen Logistikmarkt, mit dem Fokus auf die derzeitigen und die kommenden Herausforderungen und Veränderungen im Transportmarkt, sowie die Anforderungen der Transportmarktteilnehmer bilden für Danzas Euronet die Voraussetzung für die zielorientierte Ausrichtung der Aktivitäten sowie die erfolgreiche Positionierung am Markt mit einem umfassenden und innovativen Leistungsportfolio. Die zielgerichtete Vermarktung und Abstimmung der Ressourcen bestimmen die Stabilität und das erfolgreiche Wachstum des Netzwerkes.

Die Identifikation und Beobachtung netzwerkfähiger Branchen und netzwerkfähiger Transporte ist das Ziel von Marktuntersuchungen und wurde durch eine Studie, die in Kooperation mit der Technischen Universität Darmstadt durchgeführt wurde, aktuell aufgegriffen.[1]

Mehr als 15 Branchen aus Industrie, Handel und Dienstleistung sind identifiziert und auf ihre Anforderungen und Bereitschaft zur Bildung von Netzwerken näher untersucht worden. Die Studie zeigt deutliche Potenziale zur Erzielung von Netzeffekten in einigen Zielbranchen, so z.B. in Bereichen der Konsumgüterindustrie (z.B. Lebensmittel, Getränke) und des Produzierenden Gewerbes (z.B. Büro, EDV, Elektro, Möbel). Bestätigt wurde durch die Studie ganz deutlich die bereits erfolgreiche Ausrichtung von Danzas Euronet auf den Handel sowie dessen Stellung in der deutschen und europäischen Wirtschaft, insbesondere für die Logistik und den Transport.

Mit 70% ist der Dienstleistungsbereich an der gesamtwirtschaftlichen Wertschöpfung beteiligt. Maßgeblichen Anteil am Gewicht des Sektors hat dabei der Handel. Denn was immer die Industrie herstellt oder fördert, ob Maschinen, Textilien oder Elektrogüter, ob Rohstoffe, Zwischenprodukte, Halbfertigwaren oder Konsumgüter, alles geht in den Handel. Die Bedeutung des Handels lässt sich an seiner Versorgungsfunktion für die Wirtschaft ablesen. Auch das Internet gewinnt im Handel zunehmend an Bedeutung.

Im Groß- und Versandhandel liegt eine der Hauptaufgaben in der Logistik und im Transport von Waren und Gütern. Die Betrachtung der Logistikprozesse verdeutlicht die Logistikkette und die vorherrschenden Verkehrsströme, -beziehungen und -abhängigkeiten, die in Abbildung 1 für den Versandhandel exemplarisch dargestellt sind.

---

[1] Vgl. den Beitrag von Gomm/Hofmann in diesem Band.

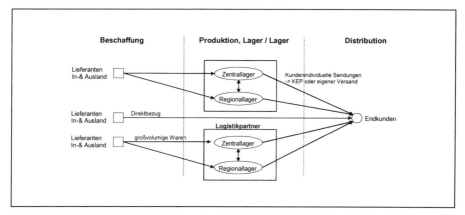

Abb. 1: Verkehrsströme, -beziehungen und -abhängigkeiten im Versandhandel

Im Versandhandel liegen die Verkehrsströme in der dezentralen Beschaffung über Lieferanten im In- und Ausland, in der Aufteilung der Produkte in Zentral- oder Regionallager, in den nach Produktarten segmentierten Lager-Lagerverkehren sowie in der Verteilung der Waren auf den Endkunden.

Der Handel, aufgeteilt in Einzel-, Groß- und Versandhandel, ist eine der Branchen, in der eine Netzwerkfähigkeit, d.h. die Möglichkeit zur Einbindung, Verknüpfung, Kombination und somit höchst effizienten Verplanung der insgesamt anfallenden Verkehre, in starkem Maße vorliegt. Die Abhängigkeiten innerhalb der Supply Chain, also von der Beschaffung über die Produktion (Lager-Lager) bis hin zur Distribution und somit zum Endkunden bieten ausreichend Chancen zur Einbindung in übergreifende Netzwerke und somit zur Ausnutzung von Netzeffekten.

2.2 Vision

Als führendes Logistikunternehmen steht Danzas Euronet für Lösungskompetenz im Komplettladungssegment. Ad hoc Verkehre und individuelle Netzwerke werden in das Gesamtnetzwerk von Danzas Euronet unter Berücksichtigung restriktiver und flexibler Parameter (Zeitfenster, Laufzeiten, Verkehrsträger, Kapazitätsauslastung, Sicherheitsmaßnahmen, Art der Ware) eingebunden und unter wirtschaftlichen und qualitativen Gesichtspunkten für und mit dem Kunden geplant und umgesetzt.

Die Entwicklung neuer und **innovativer** Dienstleistungen wird den steigenden Kundenanforderungen gerecht und spiegelt die konsequente **Kundenorientierung** wider.

Als **Partner** unserer Kunden übernehmen wir die logistische Verantwortung nach dem Prinzip des "inhouse-outsourcing". Auch bei Outsourcing-Projekten ist Danzas Euronet der Kompetenzträger für die Planung, Steuerung, Optimierung und den Betrieb von Logistiknetzwerken.

Ein Team qualifizierter Mitarbeiter, neueste Informationstechnologien und effiziente Prozesse garantieren unseren Kunden höchste Zuverlässigkeit und sichern ihnen durch individuelle Lösungen messbare Wettbewerbsvorteile. Mit einer konsequenten Qualitätssicherung und proaktiver Kundenkommunikation wird Danzas Euronet seinen Qualitätsansprüchen und den **Qualität**sanforderungen seiner Kunden jederzeit gerecht.

Das primäre **Umwelt**ziel von Danzas Euronet ist die Reduzierung des Energieverbrauchs. Die angestrebte Verringerung der durchschnittlichen Transportkilometer wird durch eine kontinuierliche Optimierung innerhalb des Transportnetzwerkes und der Verringerung des Leerbehälterausgleichs erreicht. Die Entwicklung innovativer Lösungen im kombinierten Verkehr (Transportverlagerung von der Straße auf die Schiene) stellt ein weiteres verkehrspolitisch und ökologisch bedeutendes Konzept im Rahmen der Umweltschonung dar.

Ausgehend von den Markt- und Kundenanforderungen bietet Danzas Euronet maßgeschneiderte Lösungen in der Transportlogistik von der Beratung bis zur Abwicklung und dem Betrieb von Transportnetzwerken für Komplettladungen.

2.3 Produkt- und Leistungsspektrum

Das europäische Netzwerk von Euronet garantiert die zuverlässige Erfüllung individueller Anforderungen der Verlader in Deutschland und Europa und wird ständig weiter ausgebaut und optimiert. Euronet übernimmt mit maßgeschneiderten Dienstleistungen die Verantwortung für die gesamte Transportlogistik der Kunden.

Netzwerkmanagement

Das Management von Transportnetzwerken umfasst die Aufnahme der Anforderungen, die Analyse von Kundendaten sowie die Simulation und Bewertung möglicher Szenarien. Gemeinsam mit dem Kunden werden Szenarien entwickelt und auf eine optimale Umsetzung hin überprüft. Danzas Euronet übernimmt auch in der Phase der Implementierung neuer Standorte und Relationen die Planung und Steuerung der Verkehre. Die Planung umfasst im nächsten Schritt die laufend weiterentwickelte Optimierung des Kunden- und Gesamtnetzwerkes unter Berücksichtigung vorhandener Rahmenbedingungen. Der Einsatz moderner Software, qualifizierten Personals und zertifizierter Dienstleister ermöglicht einen reibungslosen Betrieb des Kunden- und Gesamtnetzwerkes. Die Qualität wird permanent überwacht und über ein zum Kunden proaktiv ausgerichtetes Überwachungs- und Qualitätsmanagement gewährleistet.

Diese Kompetenz in Netzwerken hat Danzas Euronet in den Großmengentransporten in Deutschland sowie vorwiegend in den Anrainerstaaten der Bundesrepublik Deutschland im In- und Outbound Verkehr. Konzerngesellschaften in weiteren europäischen Ländern ermöglichen eine Ausweitung der Komplettladungsaktivitäten auf Gesamteuropa.

e-komplett – Internetbestellsystem

Ad hoc Verkehre stellen standardisierte Transporte dar, die ohne großen Aufwand automatisiert in das Netzwerk von Danzas Euronet eingebunden werden. Die Transporte stellen eine effiziente Ergänzung des Netzwerkes dar. Hier werden Lücken gefüllt und z.B. regionale Gefälle ausgeglichen. Da es sich um standardisierte Transporte handelt, wird die Beauftragung durch den Kunden und die interne Weiterleitung der Aufträge in das Planungs- und Optimierungssystem über das Internet und systemische Schnittstellen abgewickelt. Die Prozesse werden sowohl intern als auch für den Kunden erheblich vereinfacht und garantieren einen störungsfreien Ablauf. Abweichungen werden jederzeit erkannt und durch eingespielte Mechanismen abgewickelt. Das Internetbestellsystem rundet somit das Netzwerkmanagement erfolgreich ab und garantiert die zuverlässige Einbindung auch einzelner Transporte in ein optimiertes und weiter optimierungsfähiges Netzwerk.

Parcel InterCity PIC – Raillösungen für intermodale Verkehre

Der Einsatz alternativer Verkehrsträger rundet das Angebot von Komplettlösungen bei Danzas Euronet ab. Der Parcel InterCity stellt nicht nur eine zeitliche Alternative dar, sondern ist gerade zu Zeiten der Maut eine planbare Größe, die fest in das Netzwerk als Verkehrsträger eingebunden ist. Touren werden je nach Kundenanforderungen und in Abhängigkeit der transportierten Ware in die Planung aufgenommen. Qualitätsaspekte stehen auch hier im Vordergrund, wie die Einhaltung der vereinbarten Anlieferzeiten sowie die schadenfreien und sicheren Transporte. Das Linienangebot richtet sich nach der Nachfrage und der Effizienz. Die Nord-Süd-Strecke in Deutschland wird beispielsweise deutlich schneller über den Parcel InterCity überbrückt als über die Straße.

3   Potenziale durch Netzwerkmanagement

Das Netzwerk und das Management des gesamten und einzelner Kundennetzwerke bietet vielfältige Möglichkeiten zur Ausnutzung vorhandener Potenziale. Ermöglicht wird das Management von Netzwerken durch die effiziente Wahl und Steuerung der Ressourcen:

- **Tägliche Tourenplanung mit eigener Optimierungssoftware**

  Die Kundenaufträge werden tagesaktuell erfasst und verplant. Es entsteht ein optimierter Fahrplan.

- **Bildung von Verknüpfungen und Rundläufen**

  Die Planung und Optimierung hat zum Ziel, alle Aufträge so zu kombinieren, dass die Anzahl der losen Enden der Transportfäden und die Anzahl zu fahrender Streckenkilometer insgesamt minimiert werden. Für den Kunden spiegeln sich die gebildeten Verknüpfungen und Rundläufe in degressiven Tarifstrukturen wider.

- **Wahl zwischen Straße und Schiene**

  Schienentransporte werden mit Vor- und Nachläufen in der Planung unter Optimierungsgesichtspunkten, ökologischen und Kundenanforderungen berücksichtigt und stellen eine wesentliche Ergänzung im Netzwerk dar.

- **Zentrales Behältermanagement**

  Die ca. 11.000 Behälter, die bei Danzas Euronet im Einsatz sind, werden durch Bestandsaufnahme und Bewegungsanalysen zentral verwaltet, um sicherzustellen, dass am Kundenstandort jederzeit genügend Behälter verfügbar sind. Die Leerbehälterplanung stellt eine wesentliche Aufgabe des Netzwerkmanagements dar, um Kapazitäten am benötigten Ort zur vorgesehenen Zeit zur Verfügung zu stellen.

- **Einsatz qualifizierter Dienstleistungspartner**

  Nur mit dem Einsatz qualifizierter und zuverlässiger Dienstleister ist die Umsetzung des entwickelten Fahrplanes zu jeder Zeit möglich. Die tagesaktuell geplanten Touren als Resultat des Fahrplanes werden Dienstleistern zugeordnet.

Im folgenden sind die entscheidenden Vorteile, die aus dem Management von Netzwerken resultieren, dargestellt:

- **Steigerung der Zuverlässigkeit**

  Das Optimierungssystem stellt die Machbarkeit und Umsetzbarkeit in den geforderten Rahmenbedingungen sicher, da alle Restriktionen sowie Auftrags- und Kundendaten berücksichtigt sind.

- **Flexibilität gegenüber Kundenanforderungen**

  Geographische Ungebundenheit, der Einsatz alternativer Transportbehälter und Fahrzeuge sowie das Auffangen von Volumenschwankungen ermöglichen es, unterschiedliche Kundenbedürfnisse effizient zu berücksichtigen.

- **Sicherung der Kunden-Wettbewerbsfähigkeit**

  Die Umsetzung optimierter Fahrpläne mit einer effizienten Streckenführung, die durch qualifizierte Dienstleister umgesetzt wird, sichert und verbessert die Leistungsfähigkeit unserer Kunden.

- **Schonung ökologischer Ressourcen**

  Durch die Vermeidung von Leerkilometern, die Reduzierung der Gesamtkilometer und den Einsatz alternativer Verkehrsträger wird dazu beigetragen, dass die Belastung der Umwelt reduziert wird.

- **Begegnung der Mautproblematik**

  Durch die Optimierung der Transporte, die Bildung von Verknüpfungen und Rundläufen können Streckenkilometer verringert und Leerkilometer vermieden werden. Hiermit wird der Mautproblematik proaktiv begegnet.

Danzas Euronet hat Zugriff auf einen Pool von Dienstleistern und Transportgefäßen, die kurzfristig, flexibel und in großen Mengen verfügbar und einsetzbar sind. Daraus folgt eine höhere Flexibilität, die Steigerung der Zuverlässigkeit, eine Erweiterung der Wertschöpfungskette und Sicherung der Wettbewerbsfähigkeit von Kunden.

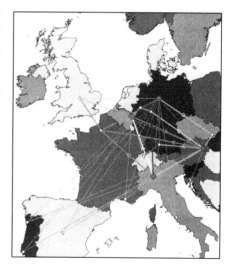

Speziell zu Zeiten der Maut ist es für die Wettbewerbsfähigkeit des Kunden von unschätzbarem Wert, Netzeffekte nutzen zu können. Jede Tour, die nicht effizient gefahren wird, stellt für den Kunden höhere Kosten dar. Wir stehen mit der Optimierung auch unter dem Gesichtspunkt der effizienten Streckenführung für den langfristigen Erfolg unserer Kunden mit dem erfolgreichen Netzwerkmanagement.

4   Aufgaben des Netzwerkmanagements

4.1   Netzwerkdesign als strategische Aufgabenstellung

Ein Netzwerk definiert sich über die involvierten Standorte, seine Verbindungen und mögliche Verknüpfungen sowie durch seine Teilnehmer. Es wird hinsichtlich vorab festgelegter Kriterien (Standorte, Zeitfenster, Verkehrsträger, Transportmittel) modelliert und aufgebaut. Netzwerkgröße und Vernetzungsdichte stellen die entscheidenden Voraussetzungen für die Erzielung von Netzeffekten dar.

Besonderes Augenmerk bei der Modellierung und dem Aufbau eines Transportnetzwerkes wird auf dessen Funktionsfähigkeit in bezug auf technische, ökonomische und ökologische Zielsetzungen gerichtet. Insbesondere geht es darum, Rationalisierungspotenziale in Transportnetzwerken aufzuzeigen und im Sinne aller Teilnehmer auszuschöpfen.

Ein stabiles und sicheres Netzwerk entsteht durch die fortgesetzte Integration zusätzlicher Standorte und Verkehre, sprich Kunden, in bestehende Netzwerke und ermöglicht eine effiziente und erfolgreiche Ausschöpfung der Netzeffekte. Einzelne und komplexe Transportstrukturen werden anhand definierter Kriterien eingearbeitet und stellen somit ein Gesamtsystem dar, das in der Lage ist, alle Einflussfaktoren abzubilden.

Bei der Entwicklung neuer und effizienter Netzwerke spielt speziell der Einsatz qualifizierter und motivierter Dienstleistungspartner eine entscheidende Rolle. Danzas Euronet verfügt über einen großen Pool vertraglich gebundener Dienstleister, die mit einem Höchstmaß an Zuverlässigkeit und Flexibilität die Einhaltung der für die erfolgreiche Gestaltung eines Netzwerks nötigen Qualitätskriterien garantieren.

Der Einsatz der Dienstleister erfolgt je nach deren Stärke z.B. innerhalb bestimmter Regionen oder auch für bestimmte Kunden. Somit können den Teilnehmern eines Transportnetzwerkes je nach Bedarf beispielsweise Branchenspezialisten oder auf bestimmte Dienstleistungen spezialisierte Unternehmer zur Verfügung gestellt werden (dies kann sich sowohl auf definierte Equipmentanforderungen als auch auf Value Added Services beziehen). Es besteht auch die Möglichkeit, dass bestimmte Touren nur an ausgewählte Unternehmer übergeben werden, was besonders bei sehr speziellen Kundenanforderungen von Vorteil ist. In jedem Fall erfolgt eine engmaschige Überwachung der Qualität der erbrachten Leistungen, um den langfristigen Erfolg des Transportnetzwerkes zu gewährleisten.

Danzas Euronet stellt hohe Anforderungen an die in Netzwerke integrierten Dienstleistungspartner. Zum einen müssen die Unternehmen zertifiziert sein und werden regelmäßig durch Danzas Euronet auditiert, zum anderen muss auch das eingesetzte Equipment höchsten Qualitätsansprüchen genügen und netzwerkkompatibel sein. Von großer Relevanz ist zudem die Flexibilität der Dienstleister, da das Transportaufkommen des größten Teils der Netzwerkteilnehmer aufgrund saisonaler Spitzen enormen Schwankungen unterworfen ist (hier kann es in Spitzenzeiten zu Volumensteigerungen um > 100 % kommen).

Oberste Priorität bei der Gestaltung von Transportnetzwerken spielt der Aufbau und die Pflege partnerschaftlicher Kundenbeziehungen. Entscheidend ist hierbei vor allen Dingen das Vertrauen der Kunden in Danzas Euronet, ihre Verkehre bestmöglich in Netzwerke einzubinden und größtmögliche Synergieeffekte zu generieren sowie gleichzeitig allen Anforderungen an die gewünschten Leistungen gerecht zu werden.

Selbstverständlich können hierbei nicht alle Kunden in ein einziges großes Netzwerk eingebunden werden, sondern es werden mittels modernster Optimierungstools verschiedene Netzwerkstrukturen mit jeweils ähnlichen Kundenanforderungen aufgebaut bzw. ständig erweitert und optimiert. Hierbei kann es auch möglich sein, dass es bei höheren Synergiepotenzialen zu gleitenden Übergängen von Kunden von einem in ein anderes Netzwerk kommt, ohne dass für den Kunden eine Veränderung in der Qualität der erbrachten Leistungen spürbar ist. Dies dient auch der Sicherung einer bestimmten Netzgröße bzw. Vernetzungsdichte, womit die größtmögliche Ausschöpfung der Synergiepotenziale garantiert wird.

4.2   Erbringung der Transportleistungen

Die Prozessabläufe in dem beschriebenen System ermöglichen die kundengerichtete, effiziente und qualitative Abwicklung der Transporte und sichern somit die Realisierung der Netzeffekte.

Planung

Die Auftragsdaten des Kunden werden elektronisch übermittelt und stellen den Input für das Optimierungstool dar. Der Planungslauf wird täglich durchgeführt mit einem Fahrplan als Ergebnis. Dieser Fahrplan stellt ein vorläufiges Planungshilfsmittel dar, auf dessen Grundlage die Disposition verfeinert wird.

Durchführung

Die Meldung des Fahrplanes an die Dienstleistungspartner geschieht im Anschluss an den Planungslauf. Durch zeitkritische zusätzliche Aufträge bzw. durch Stornierungen gemeldeter Aufträge ergibt sich ein Änderungsbedarf an dem Fahrplan. Durch die Disposition erfolgt eine kurzfristige Anpassung mit anschließender Weitergabe des Fahrplanes.

Kontrolle

Die Durchführung der Transporte wird in Richtung des Kunden sowie zum Dienstleister hin laufend überwacht. Das Ziel besteht darin, das hohe Qualitätsniveau, das im Netz von Danzas Euronet besteht, zu erhalten oder gar zu verbessern. Abweichungen von der vereinbarten Leistung werden sofort erfasst und ausgewertet, die Behebung von Störungen wird durch das Customer Care Center gewährleistet.

Danzas Euronet als Kompetenzträger im Transportlogistik-Projektgeschäft optimiert in ganz Europa Oneway-Transporte und kundenspezifische Transportnetzwerke. Für die Planung, Prognose, Simulation und Optimierung von Transporten setzt Danzas Euronet eine moderne Optimierungssoftware ein, die laufend weiterentwickelt wird.

5 Einsatz moderner IuK-Technologie als Schlüssel zum Erfolg – Ausgewählte Instrumente des Netzwerkmanagements bei Danzas Euronet GmbH

Zu den wichtigsten zukünftigen Aufgaben im Logistikbereich gehört die permanente Weiterentwicklung einer leistungsfähigen Informationstechnologie. Die computergestützte Überwachung und Dokumentation aller logistischen Abläufe ist bei Danzas Euronet längst Standard. Mit speziell auf unsere Bedürfnisse angepasste Software planen, kombinieren und überwachen Spezialisten die Transporte. Die Einhaltung der Kundenvorgaben wird minutengenau umgesetzt. Weiterhin wird für jeden Tag ein Fahrplan vorab simuliert. Dies erlaubt natürlich auch eine kurzfristige Nachdisponierung. Damit ist Danzas Euronet in der Lage, auch große und schwankende sowie kurzfristige Bedarfe und Mengen effizient zu fahren.

Ein effektives IT-Netzwerk und das erstklassige Management der vorhandenen Ressourcen ist der beste Weg zu leistungsfähiger Logistik. Hohes Volumen, hohe Auslastung von Fahrzeugen und Behältern sowie ein geringer Overhead führen zu großen Einsparungspotenzialen in den einzelnen Transportsystemen für Beschaffungs-, zwischenbetriebliche und Distributionslogistik sowie über die gesamte Supply Chain.

Ziel der Optimierung ist es, für den Anwender eine deutlich höhere Rentabilität in der Transportabwicklung zu erreichen. Die Optimierung ist durch die Komplexität und die zu verplanenden Volumina nur mit einer ausgefeilten Software durchführbar.

5.1 Planung, Optimierung und Simulation

Planungs- und Optimierungsprogramm (POP)

POP ist das Planungs- und Optimierungsprogramm von Danzas Euronet, das den Kernleistungsprozess der optimalen Transportdurchführung wesentlich unterstützt. Hauptaufgabe ist die Erstellung eines täglich optimierten Tourenplanes. Mit den von heute bekannten Rahmenbedingungen und den bekannten Aufträgen von morgen wird ein kompletter Fahrplan errechnet. Die Berechnung geschieht unter Nutzung mathematischer Modelle und Algorithmen, die sich auf dem neuesten Stand der wissenschaftlichen Forschung befinden und zukünftigen Marktentwicklungen standhalten.

Folgende **Aufgaben** stehen dabei im Mittelpunkt:

- Kapazitätsauslastung

- Nutzung und Kombination verschiedener Verkehrsträger

- Minimierung der Leerkilometer

- Bestandsplanung der Kapazitäten

- Bestandssicherung durch rechtzeitige Repositionierung

- Einsatzplanung der Dienstleister

- Bevorzugte Berücksichtigung von fest hinterlegten Linienfahrplänen (Bahn/LKW)

- Berücksichtigung von Restriktionen (Öffnungszeiten, Eingangskapazitäten, Laufzeiten)

Bei der Planung werden folgende Informationen berücksichtigt:

- Stammdaten (Kundendaten, Dienstleisterdaten, Kapazitäten, geographische Informationen, gesetzliche Bestimmungen)

- Bewegungsdaten (Auftragsdaten, Status der Kapazitäten, aktuelle Statusinformationen)

- Zusatzdaten (Steuerungsparameter, Bestandsmeldungen, Prognosedaten)

Bei der Fahrplanerstellung werden zunächst transportorientierte Dienstleistungen, die vom Kunden angefordert werden, für die Tourenplanung in leicht handhabbare Einheiten umgewandelt. Diese Einheit wird als Transportauftrag bezeichnet. Ein Transportauftrag löst den Transport eines Lademittels (z.B. eines WAB) innerhalb eines bestimmten Zeitfensters von einem Ort zu einem anderen aus.

Im folgenden Schritt der Fahrplanerstellung generiert POP aus der Menge der Transportaufträge einen optimierten Tourenplan. Schließlich werden die Touren des Plans auf die verschiedenen Dienstleister aufgeteilt.

Das Planungsprogramm soll im Rahmen der Optimierung auch den kombinierten Ladungsverkehr unterschiedlicher Verkehrsträger (LKW, Bahn, Fähre, Schiff) betrachten, konkurrierende Alternativen bewerten und gegeneinander abwägen können. Der Schwerpunkt der POP-Planung liegt aber bei der Planung der Straßentransporte. Die Verkehrsmittel Flugzeug, Fähre und Schiff sind momentan noch ohne Bedeutung, fließen aber bereits in die Konzeption ein. Prinzipiell können Straßentransporte mit unterschiedlichen Fahrzeugtypen, wie Sprinter, Sattel, BDF-Fahrzeug oder einem LKW (Trailer) mit Festaufbauten durchgeführt werden.

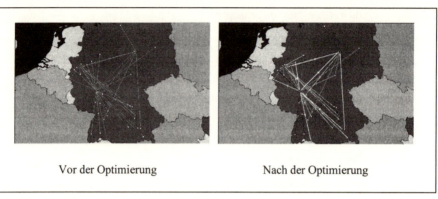

Vor der Optimierung   Nach der Optimierung

Abb. 2:   Optimierung des Tourenplans mittels POP

Aufgrund der hohen Komplexität der Aufgabenstellung verwendet das Optimierungstool mehrere Module. Jedes der Einzelmodule löst Teilaspekte der Gesamtaufgabe.

- **Bahnplanung**

  Zeitkritische Transporte oder Transporte, die besondere Einsparungen gegenüber der Straße aufweisen, werden innerhalb des Netzwerkes auf den Verkehrsträger Bahn verplant.

- **Feste Touren**

  Feste Straßenkapazitäten sind immer wiederkehrende Transporte bestehender Kunden, die mit tatsächlichen Aufträgen „gefüllt" werden.

- **Optimierung**

  Die kostenoptimale Verknüpfung der Kundenaufträge wird durch mathematische Verfahren und Algorithmen sichergestellt. Dabei stellen die Kosten nur einen Teil eines Zielbündels dar.

- **Repositionierung**

  Hierbei geht es um die optimale Versorgung der Bedarfspunkte mit einer ausreichenden Menge an Transportgefäßen, damit die geplanten Verkehre pünktlich realisiert werden können.

- **Fahrzeugumlauf**

  Die berechneten Touren werden gerecht auf die Dienstleister verteilt. Die gerechte Verteilung wird durch die Anwendung einer Heuristik garantiert.

- **Begegnungsverkehre**

  Auf der Grundlage des fertigen Tourenplans werden mögliche Begegnungspunkte ausgewiesen.

Ein bedeutender Vorteil der modularen Architektur besteht in der Unabhängigkeit der Weiterentwicklung und Wartung der einzelnen Module.

Simulation als experimentelle Planung

In der Optimierung von Transporten liegt ein wesentlicher Teil der Kernkompetenz von Danzas Euronet. Im Vorfeld der Optimierung und der Ausführung von Transportleistungen sowie zur Berechnung individueller Verkehrsstrukturen werden die Transporte simuliert, um das gesamte Optimierungspotenzial ausschöpfen zu können.

Ein eigens erstelltes Simulationstool ermöglicht die Analyse variabler Rahmenbedingungen und die Bestimmung benötigter Ressourcen für die losgelöste und integrative Darstellung kundenspezifischer Netze. Die flexible Einstellung und Veränderung von An- und Abfahrtszeiten, Transportmengen, dem erforderlichen Equipment und Ladehilfsmitteln ermöglichen den Vergleich alternativer Szenarien. Kundenindividuelle Anforderungen wie spezielle Routen und Verkehrsträger können für eine optimale Tourenzusammenstellung berücksichtigt werden. Die Kostenwirkung verschiedener Szenarien aufgrund der Reduktion des eingesetzten Equipments und der Minimierung der Leerkapazitäten sind neben der Auswirkung auf sehr hohe Lieferqualität eine Anforderung an ein Simulationstool für ein kundenspezifisches Tarifmodell zur Unterstützung der Angebotserstellung.

5.2   Online-Bestellsystem (e-komplett)

Die Kommunikation zwischen Verlader und Dienstleister ist ein entscheidender Faktor für eine effiziente Zusammenarbeit. Bis heute sind Telefon und Faxgerät noch die gängigsten Kommunikationsmittel zwischen Kunden und Spediteuren. Dieser Kommunikationsweg ist jedoch in vielen Fällen langwierig und mit Unsicherheiten verbunden. E-Business Lösungen vereinfachen und beschleunigen Beschaffungs- und Beauftragungsprozesse.

Genau hier setzt das Internet mit *www.e-komplett.de* an. Online, und somit unmittelbar nach der Eingabe, werden am Bildschirm Machbarkeit, Konditionen und weitere Details jedes Transportes ermittelt, geprüft und zeitnah an den Kunden übermittelt.

Das Bestellsystem von Danzas Euronet unterscheidet sich deutlich von üblichen Internet-Transportbörsen und Internet-Marktplätzen, wo zunächst eine unverbindliche Anfrage am ‚Schwarzen Brett' erfolgt. Eine *www.e-komplett.de* -Bestellung ist ein bindender Auftrag.

An einer Verschlankung von Prozessen und somit an webbasierten Auftragssystemen führt heute kein Weg mehr vorbei. Abläufe verändern sich und Beauftragungszeiten werden deutlich reduziert, insbesondere durch Standardisierung. Dieses Verfahren hat für Verlader und Speditionen einen entscheidenden Vorteil, denn die oft langwierige Suche nach einem geeigneten Spediteur entfällt; nach 1 Minute ist der Auftrag an Danzas Euronet über das Internet erteilt.

Das dichte Logistiknetzwerk von Danzas Euronet macht es möglich, diesen Service unabhängig von Ort und Zeit jedem Interessenten und Kunden anzubieten. Die Einbindung in die täglich ca. 2.500 Touren (in Spitzenzeiten die doppelte Anzahl) und ein enges Netzwerk ebnen Danzas Euronet und unseren Kunden den Weg, mit einer Vorlaufzeit von nur 4 Stunden jeden Auftrag auf den Weg zu bringen. Ist der Auftrag bis mittags eingegangen, wird die Ware noch am gleichen Tag aufgenommen und ist in weniger als 24 h beim Kunden – mit Garantie.

Abb. 3:   Internetportal des Online Bestellsystems e-komplett

Entscheidend für den Erfolg ist ein System, das einfach in der Bedienung und in der Benutzerführung zu handhaben ist. Zusätzlich übernimmt Danzas Euronet die Garantie für jeden Transport und bietet Preisvergünstigungen in 40% der Postleitzahlgebiete innerhalb Deutschlands an, was durch die Umsetzung der Netzeffekte realisiert werden kann. Der Kunde bezahlt lediglich den Transport. Es fallen keine zusätzlichen Kosten für eine Beauftragung über das Internet an.

Jeder Interessent wird über eine Registrierung und Zugangskennung in das System „aufgenommen". Nur wenige Schritte führen in kürzester Zeit online zum Erfolg, also zu einer Beauftragung und Durchführung der erfassten Transporte.

- **Equipmentberechnung**

  Über die Anzahl Palettenstellplätze, Gewicht, Volumen, Ladefläche oder Lademeter wird schnell und einfach das benötigte Equipment, bspw. LKW mit Wechselbrücke oder Trailer, berechnet.

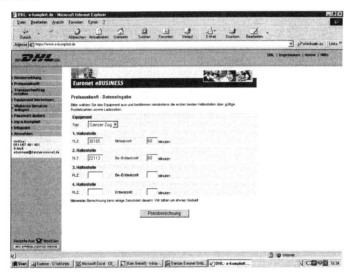

Abb. 4: Dateneingabemaske

- **Preisauskunft**

  Nach Eingabe der PLZ der Ladestellen wird online der Frachtpreis für die Tour ermittelt.

- **Angebot/Auftrag**

  Bei positiver Prüfung der Machbarkeit wird das verbindliche Angebot angezeigt, das lediglich mit einem Mausklick bestätigt wird. Die Beauftragung ist erfolgt und der Auftrag wird durchgeführt.

- **Transportgarantie**

  Im Unterschied zu Logistikmarktplätzen oder -börsen ist *e-komplett.de* ein Bestellsystem für Komplettladungen. Hierüber beauftragte Transporte werden nach Machbarkeitsprüfung mit Garantie immer gefahren.

- **Hoher Qualitätslevel**

Die Durchführung der Transporte geschieht auf dem hohen Qualitätslevel von über 98% Pünktlichkeit.

- **My e-komplett/Standardaufträge**

Immer wiederkehrende Relationen werden im personalisierten Bereich unter „my e-komplett" einmalig hinterlegt. Die Beauftragung über diesen Weg dauert ebenfalls lediglich ca. 1 Minute für die hinterlegten Transporte. Eine individuelle Auftragshistorie ist verfügbar.

Abb. 5: Standardaufträge im personalisierten Bereich „my e-komplett"

5.3 Customer Care Center (CCC)

Die durchgängige Verfolgung aller Transporte genießt bei Danzas Euronet höchste Priorität. Mit einer durchgängigen Überwachung der durchgeführten Transporte auf allen Touren erreichen wir die Zusicherung der beschriebenen Qualität und Pünktlichkeit sowie die sehr hohe Kundenzufriedenheit.

Das Customer Care Center überwacht alle Transporte an 7 Tagen in der Woche, 24 Stunden am Tag. So ist Danzas Euronet jederzeit über den exakten Status des Kunden-Transportauftrages informiert. Agieren statt reagieren ist die Devise. Proaktiv erfährt der Kunde, wenn etwas dazwischen kommt und wie auch schwierige Situationen gelöst werden.

Selbst wenn in Ausnahmefällen ein Transport durch Stau, Unfall oder höhere Gewalt auf der Strecke bleibt, überlässt Danzas Euronet nichts dem Zufall und stellt innerhalb kürzester Zeit ein Ersatzfahrzeug zur Verfügung. Die Zufriedenheit und die Sicherung des Geschäftsbetriebes unserer Kunden steht an erster Stelle.

6 Beispiel intelligenter Vernetzung von Straße und Schiene: Der Parcel InterCity (PIC)

Bei dem Verkehrsträger „PIC" geht es gemäß dem Grundsatz „Soviel Straße wie nötig und soviel Schiene wie möglich" um die Weiterentwicklung der Schienensysteme und die fortschreitende Verlagerung der Transporte von der Straße auf die Schiene. Die Entwicklung innovativer Schienenlösungen wird beständig vorangetrieben.

Mit dem Parcel InterCity wurde ein bundesweites Schienennetz für Übernachttransporte aufgebaut, welches den Standard eines 24-Stunden Services bietet und zu vergleichbaren Kosten des Straßentransportes realisiert wird. Die Attraktivität von Schienentransporten wurde damit deutlich erhöht. Das Konzept beruht auf dem Einsatz von Loks aus dem Personenzugverkehr mit Geschwindigkeiten von bis zu 160 km/h.

Seit Januar 2000 verkehrt der Parcel InterCity fünf Tage die Woche zwischen Hamburg und München mit einer Pünktlichkeitsquote von über 98 Prozent. Dafür benötigt der schnelle Güterzug, der mit einer Höchstgeschwindigkeit von 160 Stundenkilometern und Priorität im gesamten Streckennetz unterwegs ist, nur gut acht Stunden. Die Be- und Entladung erfolgt ohne Wartezeiten in genau getakteten Zeitfenstern. Damit erfüllt der PIC alle Anforderungen der verladenden Wirtschaft. Zudem ist der PIC verkehrspolitisch und ökologisch sinnvoll, weil er Verkehr von der Straße auf die Schiene verlagert und zu weniger Energieverbrauch und Abgasen, etwa CO_2-Emissionen, führt.

Der Transport auf der Schiene verläuft reibungslos. Zum Zuge kommt dabei die Kompetenz von Danzas Euronet im Netzwerkmanagement, das schon lange die Kombination von Straße und Schiene einschließt. Denn neben dem reinen Schienennetz ist die Schnittstelle Anlieferung und Beladung bzw. Entladung und Abholung ein entscheidender Faktor für den schnellen und problemlosen Warentransport. Der Systemführer muss die gesamten Prozessabläufe vor und nach dem Einsatz des PIC abstimmen und takten.

Die Nutzung von Straße und Schiene im kombinierten Verkehr wird von deutschen Unternehmen aus Industrie und Handel gewünscht. Dies zeigt eine Studie, die das Meinungsforschungsinstitut Forsa im Auftrag von Danzas Euronet durchgeführt hat. Als Voraussetzung für die Verlagerung von Transporten von der Straße auf die Schiene wünschen die

Unternehmen allerdings ein in puncto Schnelligkeit, Anbindung, Preis, Pünktlichkeit und Flexibilität leistungsstarkes Angebot.

Mit Ausnahme von höherer Gewalt ist der Parcel Intercity bisher jeden Tag auf die Minute pünktlich zwischen München und Hamburg in beide Richtungen unterwegs. Der hohe Qualitätsgrad bei einer Beförderung im Nachtsprung wird gerade den speziellen Anforderungen der Speditions-Branche gerecht und ist zunehmend bedeutsam, da die Lieferung im 24-Stunden-Rhythmus heute fast selbstverständlich ist. So steht den Kunden mit dem PIC ein Premium-Produkt zur Verfügung. Da der PIC von Danzas Euronet frei vermarktet wird, benutzen neben anderen Konzernbereichen viele bedeutende externe Kunden sowie klassische Speditionsunternehmen diese Transportmöglichkeit.

Die Nord-Süd-Verbindung des PIC hat bereits eine Auslastung von rund 85 Prozent erreicht. Danzas Euronet geht aber davon aus, dass mit der Einführung der Lkw-Maut die Nachfrage nach schnellen Güterzugverbindungen erheblich steigen wird. Auf Basis der guten Auslastung auf der Nord-Süd-Achse wäre z.B. ein zweites Zugpaar von Bremen über Hannover auf die Zielorte München und Nürnberg, ggf. mit einem Abzweig nach Stuttgart, denkbar. Solche Überlegungen werden auch durch das hohe Volumen an zu transportierenden Seecontainern gestützt. Weitere Relationen wie die Verbindung von Köln nach Berlin stehen auf dem Projektplan.

Im Rahmen eines über den PIC hinaus erweiterten Rail-Konzeptes werden bereits heute nennenswerte Kundenvolumina z.B. aus dem Westen in Richtung Norden, Osten und Süden bzw. retour transportiert. Zur Realisierung der Grundidee zur Verbindung der Wirtschaftszentren in der Bundesrepublik gibt es eine Reihe von Ansatzmöglichkeiten zum Aufbau eines auch wirtschaftlich tragbaren Systemnetzwerkes.

7 Zusammenfassung und Ausblick

Voraussetzung für die Integration und Optimierung von Kundenverkehren in Netzwerken ist ein regelmäßiges Transportvolumen in einer entsprechenden Größenordnung. Die Sendungsvolumen und die Anzahl der Transporte bestimmen die Netzwerkgröße. Zudem müssen die zu verladenden Güter mit im Netzwerk problemlos einzusetzendem Equipment zu transportieren sein – idealerweise Wechselbrücken oder Trailer.

In diversen internen und externen Erhebungen wurden von Danzas Euronet anhand der obigen Kriterien einige Branchen als besonders geeignet für den Auf- und Ausbau von Transportnetzwerken identifiziert. Hierzu gehören u.a. Einzel-, Groß- und Versandhandel, Produzenten aus den Bereichen Konsumgüter, Textil/Bekleidung sowie Möbel/Holz und Technologie.

Die Summe der Informationen aus den Märkten liefert Anhaltspunkte für die Situation und die Entwicklung der Unternehmen sowie für Anforderungen an effiziente Lösungen innerhalb der Transportlogistik. Es geht darum, branchenrelevante und -übergreifende Bedürfnisse zu erkennen und durch die Entwicklung von auf den Kunden zugeschnittenen Lösungsszenarien im Dienstleistungsportfolio zu bedienen.

Außer von den bereits aufgeführten allgemeinen Vorteilen profitieren unsere Kunden zudem von der langjährigen Erfahrung von Danzas Euronet in Aufbau und Steuerung von Transportnetzwerken. Die aus einer gewissen Spezialisierung resultierenden guten Branchenkenntnisse führen außerdem dazu, dass bereits in der Angebots- und Implementierungsphase bestimmte branchenspezifische Anforderungen berücksichtigt und eingearbeitet werden können.

Management von Transport-Netzwerken bedeutet bei Danzas Euronet also größtmögliche Integration des Kunden in bestehende Netzwerke oder der Aufbau neuer Netzwerke und Ausschöpfung aller Optimierungs- und Synergiepotenziale, ohne dabei die kundenindividuellen Bedürfnisse aus den Augen zu verlieren.

Liberalisierung, EU-Osterweiterung, Marktkonzentration und Autobahnmaut sind nur einige Stichworte für Veränderungen im Transport- und Logistikmarkt, die zu lösen sind. Die Realisierung von Netzeffekten, die sowohl auf der Kosten- als auch auf der Nutzenseite Vorteile bieten, tragen zur Erreichung von Verbesserungen auf der Kostenseite und im Lieferservice maßgeblich bei.

Klaus Heitland

Michael Deller

Die Schiene als alternativer Verkehrsträger unter Berücksichtigung von Marktstrukturen und Abwicklungseffizienz

Klaus Heitland, Michael Deller

Triaton GmbH, Krefeld

Inhaltsverzeichnis

1 Einleitung

Ausgehend von den Ergebnissen der Studie „Zukunftsforschung Güterverkehr" wird analysiert, wie die technologische Schwelle überwunden werden kann, um Verladern die Nutzung der Bahn als Transportmittel zu erleichtern. Anhand ausgewählter Projekte aus den letzten beiden Jahren seit Liberalisierung des Bahnbetriebs wird aufgezeigt, welche Anforderungen Verlader an die Bahnnutzung haben, wie sie Nutzen aus dem Bahneinsatz ziehen und brachliegende Potenziale heben können. Es wird dargestellt, welche Wege zur Problemlösung sie beschritten haben, um die Optionen für andere Unternehmen aufzuzeigen.

2 Trends und Herausforderungen für Logistik-Verantwortliche

Die Studie „Zukunftsforschung Güterverkehr" erbrachte als wichtigste Ergebnisse für die europäische Logistik:[1]

---

1. Technologische Anforderungen an den Güterverkehr steigen deutlich

   - Planungsqualität steigt
   - Reaktionszeit sinkt
   - Anteil kleiner Sendungen steigt
   - Logistiker werden zunehmend Komplettdienstleister

2. Grenzüberschreitende Verkehre stellen keine veränderten Herausforderungen dar

   - Transportbarrieren und -hemmnisse sinken nur marginal
   - Große Hemmnisse bestehen für die Industrie und nur geringe für den Handel
   - Anteil von Im- und Export bleibt im Durchschnitt fast konstant
   - Leichtes Wachstum für Dienstleistung und Industrie, Rückgang im Handel

3. Position der Schiene wird gestärkt

   - Belastung der Straße durch ordnungspolitische Maßnahmen (Maut)
   - Industrie ist wesentlich pessimistischer über die Entwicklung der Maut als Handel und Dienstleistung
   - Anteil Privatbahnen am Güterverkehrsaufkommen wächst
   - Deutlich im Handel (von 22% auf 33%)
   - Kaum in der Industrie (von 1% auf 2%)
   - Zunahme moderner Umschlagsplätze wird nur vom Handel erwartet

---

[1] Vgl. auch den Beitrag von Elbert/Gomm im vorliegenden Band.

Aus diesen Ergebnissen lassen sich zwei relevante Trends herausdestillieren, die Europas Logistik-Verantwortliche gleichzeitig aus zwei Richtungen in die Zange nehmen:

- Die vom Markt erzeugten technologischen Anforderungen gehen in Richtung eines individuellen und differenzierten Service, wie er sich nach gegenwärtigen Vorstellungen von einer Bahn kaum erbringen lässt. Diese technologischen Anforderungen treiben die Verlader in Richtung LKW-Verkehr.

- Ordnungspolitische Maßnahmen werden ersonnen und verabschiedet, die den Verkehr von der Straße auf die Schiene verlagern sollen. Zwar werden diese Maßnahmen außerhalb des Marktes erzeugt, sind künstlich, wirken aber ebenso wie marktimmanente Größen. Sie lassen sich in der Regel in ihrem Einfluss auf das Geschäft exakt kalkulieren, da die Rechenvorschrift in der Regel Teil der gesetzgeberischen Regelung ist.

Wie kann der Druck dieser Zange vermindert werden? Wie können sich Verlader und Logistiker aus dieser Einkesselung befreien, sich einen Freiraum schaffen, einen Wettbewerbsvorteil gewinnen? Nehmen wir die ordnungspolitischen Maßnahmen als gegeben hin, schauen wir auf die technologische Lücke bei der verstärkten Nutzung des Transportmittels Bahn.

3 Verstärkte Nutzung der Bahn als Lösungsalternative?

Bahn-Disposition und Bahn-Management für einen Verlader integriert und standardisiert in sein ERP-System einzubinden, ist im europäischen Umfeld eine komplexe, kaum zu bewältigende Aufgabe. In der Regel werden isolierte Lösungen angeboten, gegebenenfalls mit Schnittstellen in das ERP-System hinein. Aber eine effiziente Logistik erfordert eine Integration und Automation der Logistik, sowohl in der Abwicklung als auch in der Berichterstattung.

SAP bietet in seinem Standard-System keine Bahn-Lösung für Europa an, plant auch keine solche. Nach der Implementierung von SAP Rail Car Management – einer Bahn-Lösung für den amerikanischen Markt – können für das Umfeld USA die wichtigsten Funktionen im Standard eingestellt werden.

Doch wo bleibt Europa? Die europäische Kleinstaaterei ist für die Anbieter komplexer Lösungen wenig interessant. Die Bahnverkehre der europäischen Länder werden von nationalen Bahngesellschaften beherrscht, die traditionell Monopole sind und entsprechend denken, die durch ihre staatlichen Eigentümer teilweise mit Alleinstellungsmerkmalen bedacht, aber auch andererseits in manchem verwöhnt und der Realität entwöhnt wurden. Sie befinden sich (noch nicht alle, aber manche) auf dem Weg zurück zum Markt, zurück zu ihren Kunden. Die neu entstandenen Privatbahnen haben manche Vorteile, weil sie ihren potenziellen Kunden vielleicht gedanklich schon viel näher stehen, aber sie bringen nur Prozentbruchteile an Marktanteil mit sich. Weitere Punkte reduzieren die Attraktivität der NE-Bahnen für Großunternehmen:

- die Fragmentierung des Marktes – in Deutschland sind über 200 Bahngesellschaften angemeldet

- ihre ambivalente Marktposition – die meisten sind einerseits Subunternehmer der DB Cargo und gleichzeitig Konkurrenten

- ihre meistens vorhandene regionale Einschränkung

- die häufig rudimentär ausgeprägten Abwicklungssysteme erlauben keine Automatisierung über den kompletten Logistikprozess

Soll man deshalb warten, bis DB Cargo oder andere Nationalbahnen oder einige der Privatbahnen sich zum 3PL oder gar 4PL gemausert haben und anbieten, alle unsere Logistik-Probleme vertrauensvoll in ihre Hände zu legen? Diese Privatbahnen sind weitgehend Nischenanbieter. Sie erfahren zur Zeit ein rasantes Wachstum, aber ihre Ausgangsbasis ist zu klein, um in wenigen Jahren schon eine nennenswerte Marktabdeckung von ihnen zu erwarten. Sie können aber durchaus gewisse regionale oder gewisse branchenspezifische Anforderungen abdecken. Wenn Unternehmen aber auf flächendeckenden und branchenübergreifenden Service angewiesen sind, könnte dieser zumeist nur von DB Cargo geliefert werden. Im Konjunktiv deshalb, weil DB Cargo auf ihrem Weg zurück zum Markt für manch Überraschung gut ist und sich gelegentlich überraschend aus bestimmten Segmenten einfach zurückzieht. Mancher Unternehmer, der gerne auf Bahntransport bauen möchte, wird in schierer Verzweiflung zurückgelassen.

Zu den unterschiedlichen Philosophien von 4PL-Anbietern und herkömmlichen Spediteuren (3PL genannt) sagte Alexander B. Bauer, Chairman der 4PL Central Station Group, Basel, in einem Interview der DVZ im Jahr 2002:

«Der 3PL versteht sich lediglich als Architekt des Transports – der 4PL fungiert als Generalunternehmer für das gesamte Logistikprozess-Management inklusive innerbetrieblicher Produktionslogistik».

«Der 3PL – selbst wenn es sich um einen Logistikkonzern (LLP) handelt – ist bezüglich Flexibilität und Aktionsradius limitiert – dem 4PL steht durch Einbindung der jeweils besten Ressourcen eine breite Palette von Optionen offen».

«Im Zentrum der 3PL-Philosophie steht die Bewirtschaftung eigener Assets, während der Asset-ungebundene 4PL im Interesse eines Kunden agiert».

«Der 3PL versteht unter Kostenvorteilen meistens die von ihm berechneten Servicekosten – der 4PL aber kundenseitige Einsparpotenziale entlang der ganzen Versorgungskette».

Privatbahnen als 4PL werden Verlader zwar im nächsten Jahrzehnt bedienen können, Logistikaufgaben müssen aber auch heute gelöst werden.

4 Anforderungen von Bahnkunden an eine Bahnabwicklung

Anforderungen von (potenziellen) Bahnkunden werden schlaglichtartig immer wieder in der Presse und in Diskussionen formuliert. In detaillierter und präzisierter Form hat man sie jedoch üblicherweise nicht parat. Solche Dokumentationen werden dann aufgestellt, wenn Unternehmen die ungenutzten Potenziale erkennen und konkrete Projekte angehen. Zwei Unternehmen haben in den Jahren 2001 (Celanese Chemicals) und 2002 (Solvay) Projekte zum Aufbau einer in ihr Geschäftssystem integrierten Bahnabwicklung abgeschlossen, die eine Prozessautomatisierung samt Datenaustausch per EDI mit DB Cargo beinhalten. Für diese Projekte wurden die Anforderungen an die Bahnnutzung formuliert, die im folgenden in Auszügen wiedergegeben werden, um die Stoßrichtung der Anforderungen deutlich machen.

4.1 Das Beispiel Celanese Chemicals

Das wirtschaftliche Umfeld eines Unternehmens ist einem ständigen Wandel unterzogen. Qualität und Effektivität von Transporten stellen angesichts der zunehmenden Globalisierung einen immer wichtigeren und zur Erzielung von Wettbewerbsvorteilen notwendigen Faktor dar. Moderne Produktionsverfahren erfordern maßgeschneiderte Produkte mit exakt abgestimmten, kurzen Lieferzeiten. Kunden von Transportdienstleistern fordern deshalb eine immer größere Leistungsvielfalt und Qualität für immer niedrigere und variablere Kosten. Da diese Faktoren letztendlich auf Transportqualität basieren, müssen das Management geschlossener Transportketten, die terminliche Zuverlässigkeit, die Unversehrtheit der Ladung sowie die Sicherheit und der Umweltschutz gewährleistet sein. In Bezug auf die Abwicklung des Transportmittels Bahn sind diese Anforderungen nur durch eine Effizienzsteigerung bei der Bahnabwicklung, die Freisetzung von Rationalisierungspotenzialen, die Schaffung von strategischen Wettbewerbsvorteilen, die Erhöhung der Sicherheit und Qualität von Bahntransporten und schließlich durch die Erzielung von Synergieeffekten zu erreichen. Bestehende Bahnabwicklungen bieten in vielen Bereichen nur teiloptimierte und deshalb in einer Supply Chain Management Betrachtung nur unzureichende Lösungen und werden daher zukünftigen Anforderungen nicht mehr gerecht werden können.

Die Optimierung bestehender Arbeitsabläufe bei Bahntransporten – in der Arbeitsteilung zwischen Erzeugern, Verladern und Bahnunternehmen – wird damit zu mit LKW-Transporten vergleichbaren Prozessen führen.

Neben den traditionellen Anforderungen an einen Transport (terminliche Zuverlässigkeit, Unversehrtheit der Ladung, Sicherheit, Umweltschutz) legte Celanese vor allem Wert auf be-

triebswirtschaftliche Vorteile. Und, wie wir sehen werden, wurde dieser Nutzen vor Projektbeginn durch ausführliche Analysen sichergestellt.

4.2 Das Beispiel Solvay

Rund 500 Millionen Tonnen Gefahrgüter werden jährlich allein in Deutschland befördert. Mit
60 Millionen Tonnen zählt die Bahn – nach dem LKW – zu den meistgenutzten Transportmitteln. Vielfach sind Bahntransporte sogar vorgeschrieben, um das Risiko für Menschen und
Umwelt möglichst gering zu halten. Gesetze, Richtlinien und Vorschriften wie das „Gesetz
über die Beförderung gefährlicher Güter" (GGBefG) oder das ADR/RID regeln nicht nur das
„Womit" sondern auch das „Wie" beim Gefahrgutversand. „Ohne leistungsfähige IT können
die zahlreichen und sehr strengen Auflagen kaum noch überblickt werden", bestätigt Bruno
Zastrow, Leiter des Bereiches Logistik bei der Solvay Deutschland GmbH. Das gelte sowohl
für die Verwaltung gefahrgutspezifischer Stamm- und Bewegungsdaten als auch für die eigentliche Transportabwicklung. Das Problem dabei: Die meisten Bahnlösungen entsprechen
nur bedingt den Anforderungen an ein modernes Supply Chain Management. Mehrfacheingaben von Daten, ein hoher Anteil manueller Tätigkeiten und mangelnde Transparenz machen
Transporte unnötig teuer und kompliziert. Hinzu kommen in vielen Fällen veraltete Technik
und Infrastruktur sowie überholte Organisationsstrukturen und Abläufe.

„Auch unsere alte Transportlösung war an die Grenzen ihrer Leistungsfähigkeit gestoßen",
blickt Bruno Zastrow zurück. „Sämtliche Transportpapiere mussten manuell erstellt und per
Fax an den Transportdienstleister DB Cargo AG verschickt werden. Auf Dauer erwies sich
diese Vorgehensweise als zu aufwändig und ineffizient." Das Chemieunternehmen suchte
deshalb nach einer Lösung, mit der es die Bahnabwicklung und das Frachtkostenmanagement
weiter optimieren konnte. Nach eingehender Prüfung entschied man sich im April 2002 für
die Softwarelösung „S4T™ Transportdisposition Bahn für mySAP Supply Chain Management" von Triaton. Sie unterstützt die Disposition loser und verpackter Waren sowie die Festlegung der geeigneten Frachtpreise.

„Aus IT-Sicht war uns vor allem wichtig, dass die Software modifikationsfrei in SAP R/3
integriert werden konnte", begründet Zastrow die Entscheidung. „Damit haben wir sichergestellt, dass künftige Releasewechsel problemlos ablaufen können". Im ersten Schritt wurde
S4T™ an drei Standorten in Rheinberg, Bernburg und Bad Hönningen eingeführt. Der Go
Live erfolgte im Dezember 2002, knapp acht Monate nach Vertragsunterzeichnung. „Wir
mussten uns ganz schön ranhalten, denn die Projektlaufzeit war extrem kurz", erzählt Patricia
Rütten, Product Managerin Applications & Solutions bei Triaton. Die Logistik-Expertin und
ihr Team ließen sich dadurch aber nicht beirren: „Zum einen handelt es sich bei S4T™ um
eine ausgereifte Lösung, die wir bereits bei anderen Unternehmen mit Erfolg eingeführt ha-

ben. Zum anderen konnten wir dadurch, dass sämtliche Solvay-Gesellschaften in Europa einheitlich SAP R/3 Release 4.6 c nutzen, die IT-Komponente innerhalb von 28 Wochen implementieren und eingehend testen", so Patricia Rütten weiter.

Für Solvay war die Einhaltung der gesetzlichen Anforderungen der entscheidende Punkt, die von einem zuvor genutzten System in Kürze nicht mehr hätte gewährleistet werden können. Daneben gab es klare technische Anforderungen in Richtung auf eine „pflegeleichte" Lösung für das Unternehmen. Damit vermeidet man absehbare technische Probleme bei der zukünftigen Weiterentwicklung des Geschäftssystems.

5   Lösungsansatz mit Erweiterungsbausteinen zur Standardsoftware

Beide Unternehmen entschieden sich für die Logistik-Lösung S4T™, die diese Spannweite der Forderungen abdecken konnte und deren Eigenschaften im folgenden vorgestellt werden.

S4T™ ist eine flexible Logistiklösung, voll integriert in das Standard-ERP mySAP SCM. S4T™ ist mehr als eine CD, die einfach in ein Geschäftssystem eingespielt wird und auf diese Weise alle erdenklichen Logistikprobleme löst. Neben vorgefertigten, in der Praxis erprobten SAP R/3-Bausteinen gehört dazu ein auf langjähriger Erfahrung basierendes Experten-Know-how, überwiegend gewonnen in der chemischen Industrie mit ihren vielfältigen Güterstrukturen.

Die vorgefertigten Bausteine führen zu kürzeren Projektlaufzeiten, denn Vorfertigung bedeutet, dass ein Teil der Projektarbeit bereits vor Projektbeginn erledigt ist. Damit wird auch das Erreichen der Projektziele sicherer und das Projekt verläuft aufgrund dieser Vorstrukturierung on time und on budget.

Technisch betrachtet ist S4T™ pures SAP R/3, keine außen aufgesetzte Satellitenlösung, die an den Standardfunktionen vorbei arbeitet oder sie sogar dupliziert. Der Einstieg erfolgt über ein Funktionsmenü, das sich harmonisch in das „Look & Feel" des Standard-SAP einfügt. Alle erforderlichen funktionalen Ergänzungen wurden über S4T-Customizing und die im Standard vorgesehenen Userexits realisiert. Damit sind Releasewechsel so einfach wie mit der Standard-Software selbst. Die Einführung von S4T™ ist deshalb eine modifikationsfreie Implementierung.

5.1   Modularer Aufbau von S4T™

Welche Bausteine sind in S4T™ enthalten?

- Eine **Bahndisposition**, die es erlaubt, Transporte per Schiene ebenso einfach abzuwickeln wie Transporte auf der Straße. Damit kann auch die Bahn-Frachtenprüfung bis hin zur Verbuchung im Rechnungswesen automatisiert werden.

- Eine **EDI-Anbindung** an das DB Cargo ZAB[2] und weitere Transportdienstleister, mit der vollautomatisch Vormeldungen, Aufträge, Statusinformationen etc. mit den beauftragten Transporteuren ausgetauscht werden, in beiden Richtungen, per EDI oder per XML.

- Eine **Automatische Spediteurauswahl**, mit der automatisch der richtige Transportdienstleister ermittelt werden kann, abhängig von den jeweiligen unternehmensspezifischen Regeln, die im R/3 zu definieren sind.

- Eine **Manuelle Lieferungseröffnung**, mit deren Hilfe auch Lieferungen ohne Vorgängerbeleg komfortabel und schnell angelegt werden.

- Eine **Versandinstruktion Übersee**, mit der die Erstellung akkreditivkonformer Dokumente, z.B. Konnossemente, erfolgt und die diese Vorgaben per Papier, Fax oder elektronisch übermittelt.

Hier ist für uns insbesondere der Baustein Bahndisposition interessant. Deshalb hier noch eine weitere Detaillierung der Eigenschaften:

- Die Möglichkeit, Bahndisposition in mySAP SCM abzuwickeln, erlaubt eine über alle Verkehrsträger identische Abwicklung der Transporte.

- Auch Kombiverkehre werden jetzt komplett im Geschäftssystem unter SAP R/3 abgebildet. Alle Streckenabschnitte können einheitlich behandelt und dargestellt werden. Auch die Frachtabrechnung und die Verkehrsstatistiken sind nicht mehr nach Verkehrsträgern gesplittet.

- Die Tarife der einzelnen Transporte werden vom Bahnkunden basierend auf den Tarifplänen der DB Cargo AG vorgegeben und führen so zu einer korrekte Frachtabrechnung im Sinne des Bahnkunden.

- Die Bahn-Logistikabwicklung mit der ZAB der DB Cargo AG wird automatisiert. Manuelle Erfassungen entfallen dabei vollständig.

- Die EDIFACT-Datenübertragung zwischen dem SAP-System des Verladers und dem DB Cargo ZAB umfasst
  - Vormeldung Auftrag von der Bahn an den Bahnkunden
  - Frachten von der Bahn an den Bahnkunden
  - Transportauftrag vom Bahnkunden an die Bahn

---

[2] ZAB = **Z**entrale **A**uftrags-**B**earbeitung der DB Cargo AG.

– Statusmeldungen von der Bahn an den Bahnkunden

- Frachtbrief und Hauptzettel werden automatisiert beim Bahnkunden angedruckt, veranlasst durch die Bahn, direkt aus dem ZAB der DB Cargo. Der Andruck erfolgt gemeinsam mit anderen Begleitpapieren des Bahnkunden.

- Die Abwicklung leer ausgehende Bahnwagen wird automatisiert auf Basis bereits vorhandener Daten aus dem Bahnwagen-Eingang.

- Auch Ganzzüge und Wagengruppen können abgewickelt werden.

- Durch Integration mit der SAP-Gefahrgutabwicklung im EH&S können Gefahrguttransporte problemlos abgewickelt werden.

- Frachtrechnungen, die den Bahnkunden über DB Cargo erreichen, werden durch diese automatisch eingelesen und übermittelt.

- Die Frachtenprüfung ist automatisiert, für Eingang und Ausgang bis hin zur Verbuchung der Ist-Frachten im Rechnungswesen.

- Die Ist-Frachten werden im FI/CO automatisch gebucht.

- Gegenwärtig erfolgt ein weiterer Ausbau von EDI-Verfahren mit europäischen Bahnunternehmen und nationalen NE-Bahnen

- Die Nutzung von Containern kann mit DB Cargo ebenfalls via EDI automatisiert abgewickelt werden.

5.2   Zusammenarbeit und Kommunikation der S4T™ Komponenten

Logistik ist Kommunikation entlang der Kette bestehend aus

- dem Verlader,

- dem Logistikdienstleister und

- der nächsten Verarbeitungsstufe in der Wertschöpfung/Produktionspipeline.

Deshalb ist die Konnektivität entlang dieser Kette Kernstück jeder Anwendungssoftware im Bereich der Logistik. Dies schließt neben dem Datenaustausch zwischen Verlader und DB Cargo natürlich auch Kommunikation mit Privatbahnen, anderen staatlichen Bahnen wie z.B. ÖBB, mit anderen Spediteuren und Transportdienstleistern, mit Kunden, Lieferanten und Behörden ein.

Die Kommunikation mit den Privatbahnen gestaltet sich relativ einfach, da diesen angesichts der Marktbeherrschung durch DB Cargo kaum anderes übrig bleibt, als sich deren Normen in der Zusammenarbeit mit Bahnkunden anzupassen.

6 Erfahrungen aus realisierten Projekten

6.1 Projektablauf

In der Zusammenarbeit zwischen Verlader, DB Cargo und Consultant zur Realisierung einer Bahnabwicklung stoßen Welten, Denkweisen, Philosophien aufeinander, die in Einklang zu bringen sind, um eine konzentrierte Sacharbeit möglich zu machen. Fazit nach mehrfacher Realisierung dieser Zusammenarbeit: Sie ist möglich, und zwar erfolgreich, wenn bei den beteiligten Parteien Bereitschaft zur Rücksichtnahme auf die Gegebenheiten der anderen vorliegt und von allen Seiten die richtigen Ansprechpartner involviert sind.

Es hat sich gezeigt, dass sich von Projekt zu Projekt Lerneffekte vor allem in den Köpfen der beteiligten Personen manifestieren. Einfacher als diese ist aber die Vorgehensweise zu vermitteln, die sich in diesen Projekten bewährt hat. Danach reichen einem erfahrenen Team 3 Monate, ein solches Projekt mit Verlader und DB Cargo solide und qualitätsgesichert abzuwickeln, mit allen üblichen und einigen besonderen Punkten im Projektplan, wie Abbildung 1 zeigt.

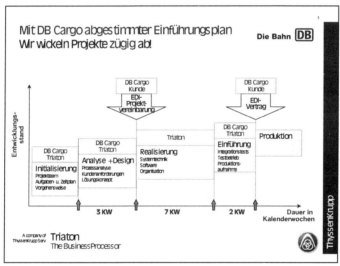

Abb. 1: Projektverlauf (in Abstimmung mit DB Cargo)

6.2 Nutzen en detail und en gros

Celanese prüfte sehr sorgfältig die Wirtschaftlichkeit einer Einführung der Bahndisposition und ließ darüber eine Studie anfertigen. Dieser Studie verdanken wir einen tiefen Einblick in die **quantitativen Auswirkungen** der S4T^{TM}-Bahnlösung auf Automation und Integration der Bahnabwicklung.

Bewertungskriterien hierbei waren:

- Erhöhung der Automatisierung durch die neuen Prozesse Bahnlogistik
- Erhöhung der Integration in das SAP R/3 der Celanese Chemicals durch die neuen Prozesse Bahnlogistik

Bei dieser Bewertung wurden unter beiden Gesichtspunkten die über 70 einzelnen Prozessschritte mit Punkten bewertet, einfache Prozesse mit 1 Punkt, komplexe mit mehreren Punkten. Das Ergebnis zeigt Abbildung 2.

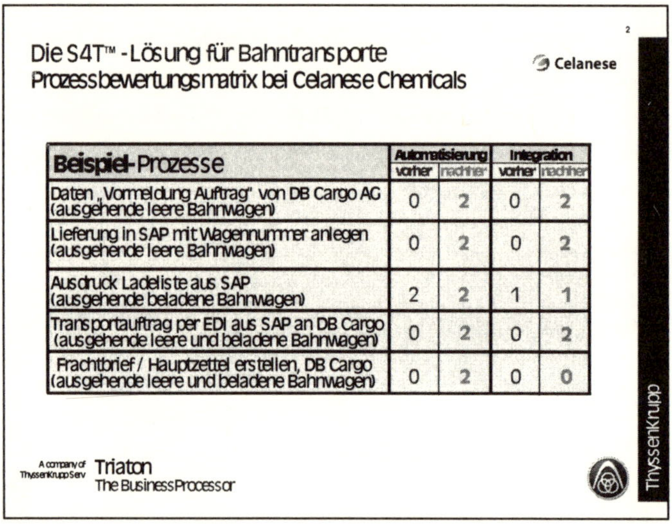

Beispiel-Prozesse	Automatisierung		Integration	
	vorher	nachher	vorher	nachher
Daten „Vormeldung Auftrag" von DB Cargo AG (ausgehende leere Bahnwagen)	0	2	0	2
Lieferung in SAP mit Wagennummer anlegen (ausgehende leere Bahnwagen)	0	2	0	2
Ausdruck Ladeliste aus SAP (ausgehende beladene Bahnwagen)	2	2	1	1
Transportauftrag per EDI aus SAP an DB Cargo (ausgehende leere und beladene Bahnwagen)	0	2	0	2
Frachtbrief / Hauptzettel erstellen, DB Cargo (ausgehende leere und beladene Bahnwagen)	0	2	0	0

Abb. 2: Automatisierung und Integration in SAP R/3

Celanese Chemicals Europe GmbH ist hiermit das erste große Unternehmen aus der chemischen Industrie mit vielen Gefahrguttransporten auf der Schiene, das arbeitsteilige Logistikprozesse mit der DB Cargo AG im Einsatz hat. Die Bahnabwicklung ist in derselben Weise in das SAP R/3 Geschäftssystem integriert, wie das mit zahlreichen verschiedenen Systemen im LKW-Bereich mit Spediteuren der Fall ist. Bei Kombiverkehren Bahn / LKW entstehen hiermit hoch integrierte Prozesse. Der Effizienzgewinn spiegelt sich in Abbildung 3 wider.

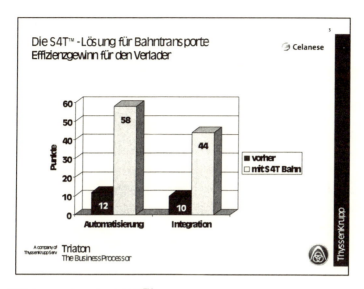

Abb. 3:   Effizienzgewinne durch S4T™

Solvay beurteilt angesichts ihres sehr unterschiedlichen Anforderungsprofils den Nutzen nach ganz anderen, mehr qualitativen Kriterien:

Seit dem Produktivstart nutzen vier Gesellschaften – Solvay Soda Deutschland GmbH, Solvay Elektrolysespezialitäten GmbH, Solvay Interox GmbH und die SolVin-Gruppe – die neue Bahnlösung, um Soda, Natriumbicarbonat, Natronlauge, Wasserstoffperoxid, Persalze, PVC und weitere Erzeugnisse auf die Schiene zu bringen. „Das frachtpflichtige Transportvolumen an den drei Standorten beträgt etwa zwei Millionen Tonnen pro Jahr, mit einem Frachtumsatz von zehn Millionen Euro. Reibungslos ablaufende Prozesse sind da ein Muss", betont Logistik-Leiter Zastrow. Die erforderlichen Daten für Frachtbriefe und Hauptzettel bei voll ausgehenden Bahnwagen werden jetzt mit Hilfe der S4T™-Komponente „Web-EDI" an die DB Cargo übertragen. Der elektronische Datenaustausch ermöglicht eine **schnelle und lückenlose Sendungsverfolgung** bis zum Empfänger. Aus dem zentralen Auftragsbearbeitungssystem (ZAB) der DB Cargo heraus werden dann die benötigten Dokumente gedruckt. Auch leer ausgehende Wagen sind in das neue Verfahren integriert. **Die gesetzlichen Anforderungen** aus dem Versand von Gefahrstoffen sind mit allen relevanten Prüfungen, Leer- und Volleinstufungen, **komplett abgedeckt.**

Probleme mit **fehlerhaften Abrechnungen** gehören ebenfalls der Vergangenheit an, denn die per EDI eingespielte Tarif-Nummer, die die Berechnungsgrundlage für die Abrechnung bildet, wird von DB Cargo lediglich gegengeprüft und fließt – **ohne manuelle Eingriffe** – in das Abrechnungssystem ein. „Nachdem der Transportauftrag durchgeführt worden ist, erhält Solvay von DB Cargo per E-Mail ein ZF-Band mit der Abrechnungsdatei. Diese wird in SAP eingespielt, so dass ein automatisierter Abgleich der erwarteten Frachtkosten mit den von DB Cargo errechneten Beträgen erfolgen kann", erläutert Triaton-Expertin Rütten. Treten Abweichungen auf, so werden sie dem Frachtenprüfer inklusive aller prüfungsrelevanten Daten in einen Arbeitsvorrat gestellt und können gezielt bearbeitet werden. Das gilt auch für Abrechnungssätze, die keinem Vorgang zugeordnet werden können.

Die Bilanz des Solvay-Verantwortlichen aus der Neugestaltung der Prozesse fällt positiv aus: „Mit S4T^{TM} erzielen wir in unserer Bahnabwicklung erhebliche organisatorische Verbesserungen. Wir konnten die **Prozesse verschlanken** und weitestgehend automatisieren. **Manuelle Mehrfacheingaben** wurden überflüssig, das bedeutet kürzere **Durchlaufzeiten** und die **Eliminierung von Fehlerquellen**". Bruno Zastrow weiter: "Wir denken derzeit über einen Rollout der Bahnlösung nach Österreich und der Schweiz nach!"

7 Resümee

Die S4T^{TM}-Bahnlösung schließt die Realisierungslücke beim Einsatz von integrierten Bahnlösungen. Sie deckt rundum die Anforderung der Verlader ab, hilft, die gesetzlichen Richtlinien zu erfüllen, spart durch Automatisierung manuelle Tätigkeiten ein, führt durch Integration zu vereinfachten, weniger fehleranfälligen Arbeitsabläufen, und die automatisierte Frachtenprüfung führt zu einem erheblich schnelleren Abgleich der Frachtrechnungen mit DB Cargo. Sie hilft, aus den Chancen der Veränderungen im Markt konkreten Nutzen zu ziehen.

Martin Dürr

Schienenmarkt in Mittel- und Osteuropa:

Ausgangssituation und strategische Optionen

Dr. Martin Dürr

A.T. Kearney, München

Inhaltsverzeichnis

1 Einleitung

Der mittel- und osteuropäische Logistikmarkt wächst mit durchschnittlich 14% jährlich über-
proportional stark und wird im Zuge der EU-Erweiterung und des Wegfalls des Transportmo-
nopols nochmals an Fahrt gewinnen. Während die westeuropäischen Spieler (Bahnen und
Speditionen) aufgrund von massiven Wettbewerbsvorteilen von diesem Marktwachstum profitieren, werden die osteuropäischen Bahnen ohne geeignete Gegenmaßnahmen leer ausgehen.
Das ist das Ergebnis einer aktuellen Studie der weltweit tätigen Top Management-Beratung
A.T. Kearney.

2 Logistikmärkte in Mittel- und Osteuropa

Mittel- und Osteuropa ist im Bereich Logistik ein hochattraktiver Markt mit einem jährlichen
Wachstum von durchschnittlich 14% im Jahr (siehe Abb. 1). Im Vergleich dazu wächst der
westeuropäische Logistikmarkt jährlich lediglich um rund 6%.

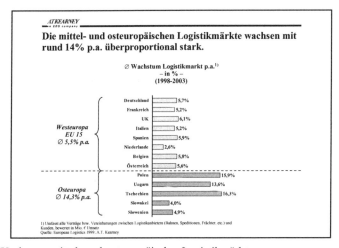

Abb. 1:   Wachstum mittel- und osteuropäischer Logistikmärkte

Dieser Trend wird sich durch den Beitritt zur EU und die Marktliberalisierung noch verstärken, da weitere Wachstumsimpulse zu erwarten sind. Bereits heute steigen internationale
Transporte stark an, da immer mehr internationale Konzerne ihre Produktionsstätten nach
Osteuropa verlagern, um z.B. von niedrigen Standort- oder Personalkosten zu profitieren. So
erwartet A.T. Kearney etwa für internationale Transporte von und nach Deutschland im Zeitraum 2000-2010 einen Anstieg um ca. 50%, hingegen sollen die Transporte innerhalb der
deutschen Grenzen um lediglich 27% im gleichen Zeitraum wachsen (vgl. Abb. 2).

212

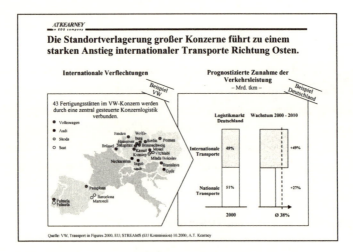

Abb. 2:   Prognostizierte Zunahme der Verkehrsleistung

3   Liberalisierung des mittel- und osteuropäischen Schienenverkehrs

Westeuropäische Logistikkonzerne im Vorteil

Im Zuge der Marktliberalisierung des Schienenverkehrs können ausländische Bahnunternehmen die Transporte in den mittel- und osteuropäischen Ländern selbst durchführen (vgl. Abb. 3).

Abb. 3:   Freier Zugang westeuropäischer Bahnen nach Mittel- und Osteuropa

So werden große westeuropäische Logistikunternehmen wie z.B. die Deutsche Bahn (DB) oder die ÖBB aller Voraussicht nach in direkte Konkurrenz mit den mittel- und osteuropäischen Bahnen treten, die nach Einschätzung von A.T. Kearney Transportation Experte Martin Dürr der westeuropäischen Konkurrenz nicht standhalten können. Die Gründe lägen in operativen Wettbewerbsvorteilen und im besseren Kundenzugang. Internationale Konzerne als Hauptkundengruppe steuern die Logistikleistungen aus westeuropäischen Konzernzentralen heraus – bei VW beispielsweise werden heute 43 europaweite Fertigungsstätten durch eine zentral gesteuerte Konzernlogistik mit Sitz in Wolfsburg verbunden. Die Kunden fordern von Transportunternehmen Gesamtlogistikleistungen aus einer Hand. Dies beinhaltet neben der eigentlichen Transportleistung etwa auch Lagerwirtschaft und Kommissionierung – und zwar europaweit! Eine Dienstleistung, auf die osteuropäische Bahnen wie die PKP in Polen oder die MAV in Ungarn nur ungenügend vorbereitet sind (vgl. Abb. 4).

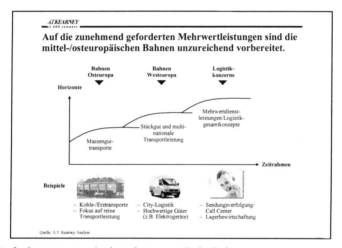

Abb. 4:   Anforderungen an mittel- und osteuropäische Bahnen

Somit sei zu erwarten, dass Logistikunternehmen wie beispielsweise die DB im Verbund mit Schenker oder die ÖBB mit ihren Speditionstöchtern die internationalen Key Accounts betreuen und direkt zu deren mittel- und osteuropäischen Standorten durchfahren werden. Neben dem besseren Kundenzugang kommen erhebliche Produktivitätsvorteile der westeuropäischen Logistikunternehmen hinzu, z.B. in der Effizienz des Wagenmanagements, wie ein Vergleich der Transportleistung je Wagen zeigt: ÖBB 979.000 tkm/Wagen, SZ (Slowenien) 430.000 tkm/Wagen, CD (Tschechien) 321.000 tkm/Wagen[1] (vgl. Abb. 5).

---

[1]   tkm = Tonnenkilometer: gefahrene Kilometer x Gewicht des Transportgutes in Tonnen.

214

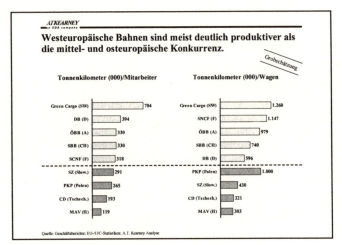

Abb. 5:   Produktivitätsvergleich europäischer Bahnen

Osteuropäische Bahnen – ein Sanierungsfall?

Diese Entwicklungen haben weitreichende Folgen für die osteuropäischen Bahnen. Falls die osteuropäischen Bahnen die Wettbewerbsnachteile nicht durch beträchtliche Investitionen und Gegenmaßnahmen ausgleichen, werden ihre Marktanteile drastisch einbrechen. Die osteuropäischen Bahnen werden zu reinen Infrastruktur-Providern degradiert und damit bis zu 40% ihres Umsatzes verlieren (vgl. Abb. 6).

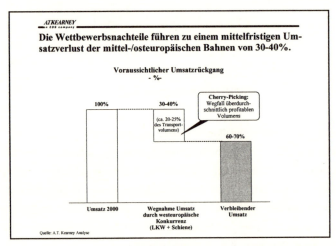

Abb. 6:   Voraussichtlicher Umsatzrückgang mittel- und osteuropäischer Bahnen

Dieser Umsatzverlust könne aufgrund eines Fixkostenanteils von 70-80% (vor allem durch Personal- und Infrastrukturkosten) kostenseitig nicht aufgefangen werden. Selbst unter Annahme einer heute vollständigen Kostendeckung im Güterverkehr sinke dadurch die Rendite der osteuropäischen Bahnen mittelfristig auf geschätzte -40%. Damit würden die meisten Bahnen zu klaren Sanierungsfällen (vgl. Abb. 7).

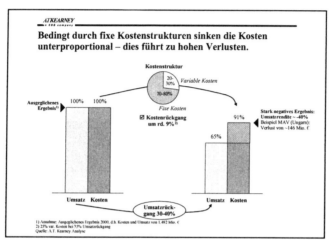

Abb. 7:   Kostenstruktur osteuropäischer Bahnen

Schnelles Handeln gefragt

Um wettbewerbsfähig zu bleiben, müssen osteuropäische Bahnen sowohl drastisch Kosten senken als auch die Umsätze sichern und ausbauen – andernfalls bietet sich lediglich ein Verkauf an westeuropäische Logistikkonzerne an.

Das noch vorhandene Zeitfenster bis zur völligen Liberalisierung ist zu nutzen, um drastisch Kosten zu senken (vgl. Abb. 8). Wie die Erfahrung aus westeuropäischen Beispielen zeigt, sind dabei Effizienzsteigerungen von mindestens 30-40% erreichbar. Außerdem seien weitere Investitionen notwendig, um etwa Wagen, Triebfahrzeuge und Informationstechnik auf westeuropäische Standards zu bringen. Ergänzend sollten Maßnahmen zur Stabilisierung bzw. zum Ausbau des profitablen Geschäftes mit bestehenden Großkunden eingeleitet werden. Dies könne u.a. durch eine engere Kundenschnittstelle bewerkstelligt werden (beispielsweise durch die Übernahme des Werkverschubs). Die von Großkonzernen nachgefragten Mehrwertleistungen könnten allenfalls durch Kooperationen mit Speditionen angeboten werden. Der Aufbau von eigenen Kompetenzen in diesem Bereich ist zeitlich und kompetenztechnisch für diese Unternehmen aus Sicht von A.T. Kearney nicht machbar.

216

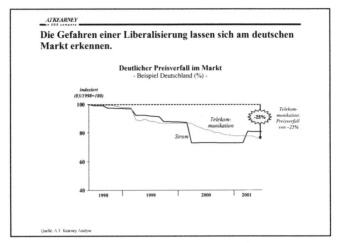

Abb. 8:   Auswirkungen der Liberalisierung am deutschen Markt

Verkauf als Strategie

Einige mittel- und osteuropäische Länder haben die Problematik erkannt und versuchen, das Zeitfenster vor dem Markteintritt Dritter anderweitig zu nutzen: Sie bieten das derzeit noch profitable Güterverkehrsgeschäft zum Verkauf an, bevor die Deregulierung greift (vgl. Abb. 9).

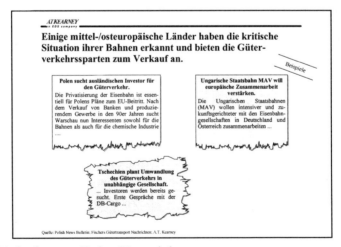

Abb. 9:   Verkauf osteuropäischer Güterverkehrssparten

Damit lassen sich aus Sicht des Staatshaushaltes gleichzeitig bestehende Haushaltslücken im Hinblick auf die EU-Erweiterung schließen. So haben bereits Tschechien, Ungarn und Polen in der Presse Interesse an einem Verkauf der Güterverkehrssparten signalisiert. Laut A.T. Kearney Experte Dürr wäre ein Unternehmen wie die Deutsche Bahn ein natürlicher Käufer-kandidat mit der nötigen Finanzkraft. Dennoch sei offen, ob die Deutsche Bahn die mit der Railion gegründete Güterverkehrsallianz zwischen den deutschen, dänischen und niederländi-schen Bahnen weiter Richtung Osten ausbauen oder nicht vielmehr als eigenes Unternehmen in den osteuropäischen Markt eintreten möchte. Als weiterer Käuferinteressent seien die Ös-terreichischen Bundesbahnen zu sehen. Österreich hat historisch sehr gute Beziehungen zu Osteuropa und ist als Partner häufig besser akzeptiert als Deutschland. Eine Alternative zum Kauf bietet sich aufgrund der zu erwartenden wirtschaftlichen Entwicklung ebenfalls: Abwar-ten und den steigenden Druck auf die osteuropäischen Bahnen als Verhandlungshilfe nutzen. Westeuropa sitzt hier am längeren Hebel.

4   Zusammenfassung

Die Ergebnisse der Studie lassen sich wie folgt zusammenfassen:

- Der mittel- und osteuropäische Logistikmarkt glänzt mit zweistelligen Wachstumsra-ten. Die EU-Osterweiterung und ein steigender Grad an wirtschaftlichen Verflechtun-gen werden diesen Trend noch verstärken.

- Mittel- und osteuropäische Bahnen erwarten dadurch ein deutliches Umsatzwachstum. Das Gegenteil wird jedoch der Fall sein.

- Westeuropäische Logistikkonzerne haben nach der EU-Erweiterung freien Zugang zum osteuropäischen Schienennetz. Sie sind deutlich produktiver und sind auf die vom Markt geforderten Mehrwerttransportdienstleistungen wesentlich besser vorbereitet.

- Die mittel- und osteuropäischen Bahnen werden aufgrund dieser Wettbewerbsnachtei-le und des zu erwartenden Preisverfalls deutliche Umsatzverluste in der Höhe von 30-40 % erleiden. Dies führt zu stark negativen Umsatzrenditen von bis zu minus 40 % und damit zu Sanierungsfällen. Sie müssen daher das zur Verfügung stehende Zeit-fenster bis zur vollständigen Liberalisierung 2004/2006 für weitreichende Kostensen-kungen und umsatzstabilisierende Maßnahmen nutzen.

- Westeuropäische Spieler werden aus eigener Kraft bzw. über Speditionstöchter in den Markt einsteigen. Eine Kapitalverflechtung mit mittel-/osteuropäischen Bahnen ist ge-nau zu prüfen.

Bisher in der Schriftenreihe **Unternehmensführung und Logistik**
erschienene Bände:

Band 1

Logistiktrends '91

**Unternehmensführung – Marketing –
Technologie – Infrastruktur – Logistische
Spitzenleistungen**

Herausgegeben von Prof. Dr. H.-Chr. Pfohl,
TH Darmstadt, Institut für Betriebswirtschaftslehre,
Fachgebiet Unternehmensführung

6. Fachtagung der Deutschen Gesellschaft für
Logistik e. V., 16. Mai 1991 in Darmstadt

1991, VII, 253 Seiten, 16,5 x 24,3 cm, kartoniert,
ISBN 3 503 03223 1

Band 2

Gestaltung von Kooperationen zwischen Industrie- und Logistikunternehmen

**Ergebnisse theoretischer und empirischer
Untersuchungen**

Von Michael Kleer

1991, XVII, 251 Seiten, 16,5 x 24,3 cm, kartoniert,
ISBN 3 503 03244 4

Band 3

Total Quality Management in der Logistik

**Unternehmensführung - Marketing-
Technologie- Infrastruktur - Logistische
Spitzenleistungen**

Herausgegeben von Prof. Dr. H.-Chr. Pfohl,
TH Darmstadt, Institut für Betriebswirtschaftslehre,
Fachgebiet Unternehmensführung

7. Fachtagung der Deutschen Gesellschaft für
Logistik e. V., 13. Mai 1992 in Darmstadt

1992, VIII, 237 Seiten, 16,5 x 24,3 cm, kartoniert,
ISBN 3 503 03323 8

Band 4

Organisation von Logistikservice-Netzwerken

**Theoretische Konzeption und empirische
Fallstudien**

Von Stephan L. K. Freichel

1992, XVII, 381 Seiten mit 77 Abbildungen,
16,5 x 24,3 cm, kartoniert,
ISBN 3 503 03387 4

Band 5

Ökologische Herausforderungen an die Logistik in den 90er Jahren

**Umweltschutz in der Logistikkette bei Ver-
und Entsorgung**

Herausgegeben von Prof. Dr. H.-Chr. Pfohl,
TH Darmstadt, Institut für Betriebswirtschaftslehre,
Fachgebiet Unternehmensführung

8. Fachtagung der Deutschen Gesellschaft für
Logistik e. V., 4. Mai 1993 in Darmstadt

1993, IX, 257 Seiten, 16,5 x 24,3 cm, kartoniert,
ISBN 3 503 03431 5

Band 6

Umweltschutz und Entsorgungslogistik

**Theoretische Grundlagen mit ersten
empirischen Ergebnissen zur innerbetrieblichen Entsorgungslogistik**

Von Wolfgang Stölzle, Frankfurt/M.

1993, XVIII, 406 Seiten, 16,5 x 24,3 cm, kartoniert,
ISBN 3 503 03463 3

Bisher in der Schriftenreihe **Unternehmensführung und Logistik**
erschienene Bände:

Band 19

Jahrhundert der Logistik

customer related – glocal – e-based

Herausgegeben von Prof. Dr. Dr. h.c. H.-Chr. Pfohl,
TU Darmstadt, Institut für Betriebswirtschaftslehre,
Fachgebiet Unternehmensführung

16. Fachtagung des Instituts für Logistik, 12. Juni
2001 in Darmstadt

2001, 244 Seiten, 15,8 x 23,5 cm, kartoniert,
ISBN 3 503 06033 2

Band 20

Risiko- und Chancenmanagement in der Supply Chain

proaktiv – ganzheitlich – nachhaltig

Herausgegeben von Prof. Dr. Dr. h.c. H.-Chr. Pfohl,
TU Darmstadt, Institut für Betriebswirtschaftslehre,
Fachgebiet Unternehmensführung

17. Fachtagung des Instituts für Logistik, 4. Juni 2002 in
Darmstadt

2002 198 Seiten, 15,8 x 23,5 cm, kartoniert,
ISBN 3 503 06674 8

ELA-Publications

Pfohl, H.-Chr./Large, R.: **Research Activities in the Field of Logistics in Europe.** European Logistics Association. Brussels 1992.

Touche Ross/Institute of Logistics: **European Logistics Comparative Costs and Practice.** Prepared by Touche Ross on Behalf of European Logistics Association and ILDM. Brussels 1992.

A.T. Kearney: **Logistics Excellence in Europe.** A Study Report Prepared by A.T. Kearney on Behalf of the European Logistics Association (ELA). o.O. 1993.

Pfohl, H.-Chr. (Ed.): **Future Developments in Logistics and the Resultant Consequences for Logistics Education and Training in Europe.** Logistics Educators Conference 1994. European Logistics Association. Brussels 1994.

ELA: **Occupational Profiles For Practitioners In Logistics.** Final Report. Force Project. European Logistics Association. Brussels 1994.

ELA: **Logistics Guiding Europe Towards Prosperity. EUROLOG '94** - Conference Proceedings. European Logistics Association. Brussels 1994.

ELA: **Terminology in Logistics. Multilingual Vocabulary.** English, Dutch, French, German, Spanish. European Logistics Association. Brussels 1995.

Touche Ross/Institute of Logistics: **European Logistics Comparative Costs and Practice 95.** Prepared by Touche Ross on Behalf of European Logistics Association and ILDM. Brussels 1995.

Pfohl, H.-Chr. (Ed.): **New Fields of Education and Research in Logistics. Logistics Educators Conference 1996.** European Logistics Association. Brussels 1996.

Pfohl, H.-Chr. (Ed.): **ELA Doctorate Workshop 1996.** European Logistics Association. Brussels 1996.

ELA: **Academic Directory 1997.** European Logistics Association. Brussels 1997.

ELA: **Towards the 21st Century.** Trends and Strategies in European Logistics. Brussels 1997.

Delfmann, W. (Ed.): **ELA Doctorate Workshop 1997.** European Logistics Association. Brussels 1997.

ELA-Publications

Browne, M. (Ed.): **Innovation in Logistics and the State of Logistics Education at the End of the 20th Century. Logistics Educators Conference 1998.** European Logistics Association. Brussels 1998.

Laarhoven, Peter van (Ed.): **ELA Doctorate Workshop 1998**. European Logistics Association. Brussels 1998.

Skjoett-Larsen, Tage (Ed.): **ELA Doctorate Workshop 1999**. European Logistics Association. Brussels 1999.

ELA/A.T. Kearney: **Insight to Impact. Results of the Fourth Quinquennial European Logistics Study.** A Study Report prepared by A.T. Kearney and the European Logistics Association (ELA). Brussels 1999.

Baumgarten, H./Wolff, St.: **The Next Wave of Logistics. Global Supply Chain e-fficiency.** Berlin/Boston 1999.

Delfmann, W.: **Diversity in Logistics and the Importance of Logistics in the Extended Enterprise. Logistics Educators Conference 2000.** European Logistics Association. Brussels 2000.

Rutkowski, K. (Ed.): **ELA Doctorate Workshop 2000**. European Logistics Association. Brussels 2000.

Dé Koster, R. (Ed.): **ELA Doctorate Workshop 2001**. European Logistics Association. Brussels 2001.

ELA/Andersen: **What matters to Top Management?** A survey on the influence of Supply Chain Management on Strategy and Finance – Results of the ELA/Andersen-Study. Brussels 2002.

Browne, M. (Ed.): **ELA Doctorate Workshop 2002**. European Logistics Association. Brussels 2002.

All publications may be ordered from: ELA Head Office
Kunstlaan 19 Avenue des Arts
B-1210 Brussels
Belgium
Tel.:   +32 2 230 02 11
Fax: +32 2 230 81 23
e-mail: ela@elalog.org

Notizen

Notizen

Notizen

Notizen

Notizen